扬子鳄刑辩联盟　　　苏州大学王健法学院

扬子鳄刑辩联盟
苏州大学王健法学院　编

扬子鳄刑辩联盟精选刑事案例集
辩点的挖掘与运用

主　编／周小羊
副主编／方　园　吴正红

苏州大学出版社
Soochow University Press

图书在版编目(CIP)数据

扬子鳄刑辩联盟精选刑事案例集. 辩点的挖掘与运用/周小羊主编；扬子鳄刑辩联盟，苏州大学王健法学院编. —苏州：苏州大学出版社，2021.8
ISBN 978-7-5672-3659-2

Ⅰ.①扬… Ⅱ.①周… ②扬… ③苏… Ⅲ.①刑事诉讼-辩护-案例-中国 Ⅳ.①D925.210.5

中国版本图书馆 CIP 数据核字(2021)第 160319 号

扬子鳄刑辩联盟精选刑事案例集
—— 辩点的挖掘与运用

扬子鳄刑辩联盟、苏州大学王健法学院 编

责任编辑 刘一霖

苏州大学出版社出版发行
(地址：苏州市十梓街1号 邮编：215006)
镇江文苑制版印刷有限责任公司印装
(地址：镇江市黄山南路18号润州花园6-1 邮编：212000)

开本 700 mm×1 000 mm 1/16 印张 20 字数 328 千
2021 年 8 月第 1 版 2021 年 8 月第 1 次印刷
ISBN 978-7-5672-3659-2 定价：66.00 元

若有印装错误，本社负责调换
苏州大学出版社营销部 电话：0512-67481020
苏州大学出版社网址 http://www.sudapress.com
苏州大学出版社邮箱 sdcbs@suda.edu.cn

序 CONTENT

喜欢的事，就持续去做。因为热爱刑辩的初心，我们向广大刑辩同人征集稿件结集成书。转眼第三本刑辩案例集也要出版了。三本了，也成为一个系列了。

从"进攻型辩护"到"精彩辩护人"，再到"辩点的挖掘与运用"，我们一路走来，步履铿锵，收获了成长，也收获了感动。感谢广大刑辩同人一路以来的支持和陪伴。感恩岁月，感谢有你们！

刑辩是围绕着辩点展开的。这本书就聚焦辩点。刑辩就是一个挖掘和运用辩点的过程。法庭辩论是对辩点的阐述，办理认罪认罚的案件也要拿着有利、有力的辩点去协商才会有更好的效果。

挖掘到了关键辩点就好比牵住了牛鼻子，有时候可以一剑封喉。而怎么运用辩点是需要经验和技艺的。不同的辩点用法可能也不同。用轻了或者用重了，用缓了或者用急了，都会对案件结果产生影响。

本书收录了来自全国各地的刑辩同人的 41 个刑辩案例。不管是重大案件还是普通案件，知名案件还是一般案件，重罪案件还是轻罪案件，大人物的案件还是小人物的案件，各位律师在他们代理的案件中通过专业和智慧找出了各种各样的辩点，运用辩点的过程更是各有各的精彩，各有各的妙招，让人受益匪浅。

找不到突破口时的彷徨，发掘辩点时的喜悦，柳暗花明时的豁然开朗，辩点不被采纳时的郁闷，一击即中时的快感，律师们都是娓娓道来。

这些刑辩同人的经验和教训是很有价值的，也是非常值得借鉴的。本书还是延续上一本案例集的体例,以讲故事的形式展开,用通俗易懂的文字来表达复杂曲折的案件,可读性很强。

在新书即将出版之际,我们要感谢苏州大学出版社和苏州大学王健法学院对我们出版此书的大力支持。我们尤其要感谢美女编辑刘一霖对书稿编辑加工的辛苦付出。我们也要再一次向投稿的优秀刑辩同人们表示感谢。

"为人辩冤白谤是第一天理。"在未来刑辩的道路上,我们会保持初心,一往无前,也希望能一本接一本地将案例集继续出版下去。

刑事辩护,永远在路上。

周小羊

2021 年 8 月 6 日

目 录 CONTENT

三罪辩一罪，斗智斗勇终判缓刑
　　——余某某"7·26"非法采矿案获缓刑判决　001
借款被诬告诈骗
　　——民营企业家黄某涉嫌合同诈骗获判无罪案　006
证据不足，即便被告人认罪认罚，犯罪事实也不能被认定　015
异地经营不是非法经营
　　——罗某涉嫌非法经营获不起诉案　026
王娟娟反抗家暴的行为不该被认定为犯罪
　　——王娟娟故意伤害罪（轻伤）免于刑事处罚案　033
侦查立案前取证的合法性
　　——柯某涉嫌诬告陷害罪案　046
变更罪名，致胜关键
　　——一起暴力索回所输赌资案的辩护　053
幼女借宿引发的强奸案
　　——李某涉嫌强奸终获不起诉决定　057
一件非法吸收公众存款罪的办案体会　067
大宗交易平台涉嫌刑事犯罪如何定性
　　——何某非法经营案　077
"醉驾"的辩点挖掘
　　——张某涉嫌危险驾驶被从轻处罚案　085

刑事辩护中的民事思维
——P 市企业家李某某合同诈骗案对改变辩护思路和挖掘辩点的启示　094

"违约"不等同于"虚构事实"
——以为陈某诈骗案做无罪辩护成功为例　101

记者曝光"餐桌安全"引发的大案
——黎某涉嫌诈骗终被判犯对非国家工作人员行贿罪案　107

出口回流烟
——杨某非法经营获缓刑案　114

闯祸的玩具枪
——李某某非法买卖枪支获二审改判　122

纠集时间较短不应被认定为恶势力
——被指控恶势力集团案，全案未认定　132

待宰的羔羊
——韩某举运输毒品案　139

事故责任认定书不是必然的定罪证据
——嵇某某涉嫌交通肇事终被判无罪并获国家赔偿　148

提供皇冠网会员账号并赌博的行为定性
——王发涉嫌开设赌场罪　158

一波多折的系列"药神案"　167

新冠肺炎流行时期的缓刑　173

一词之争，数年之隔
——张晖涉嫌非法经营二审成功改变定性一案　179

一起离奇的强奸案
——郑某涉嫌强奸一案获撤案处理　188

非法占用不等于任意占用
——记吕某某涉嫌"任意占用型"寻衅滋事罪案　194

冒充合格产品，不为牟利为哪般？　203

网络借贷与网络诈骗的是是非非
——唐某某涉嫌诈骗被不起诉案　209

新冠肺炎疫情影响之下，注册证引发的罪与罚
　　——生物科技公司涉嫌非法经营获不起诉　219
意想不到的一个缓刑判决
　　——果断取证、演绎常识、运用证据的一次完美配合　226
一场技术的较量
　　——滕某涉嫌污染环境案　232
故意伤害罪不构成，涉黑案件量刑九年十个月　238
为警察辩护
　　——胡某玩忽职守案终获无罪结果　246
寻找公诉文书中的无罪辩点
　　——张某涉嫌非法买卖制毒物品获国家赔偿案　254
共同犯罪中主从犯的认定
　　——万晓开设赌场案　264
"天上掉下个林妹妹"是不可能的
　　——从一起强奸案看律师如何进行有效辩护　271
她卖的到底是不是毒品？
　　——小谈贩卖毒品、容留他人吸毒案　277
犯罪的本质是什么
　　——J市X化工有限公司非法经营获不起诉案　285
被遗漏的现场
　　——周某故意伤害案终获撤诉　290
长江禁渔大背景下，更应守住非法捕捞水产品罪的入罪门槛
　　——非法捕捞水产品罪精细辩护办案手记　295
商业承兑汇票的罪与罚
　　——一起票据诈骗案终获不起诉结果　303
从大学校门到看守所只相距8个月
　　——李某涉嫌诈骗案　308

三罪辩一罪，斗智斗勇终判缓刑
——余某某"7·26"非法采矿案获缓刑判决

刑法学家张明楷教授曾说："我一直主张罚没款应该直接上缴中央财政部门，然后财政部门充分保证司法机关办案费用，这样就不会使得部分司法机关把不构成犯罪的办成犯罪，把属于经济纠纷的也办成犯罪。"

案件回顾

余某某为当地民营企业家，实际控制着四家企业，主营采矿业，多年来一直兢兢业业。其企业每年上缴国家税款千万余元。2019年7月26日，经市公安局指定管辖，同市异地公安机关以涉嫌非法采矿为由对余某某立案侦查，同年9月6日以涉嫌虚开发票、骗取票据承兑为由对余某某立案侦查。至此，余某某因涉嫌上述犯罪被逮捕，直到2020年9月25日才得以走出高墙。此时已是满城桂花飘香。在余某某被羁押的一年多时间里，其四家企业经营状况不佳，陆续有120多名员工被迫辞职。待余某某回归企业的那一刻，冷暖自知……

管辖权异议

余某某家属向辩护人反映，在侦查期间，公安机关一直向他们传递一个信息，声称当地政府财政比较薄弱，他们办这个案子的最大动力是罚没"犯罪所得"，因为地方财政部门会将罚没款返还给办案单位。在利益驱动之下，公安机关任意扩大犯罪数额，以达到获取巨额罚没款的目的。根据余某某家属提供的资料，被公安机关查封、扣押、冻结的企业和个人财产多达1.5亿元，其中包含了余某某家属17年前的银行股份。公安机关还查封了余某某名下企业的账户，使企业生产经营无法正常展开，严重影响了企业的生存和发展。余某某家属深深地担忧，如此下去，四家企业将无以为继，濒临破产。

辩护人认为，提起管辖异议很有必要。本案属于公安机关指定管辖。指定管辖只限于三种情形：管辖不明确的刑事案件、管辖有争议的刑事案件和情况特殊的刑事案件。本案所涉罪名为非法采矿罪、虚开发票罪、骗取票据承兑罪。犯罪地、余某某居住地、企业所在地三地同一，因此本案管辖明确、没有争议。同时本案只是一起普通的刑事案件，不涉黑、不涉恶，不涉及国家安全，理应不属于特殊情况的案件，因此，公安机关指定管辖没有合法的依据。

鉴于以上事实，辩护人认为，本案违法所得的追缴直接与当地公安机关利益相关，案件就很难得到客观、公正的处理。因此，在审查起诉阶段，辩护人向同级和上级人民检察院提出检察监督申请，同时以当地检察院不便或不能很好地行使监督权为由，要求将本案依法移送有法定管辖权的检察院审查起诉。对此，上级检察院很好地履行了法律监督权。在当地公安机关一再保证今后会依法办案并对之前不规范的行为进行纠正的情况下，本案依然由该地检察院审查起诉。

与检察员商榷

2020年1月3日，公安机关以余某某涉嫌非法采矿、骗取票据承兑、虚开发票为由将案件移送检察院审查起诉。起诉意见确定余某某在9个区块非法采矿共计4 257 579吨，造成矿产资源损失75 084 695元，非法获利140 725 157元；确定余某某虚开发票8 700万余元；确定余某某骗取票据承兑2.7亿余元。

辩护人拿到案卷材料后迅速展开精细化阅卷、大数据检索，整理制作了多份证据笔录、案件梳理表格，针对起诉意见确定的事实与罪名提出了书面的辩护意见，然后与检察员商榷。辩护人认为余某某的行为不构成虚开发票罪和骗取票据承兑罪，非法采矿罪一节事实不清、证据不足。

1. 关于非法采矿罪。

（1）具体到几个区块：第4、9区块已经区级其他法院生效判决确定由他人非法开采。因第8区块缺失上一代地形图，相关部门无法叠合两代地形图并估算该区块采挖量，无法进行价格鉴定。第6、7区块的消纳池和蓄水池在案发前被市级有关部门行政处罚，而行政处罚决定中明确涉案企业开采的矿石没有外运销售；同时，余某某在主观上没有非法采矿获利的故意，且该区块是企业环保项目建设所必需的且已经当地发改委立项批准，相关政府人员也曾告知余某某不要使用开挖后的矿石，说明政府对开采行为至少是默许的。第1、5区块存在他人偷挖的事实，且经辩护人实地勘查，通往矿区的通道至少有四条，并非公安机关认定的只有一条。

（2）本案中的估算报告已明确公安机关要求的以类比法确定矿石体重不妥，违背了鉴定机构客观中立的鉴定原则，依法不能作为定案依据。

（3）起诉意见认定的矿产品价格认证标的错误。价格认证中心是以石料为对象进行鉴定，但9个区块指向的矿产品并不都是石料；且已有生效判决确定了部分区块的矿产品价值；价格认证地点错误，既非案发地，也非销赃地；价格认证数量错误，应去除企业合法开采后销售、购买后加工并销售的产品数量；非法所得收益计算错误，应扣除运输成本等费用。

2. 余某某及其企业的行为不构成虚开发票罪。

（1）企业在经营中确有大量真实交易存在。在卷证据证实企业有真实交易但没有取得发票的金额有8 900余万元，能够覆盖虚开发票金额8 700余万元。

（2）企业虚开发票主观恶意较小，不以骗税为目的。余某某向他人购买发票的主要原因是为了弥补企业发票缺口，平衡企业收支。与他案单纯地虚开发票、虚列成本以减少应纳税额还是有所区别的。

（3）企业主动补缴税款，没有造成国家税收损失。

案发后，企业主动向税务部门补交企业所得税21 446 207.32元，企业虚开发票的行为没有给国家造成税收损失。

3. 余某某及其企业的行为不构成骗取票据承兑罪。

（1）企业未实施刑法意义上的欺骗行为。从银行签发承兑汇票的流程看，企业提供的虚假合同和发票只是银行签发承兑汇票的形式要件，前期的征信和保证金才对承兑汇票的发放起决定性作用，企业未对承兑金额的到期收回造成重大风险。

（2）案涉银行与企业系长期合作关系。双方间已结清的正常类银行承兑汇票笔数达225笔。银行充分了解及掌握企业经营状况和承兑风险，且企业提交了贷款金额一半的保证金或质押存款。银行没有陷入错误认识，其签发承兑汇票与企业提供的采购合同和发票之间没有因果关系。

（3）没有证据证明企业的行为给银行造成了损失。

检察院听取辩护人意见后认为本案事实不清、证据不足，将案件退回公安机关补充侦查两次，延长审查期限三次。同时检察院认同辩护人关于余某某及其企业的行为不构成骗取票据承兑罪的观点。在非法采矿罪一节上，鉴于公安机关认定9区块所指向的部分开采时间、地点不精确，证据混乱，同意辩护人以具体地点为指向来厘清本案各个非法采矿行为。2020年7月3日，检察院以虚开发票罪、非法采矿罪两罪向法院提起公诉，将非法采矿行为确定为四节，认定余某某及其企业非法采矿4 158 414吨，造成矿产损失72 001 591元，对非法获利金额没有作出指控。至此，本案取得阶段性成功。辩护人遂将重心转向法院，争取在审判阶段说服法官，谋求最有利于当事人的辩护效果。

说服法官

案件被移送法院后，辩护人第一时间与承办法官取得联系，向法官充分表达了辩护观点，同时表明希望案件能在正常的法律轨道上进行审判。初次交流后，法官表示会依法合规地审理本案。有了法官的正确态度后，辩护人内心有了稍许底气。在综合评判本案的可能发展方向后，辩护人认为全案做无罪辩护的空间不大，拟对虚开发票罪做无罪辩护，对非法采矿罪做罪轻辩护，力求获取缓刑。在征求余某某及其家属意见并取得同意后，辩护人开始着手书写辩护词。辩护词大体从三个方面展开：

1. 对起诉书指控的四节非法采矿行为进行事实上的否定或部分否定，依据证据材料所反映的客观事实对每一节行为予以有针对性的辩护，强调定罪所依据的采挖量估算报告、价格认定结论缺乏证据"三性"，不能作为证据使用，无法形成完整的证据体系，并恳请合议庭酌情对被告单位以及被告人作出有利认定。

2. 对起诉书指控的虚开发票罪一节，辩护人坚持无罪辩护。在重申审查起诉阶段发表的辩护观点的基础上，以最高人民法院同期发布张某强虚开增值税专用发票案这一无罪典型案例为契机，向合议庭提示当前国家政策对此类案件的无罪认定导向。

3. 对整案做量刑辩护，从坦白、立功、被告单位退缴等量刑情节予以说理。

2020年7月22日，法院正式开庭审理。由于庭前已和法院、检察院达成部分共识，辩护人怀着信心和勇气去迎接这一场等待已久的庭审。整个庭审波澜不惊。公诉方默许了辩护人对虚开发票的无罪辩护。

当庭释放

案子历经审判委员会、法官联席会议的集体讨论，终于迎来了宣判的日子。辩护人和余某某家属怀着忐忑不安的心情来到法院，在听到审判长宣告判处余某某有期徒刑并缓期执行，当庭释放的那一刻，压在心上的那块石头终于落下。看到余某某走出看守所的高墙与家人团聚的那一刻，辩护人内心最柔软的部分被深深触动。一个家庭、四个企业、几百人的生计、上亿元的经济贡献最终重新被拾起。

承办律师

周辛艺律师，浙江泽大律师事务所高级合伙人、刑事诉讼部主任、司法部法援案件质量评估专家，浙江省律师协会刑事专业委员会委员，杭州市律师协会刑事责任风险防范（非诉讼）专业委员会副主任，浙江大学光华法学院实务导师，浙江大学城市学院实务导师。

周辛艺律师执业近20年，专注并擅长刑事辩护、刑事控告和刑事非诉法律事务处理。获浙江省优秀专业律师（刑事专业类）荣誉称号，数次获浙江省律师协会、杭州市律师协会通报表扬和年度嘉奖。

周辛艺律师承办了多起公安部督办案件、有社会重大影响力的案件。很多案件取得了良好的辩护效果，王某故意杀人案更是推动了刑事被害人救济制度的改革。

借款被诬告诈骗
——民营企业家黄某涉嫌合同诈骗获判无罪案

炎炎夏日，心急如焚

2018年6月，重庆某房地产开发有限公司（以下简称"A公司"）董事长黄某到本地公安机关配合调查后，迟迟没有回家并失去联络。家人心急如焚，后得知公安机关已对黄某采取强制措施，被突如其来的坏消息吓到，遂来到我所办公室进行咨询。

我们阅卷后得知，2017年4月17日，重庆某有限公司（以下简称"B公司"）向公安局控告A公司及其董事长黄某，称2016年12月5日，因A公司资金出现问题，公司董事长兼法定代表人黄某经朋友介绍向B公司董事长兼法定代表人江某借钱周转。经双方协商，A公司以其在重庆某区开发的C酒店中的3 000平方米与B公司签订了购房协议。按该协议，B公司于2016年12月6日向A公司账户上打入购房预付款2 000万元。至此，B公司履行了协议约定的内容。2017年4月初，B公司接到A公司电话通知，称A公司因资金链断裂，正在统计债务，准备申请企业破产重整，要求B公司到A公司进行债权人登记。此后，B公司对A公司调查发现，A公司已负债3亿余元。2016年12月5日双方签订购房协议时A公司并未取得C酒店的权属登记，且该酒店在报建时未被允许分零销售，只能整体转让。因此，B公司认为A公司在不告诉其实情的情况下，骗其签订购房协议、分销酒店中的3 000平方米，存在欺诈故意，涉嫌合同诈骗。

借钱还是买房?各执一词

案件地某区距离主城区驱车约需两小时。看守所较为老旧且会见室少。我们为在第一时间顺利会见,便于清晨出发来到看守所外排队等候。黄某出现时,呈现出极为颓废的神情,焦急地对我们表示他愿意还钱,只是暂时经济困难,请我们与对方尽量协商,并表示对方在当地具有深厚的背景。经过简短交谈,我们大致清楚了黄某的情况:其文化程度不高,甚至部分字都不会写;身体不太好,有时候头昏脑涨;性格不太坚定。因此,我们先给其讲述法律知识,何为诈骗,何为合同诈骗,并告知其享有的权利和义务,强调在接受讯问时应当实事求是地讲清楚,特别是要如实讲述能够证明其清白的一些细节。

黄某所述的过程为:"2016年11月底或者12月初的时候,A公司要支付拖欠的工程款和一些借款,但是那个时候没有钱,我就给中间人打电话说公司差钱,让他帮我向江某借2 000万元。第二天,中间人给我打电话说江某手里有钱,可以借2 000万元给我,并让我找时间到某区去拿钱。2016年12月5日上午11点多,我就到某区三环路B公司办公室去找江某。江某的桌子上放了一份《购房协议》。江某让我把《购房协议》签了,然后就给我打款。当时我没有仔细看《购房协议》的内容,就签了。同时,在场的贺律师手写了一份《承诺书》。《承诺书》的主要内容就是这2 000万元是按月利率1.5%计月息,利息半年支付一次,一年到期后,本金和利息全部付清。我看了《承诺书》之后,就在上边签字了。签完《购房协议》和《承诺书》之后,B公司的一个女性财务人员就拿了一张填写好的收据给我。收据的内容就是A公司收到了B公司的2 000万元。我看了之后就在上边签字盖章了。2016年12月6日,我们A公司就收到了B公司打过来的2 000万元。"这笔钱是借款,A公司要付利息,且A公司与B公司还约定了还款时间。然而,公安机关在提讯时告知黄某,对方认为黄某诈骗他们购买房子。

警方态度坚定,取保候审也不行

会见黄某之后,我们再次约见家属,要求其提供公司经营的一些证据材料,并提供资金去向的证据。根据黄某所述,借钱之前对方曾到项目现场视察,是十分清楚酒店的现状的,对方也有多年的经商经验,明白酒店不可能分零出售。

几天后,家属提着大包小包的财务资料交给我们,并出具了大致的银行流水去向统计表。经过细心核查,我们肯定:2016年12月6日2 000万元到A公司账上后,款项悉数用于A公司的工程建设。该情况有A公司X银行对账单、工作人员尾号为4347的X银行卡交易明细、工作人员尾号为1642的C银行卡交易明细及A公司的财务资料为证。其中:大部分资金在2016年12月至2017年1月期间直接用于A公司的经营;400多万元转账到A公司实际控制使用的陈某某名下的X银行卡上,用于支付A公司为公司运营和工程建设所借款的本息;450万元转账到张某账户,用于为A公司在C银行的贷款冲贷,所得贷款485万元亦存于A公司实际控制使用的工作人员的银行卡中,最终用于A公司的经营。以上所有款项,虽然由黄某个人承诺还款,但均用于A公司。

据此,我们向公安机关提交了一份翔实的《取保候审申请书》。我们认为:双方真实意思表示是借款,并非购房,A公司的行为不可能基于《购房协议》构成合同诈骗;2 000万元借款均用于工程项目,黄某没有私人占有、挥霍;借款后虽然企业进入破产程序,但黄某不仅没有携款逃跑,还一直在为企业恢复经营努力,且A公司已成功进入破产重整程序,具备偿还能力;江某、B公司在主观上没有被骗,足以印证黄某无欺骗行为。综上所述,黄某在主观上没有非法占有目的,在客观上亦未实施虚构事实或隐瞒真相的行为,黄某或A公司的行为均不可能构成犯罪。本案是典型的民间借贷纠纷,不属于刑事范畴。江某对于C酒店项目状况非常清楚,也知悉B栋属于酒店性质,无法单独办证销售的情况,且通过签订购房协议对借款进行担保属于常见的现象。司法解释、最高人民法院案例明确,此种情形的实质为民间借贷,况且A公司与B公司之间也存在相同模式的借款往来。

然而,对于类似的经济犯罪纠纷,可能由于对方施加的一些影响,无论律师提出何种事实和理由,公安机关都有可能不予取保候审。本案也是如此。尽管我们多次提出取保候审,但公安机关均口头回复不予批准。那我们就只能等检察院审查并批准逮捕后再据理力争了。

该不该指定居所？

在我们紧锣密鼓地准备辩护意见和辩护证据材料时，没想到的是，公安机关可能觉得30天办案时间不够，2018年7月19日，对黄某执行指定居所监视的强制措施，直接导致黄某多被变相羁押了6个月。

黄某一家虽然近年来主要在主城区打拼，但是老家还有老人在。为此我们专门询问其家人关于黄某的居住情况。结果令人振奋，黄某在老家还有一套100平方米的房屋，老人居住在里面，黄某也时常回家看望并居住。房屋属于拆迁还房，还未办妥房产证。经过沟通，家属联系有关国家部门专门出具了一份房屋权属证明，在我们的指导下，将房屋的内部装修情况、居住情况进行拍照留证，并搜集了缴纳水电费的票据。

《中华人民共和国刑事诉讼法》第七十三条规定，"无固定住处的，可以在指定的居所执行"。虽然黄某的登记户籍住所在主城区，但搜集的证据材料足以证明其不仅在主城区有固定住处，在老家也有固定住处，决不应适用指定居所监视居住。令人遗憾的是，7月25日我们递交《变更强制措施申请书》及相关证据材料后，公安机关未予回复，也未采取任何措施。

虽然诸多申请最终杳无音信，但我们一直在坚持！

一根针捅破天，对方的破绽终于被抓到

黄某又要被无辜羁押6个月。我们心急如焚，这得从夏天等到冬天呀！企业的破产重整等诸多事务还需要黄某出面协调！我们再次反复了解、询问情况。在双方各执一词的情况下，怎么样才能自证清白？在一次交谈中，A公司的一名员工突然说到对方曾经提起过诉讼，但后来撤诉了。说者无意，听者有心，我们敏锐地感觉到这是一个突破口，立即让A公司出具委托手续，然后前往法院档案室调取档案。

卷宗档案内有民事起诉状、购房协议、银行客户交易回单、A公司收据、撤诉申请书。虽然档案资料只有寥寥几页，但我们如获至宝！起诉状上书：江某、B公司主张涉案2 000万元的性质为借款，并自述以签订《购房协议》的方式予以担保，印证双方的真实关系为借款关系，江某并未被骗。诉状落款日期为2017年6月19日。这与2018年对方前来控告时的说

辞完全不一致。

看着法院加盖鲜红印章的档案资料,我们终于感受到了前所未有的平静。对这个案子,我们要抗争到底!但是,我们要不要把这些证据材料交给公安机关呢?交过去之后公安机关是否会做进一步调查呢?调查内容可能有利于嫌疑人吗?对方会不会"制造"一些新的说辞呢?考虑再三,我们决定把这份具有法律效力的证据作为秘密武器,等到公安机关提请批捕的时候再向检察院递交。

2019 年是个好年份

黄某于 2018 年 7 月 19 日被适用指定居所监视居住,在 2019 年 1 月 18 日被解除监视居住并释放。但我们知道,公安机关还没有向检察院提请逮捕,时刻不能松懈。

2019 年 3 月 28 日,公安机关向检察院提请逮捕。

我们将早就已经准备好的《请求不予批准逮捕意见书》当面向检察官呈递,并细致地说明各种问题:① 黄某在主观上没有非法占有目的,在客观上亦未实施虚构事实或隐瞒真相的行为,黄某或 A 公司的行为均不可能构成犯罪。双方真实意思表示是借款,并非购房,A 公司的行为不可能基于《购房协议》构成合同诈骗。②《购房协议》《承诺书》均是 B 公司提供的,其中承诺书是 B 公司的律师手写起草的。双方商谈的地点是 B 公司的办公室,全程由 B 公司占主导地位。A 公司和法定代表人黄某为借款,尽力配合 B 公司签订相关文书。虽然《购房协议》中约定的内容是购买房屋,但该内容是双方的虚伪意思表示,同一天同时签订的《承诺书》才是真实的意思表示。2 000 万元借款均用于工程项目,黄某没有私人占有、挥霍。虽然借款后企业进入破产程序,但黄某不仅没有携款逃跑,还一直在为企业恢复经营努力,且 A 公司已成功进入破产重整程序,具备偿还能力。本案是典型的民间借贷纠纷,不属于刑事法律调整的范畴。

同时,我们向检察院提交了一套辩护证据材料,有 50 项共 132 页,主要证明三个方面:第一,2016 年 12 月 5 日订立的《购房协议》《承诺书》所载的 2 000 万元是同一笔款项;双方之间的真实意思表示已通过承诺书表述清楚,实为民间借贷,而 A 公司在财务记账时将该笔款项备注为"其他往来款",并非购房款,足以印证。第二,2017年6月19日,江某、B公司向某区人民法院提起诉讼,要求A公司、黄某归还借款2 000万元,主张涉案2 000万元的性质为借款,并自述以签订《购房协议》的方式予以担保,印证双方的真实关系为借款关系;B公司于2017年6月10日对与A公司签订的《购房协议》中的1 500万元款项以"借款"的性质起诉至法院,要求A公司偿还借款本金和利息;2014年12月的1 500万元的借款与本案涉及的借款模式可谓一模一样,印证本案为民事纠纷,而非刑事纠纷。第三,A公司取得的C项目B栋总建筑面积为13 516.1平方米,按照市场价格价值上亿元,资产足以覆盖债务;经过黄某的不懈努力,2017年7月20日法院裁定受理关于A公司的破产重整申请,公司经营状况明显向好。第四,在2016年12月6日2 000万元到A公司账上后,款项悉数用于A公司的工程建设。

2019年4月14日,检察院作出《不批准逮捕决定》,理由为:① 本案中,涉案的C酒店在2016年12月5日之前是否办理过抵押、是否被他人购买过的事实不清。② 本案中,犯罪嫌疑人黄某在案发前尚欠被害人江某人民币1 000万元。2016年12月5日,被害人江某同意出资2 000万元购买C酒店3 000平方米房屋时,为什么不将先前1 000万元债务计算入预付购房款,仅支付给黄某1 000万元?该部分事实不清。③ 本案中,犯罪嫌疑人黄某得到2 000万元预付房款后,就将这些钱偿还公司前期债务。这些债务与涉案C酒店项目建设是否有关联性的事实不清。④ 本案中,犯罪嫌疑人黄某是否故意破产重整,是否篡改公司会计账目、侵犯债权人权益的事实不清。

警方第二次提请逮捕,还想把人关进去

2019年5月21日,公安机关再次向检察院提请逮捕。

我们再次到检察院面见检察官,就案情进一步阐释说理。

2019年6月4日,检察院再次作出《不批准逮捕决定》。我们在后期阅卷的补充侦查提纲中得知其中一项是"补充侦查是哪位律师给被害人出主意,让其以借款纠纷为由向人民法院提起民事诉讼。提取律师证言"。这果然印证了我们之前的担心,对方对于民事起诉一事必然会有一些说辞。

公安机关坚持认为属于虚假卖房骗钱

2019年6月,公安机关以黄某涉嫌合同诈骗为由将本案移送检察院审查起诉。认定事实为:黄某为A公司法人代表。江某为B公司法人代表。2013年,黄某在中间人的介绍下认识了B公司法人代表江某。2016年10月,黄某在重庆市主城区开发的C酒店项目主体工程完工,但无资金对其装修,黄某就叫朋友借钱来装修,将C酒店的一部分出售。中间人将此情况告诉了江某,并让黄某与江某联系。黄某明知C项目还未取得预售许可或产权证,也清楚整体项目不能分零销售的规定,但隐瞒了事实真相。2016年12月5日,黄某来到某区,江某在他办公室与黄某签订了《购房协议》。协议约定由B公司出资2000万元作为购买C酒店商业用房3000平方米的预付款,A公司在2018年6月30日前交付房屋。2016年12月6日,B公司按约支付了2000万元的购房预付款到A公司账户上。黄某拿到该2000万元购房预付款后,并未将这些钱用于酒店装修及经营,而是用来偿还债务、拖欠的工程款及补缴税款等。酒店项目至今仍处于2016年刚竣工时的状态,且2017年7月20日A公司开始进行破产重整,致使B公司在向A公司支付2000万元购房预付款后,至今仍不能取得购房协议中约定的3000平方米的商业用房。

是民事不是刑事,坚决认定无罪

经历了搜集到翻案证据、放人、两次不逮捕,本案无罪的迹象已经相当明显,但是检察院未作出不起诉决定之前,谁都不敢说无罪!

《中华人民共和国刑法》第二百二十四条规定,以非法占有为目的,在签订、履行合同过程中,骗取对方当事人财物的,构成合同诈骗罪。《最高人民法院关于审理诈骗案件具体应用法律的若干问题的解释》《全国法院审理金融犯罪案件工作座谈会纪要》对"非法占有目的"作出了详尽的阐述。

通过签订购房合同对借款进行担保属于常见的现象,司法解释、最高人民法院案例也明确此种情形的实质为民间借贷。《最高人民法院关于审理民间借贷案件适用法律若干问题的规定》第二十四条:"当事人以签订买卖合同作为民间借贷合同的担保,借款到期后借款人不能还款,出借人请求履行买卖合同的,人民法院应当按照民间借贷法律关系审理,并向当事人释明变更诉讼请求。"最高人民法院〔2015〕民申字第949号"古桦与古桦、福建省泉南投资开发有限公司商品房销售合同纠纷案"体现了与民间借贷司法解释一致的裁判思路。当事人签订借款合同时签订商品房买卖合同，其目的是担保债务人能及时还本付息。债务人无法偿还债务时，以其自有房产直接抵偿债务。此商品房买卖名为房屋买卖，实属房屋担保性质。双方所订房屋所有权转移的约定无效，债权人依约交付有关房屋无法律依据。

A公司与B公司之间和上述案例存在相同模式的借款往来。2014年12月的1 500万元借款的借款模式与本案涉及的借款模式可谓一模一样。双方签订了《购房协议》；A公司归还了大部分的本金和利息；B公司向某区人民法院起诉，称签《购房协议》是为了给借贷提供担保，要求归还本金和利息。该款项在A公司的财务凭证中被登记为短期借款，证实了双方的民间借贷关系。该1 500万元借款事实与涉案2 000万元借款事实完全一致，足以证明本案只是普通的民事纠纷，而非刑事案件。

法定不诉，尘埃落定

2020年2月，检察院作出《不起诉决定书》，认为黄某没有非法占有的故意，也未实施虚构事实的行为，不构成犯罪。理由如下：一是涉案的C酒店在案发时为A公司所有，没有被抵押，也没有被买卖。二是《购房协议》签订前，江某明知C酒店是在建项目，尚未取得房产证。三是黄某取得2 000万元购房款后，没有用于个人消费、挥霍。四是就本案2 000万元购房款，B公司以借贷纠纷起诉A公司，后因双方协商还款事宜而撤诉。此前，B公司也曾借款给A公司，双方签订有《购房协议》《借款协议》，双方均认可签《购房协议》是为了给借贷提供担保。综上所述，现有证据不能证明黄某有非法占有的故意，也不能证明本案中黄某有虚构事实的行为。依照《中华人民共和国刑事诉讼法》第一百七十七条第一款之规定，检察院决定对黄某不起诉。

当然，公安机关在看到不起诉决定后，提出了复议、复核申请，但均被驳回。

后　记

　　在经济往来中,通谋虚伪意思表示大量存在,事后双方如何证明自己的真实意图?在本案中,假如对方没有提起过民事诉讼,我们该如何证明黄某的无辜,案件会不会是另一种结局?这也警醒我们,保留证据意识至关重要。从 2018 年 6 月到 2020 年 2 月,案件历时 1 年 8 个月。若不是案件本身疑点较大,我们取得有利无罪证据,并且检察机关坚持证据裁判的精神,本案最终很难取得法定不起诉的结果。胜利果实来之不易。

承办律师或团队

　　付海平,重庆坤源衡泰律师事务所合伙人兼管委会副主任。曾就职于重庆市高级人民法院,荣获数次嘉奖。任重庆市律师协会刑民交叉委员会副主任、重庆市新型犯罪研究中心研究员、西南政法大学研究生专业实习指导教师。

　　刘梦璞,重庆坤源衡泰律师事务所合伙人兼刑事中心经济犯罪负责人,重庆市"2020 年度最佳刑事辩护律师",重庆市律师协会普通犯罪专业委员会委员,入选重庆"千名青年律师领军人才库"。

证据不足,即便被告人认罪认罚,犯罪事实也不能被认定

基本案情

公诉机关指控:2000年至2018年,被告人汪某某凭借其宗族在某镇的影响力,以农村基层组织为基础、以宗族关系为纽带,实施非法倒卖土地使用权、非法占用农用地、诈骗、敲诈勒索、强迫交易、聚众斗殴、寻衅滋事、非法拘禁、开设赌场、妨害作证、滥用职权等近40起违法犯罪活动。依靠组织势力影响,攫取非法经济利益,假公济私敲诈群众钱财、侵吞集体资产,逐渐形成以自己为组织者、领导者,以汪某忠、汪甲勇、汪甲义、汪某林、汪某岭、丁某安、鲁某、王某俊、梅某荣及汪某贵等人为积极参加者,以王某所、王某安、潘某某、汪乙义、汪乙勇、汪甲、刘某、罗某三、丁某、杨某、汪乙等人为一般参加者的黑社会性质组织,并拉拢腐蚀党政干部,为组织谋取不正当利益提供便利等。

2009年3月,被告人汪某某入股某镇某供水公司担任法定代表人、董事长,被告人潘某某任厂长,两人共同经营该公司。

自2014年起,在被告人汪某某、潘某某的决定、授意下,该公司严重违反物价部门相关规定,长期擅自提高群众生产、生活必需的水资源费用价格,非法获利共计214 637.41元,增加了居民生产、生活成本,严重侵害了群众切身利益,遭到当地群众的强烈不满。2017年,为了能够顺利收取高额水费,两名被告人安排公司员工为该镇某商城商户及某街道居民强行安装智能水表,向每户收取260元水表费及价格不等的管网改造费,以不安装、不充值则断水进行威胁,强迫居民交费,造成严重的不良社会后果。2017年4月起,该镇群众因此事多次到镇政府反映问题。经审计,该

公司强制安装水表309户，收取费用194 540元，非法获利30 900元。被告人潘某某明知该组织具有一定规模并以实施违法犯罪为基本活动，仍自愿加入并接受组织、领导和管理，在该组织违法犯罪活动中起到辅助作用，系一般参加者。公诉机关以参加黑社会性质组织罪、强迫交易罪将潘某某起诉至一审法院。

律师办案经过及辩护思路

奚玮律师接受本案被告人潘某某的委托，担任其一审辩护人。潘某某认为其行为不构成参加黑社会性质组织罪。经过多轮细致阅卷、梳理在案证据，辩护人认为，虽然公诉机关指控的罪名有两个，即参加黑社会性质组织罪和强迫交易罪，但是实质争议焦点集中在参加黑社会性质组织罪的认定上。

针对参加黑社会性质组织这一罪名，辩护人一方面认真研读了《关于办理黑恶势力犯罪案件若干问题的指导意见》（以下简称《指导意见》）等相关法律文件，另一方面通过书籍、网络等渠道检索大量极具参考价值的案例，将参考案例中法院对涉黑罪名指控不予认定的说理逻辑归纳运用到本案，并紧密结合办理涉黑案件的相关法律法规，确定了辩护思路——从潘某某的主观认知和客观表现两大方面论证公诉机关指控潘某某犯参加黑社会性质组织罪的证据不足，依法不能被认定。具体表现为：① 没有证据证明潘某某明知涉案组织的存在，更没有证据证明潘某某明知涉案组织具有一定规模并以实施违法犯罪为基本活动；② 没有证据证明潘某某与汪某某之间形成了组织、领导、参加黑社会性质组织罪意义上的接受组织、领导和管理关系。

对于强迫交易罪，鉴于潘某某表示认罪认罚，辩护人在提出"公诉机关指控的部分内容证据不足，潘某某的行为即便符合强迫交易的行为性质，也属犯罪情节显著轻微，不足以被认定为犯罪"观点的基础上，进一步补充了"即便公诉机关要对潘某某的行为作出构罪评价，其行为也不属于强迫交易罪情节特别严重情形"的论述，以此辩护策略为当事人潘某某尽可能争取三年以下有期徒刑并宣告缓刑的量刑结果。同时，辩护人还分别制作了"强迫交易罪情节特别严重但有自首情节被判处缓刑"及"强迫交易罪情节特别严重但有自首、从犯情节被判处缓刑"两份《检索报告》提交法庭。

本案法院组织了两次开庭。第一次开庭时,潘某某对参加黑社会性质组织罪做无罪辩解,对强迫交易罪自愿认罪认罚。辩护人认为潘某某的行为不构成参加黑社会性质组织罪。第一次开庭结束后,潘某某接到通知前往公诉机关。事后辩护人得知公诉机关通知潘某某前往的目的在于沟通认罪认罚从宽事宜。后潘某某对指控的两罪都认罪认罚。但公诉机关提出对两罪数罪并罚后的量刑建议幅度在三年以下,却并未明确建议判处缓刑。由于在第一次庭审中,辩护人已在尊重事实的基础上发表了潘某某的行为不构成参加黑社会性质组织罪的辩护意见,故在潘某某决定签署认罪认罚具结书时,辩护人并未到场签字见证,潘某某的认罪认罚具结书则由其他律师签字见证。在第二次开庭时,辩护人仍坚持潘某某的行为不构成参加黑社会性质组织罪的辩护意见,并提请法庭注意"两高三部"《关于适用认罪认罚从宽制度的指导意见》第3条关于"办理认罪认罚案件,应当以事实为根据,以法律为准绳,严格按照证据裁判要求,全面收集、固定、审查和认定证据。坚持法定证明标准,侦查终结、提起公诉、作出有罪裁判应当做到犯罪事实清楚,证据确实、充分,防止因犯罪嫌疑人、被告人认罪而降低证据要求和证明标准。对犯罪嫌疑人、被告人认罪认罚,但证据不足,不能认定其有罪的,依法作出撤销案件、不起诉决定或者宣告无罪"之规定,全面贯彻证据裁判原则,坚持法定证明标准,给潘某某一个程序正当、实体公正的判决。

辩护人就本案发表的辩护意见如下:

一、关于参加黑社会性质组织罪

主客观一致原则是承担刑事责任的前提。黑社会性质组织成员,不仅要接受黑社会性质组织的领导和管理,而且应当明知其参加的组织是以实施违法犯罪活动为基本活动内容,这也是2018年《指导意见》确定的参加黑社会性质组织的认定标准。《起诉书》指控:"上述被告人明知该组织具有一定规模并以实施违法犯罪为基本活动,仍自愿加入并接受组织、领导和管理","潘某某自愿加入并接受领导和管理,在该组织违法犯罪活动中起到辅助作用,系一般参与者"。辩护人认为,《起诉书》上述关于潘某某"明知""自愿加入""接受组织、领导和管理"的指控明显属于证据不足。

（一）没有证据证明潘某某明知涉案组织的存在，更没有证据证明潘某某明知涉案组织具有一定规模并以实施违法犯罪为基本活动

不可否认的是，对一个犯罪组织是否属于黑社会性质组织的判断属于法律判断。根据《指导意见》精神，认定行为人的参加行为构成参加黑社会性质组织罪，不要求行为人在加入犯罪组织时明确知道该组织具有黑社会性质，但需要注意的是，《指导意见》仍要求行为人知道或者应当知道所参加的是由多人组成、具有一定层级结构、主要从事违法犯罪活动的组织群体，或者该组织虽有形式合法的生产、经营活动，但仍是以有组织地实施违法犯罪活动为基本行为方式，欺压、残害群众的组织。

但根据庭审调查情况，潘某某除了与被告人汪某某就水厂业务有生意上的合作关系之外，与涉案组织其他成员之间并没有任何来往。与涉案组织其他成员没有任何来往，如何明知涉案组织的存在，又如何明知涉案组织具有一定规模并以实施违法犯罪为基本活动？法律不强人所难，这应当是每个法律人的底线。

（二）没有证据证明潘某某与汪某某之间形成了组织、领导、参加黑社会性质组织罪意义上的接受组织、领导和管理关系

参加黑社会性质组织，是指成为黑社会性质组织的一员，接受黑社会性质组织领导和管理的行为。参加者与涉案黑社会性质组织之间必须存在相对固定的从属关系，也即在黑社会性质组织中组织者、领导者居于核心地位，积极参加者和其他参加者较稳定地处于被领导、被管理的地位。其中，有些人是直接听命于组织者、领导者，更多的则是在分级管理的体系内听命于其他组织成员。但不管怎样，组织成员在黑社会性质组织中均应具有相对固定的位置。如果一个人与黑社会性质组织没有任何从属关系，只是临时受邀或基于个人意愿参与某起犯罪，那么其即便参与了有组织的违法犯罪活动，也不能被认定为黑社会性质组织的成员。换言之，如果在黑社会性质组织中被告人没有对应的位置，就说明被告人与该犯罪组织没有从属关系；被告人如果与黑社会性质组织的某一成员之间没有服从与被服从、管理与被管理的关系，就不能被认定为有参加黑社会性质组织的行为。

按照《指导意见》的规定，无论是积极参加者还是一般参加者，都要接受黑社会性质组织的领导和管理。这不仅是一个必要的主观意志要素，而且是判断参加行为是否存在的重要依据。对于那些在主观上并无加入意图，在客观上也不受犯罪组织领导和管理，因被纠集、雇佣、收买、威逼或者受蒙蔽为黑社会性质组织实施违法犯罪活动或者提供帮助、支持、服务的人员，司法机关不应以参加黑社会性质组织罪定罪处罚。

1. 从在案证据看，潘某某与涉案组织人员的交集仅仅体现在其与被告人汪某某合作经营某供水公司。潘某某入股该供水公司与汪某某共同经营仅是一种单纯的商业投资行为，其与汪某某是平等的商业合作关系；潘某某不为汪某某服务，更不接受汪某某组织、领导和管理。司法机关不能仅仅因为潘某某与汪某某在共同经营供水公司过程中存在强迫交易的行为，就认为潘某某是"有组织地进行违法犯罪活动"，并将该活动纳入黑社会性质组织犯罪中评价。

汪某某之所以能够收购该供水公司，一方面是因为供水公司原先的股东马某某、泮某某、潘某某在供水公司经营过程中遇到了困难，在主观上自愿将供水公司股份出让，另一方面是因为汪某某也支付了相应的对价。因此买卖供水公司的行为完全是正常的商业投资、平等合作行为。而潘某某之所以此后入股供水公司，按照其当庭辩解，是因为汪某某看中了其对供水公司具有丰富的管理经验，提出以欠款60万元作为30%的股份让潘某某作为股东继续管理供水公司。

辩护人检索了相关案例。在G市中级人民法院的某裁定书中，对于公诉机关指控的被告人麦某甲参加黑社会性质组织，原审法院G市H区人民法院认为：就被告人麦某甲的行为来看，被告人麦某甲在帮助被告人戴某投标前就已经从事招投标的中介业务。其本人并非刻意与被告人戴某建立关系，而是被动地通过其做工程的父亲认识戴某的，且其本人住在番禺市桥，并不在戴某组织的势力范围，也没有证据证实其帮戴某投标前就知道该黑社会性质组织的存在。除了仅就招投标的事务需要与负责戴某工程的被告人戴某甲联系外，麦某甲与该组织的其他人员均无来往，其他涉案人员作为相关公司代理人参加投标也是被告人戴某甲负责安排的。麦某甲领取的报酬仅与招投标有关。应当说麦某甲与被告人戴某是一种生意上的合作关系，而非为其服务，更不是接受其领导和管理，当然不宜被认定为参加了该黑社会性质组织。二审法院G市中级人民法院作出了驳回上诉、维持原判的裁定。

2. 潘某某即便在与汪某某合作经营供水公司中获得了部分收益，这些收益也完全是基于投资入股和日常工作所获得的合理对价。《起诉书》关于"被告人汪某某采取入股分红、共同经营、违规发放低保补贴、给予一定党政职务等方式进行激励"的指控不应适用于潘某某，因为从在案证据来看，汪某某既没有给潘某某违规发放低保，也没有给予潘某某一定党政职务。而且，虽然潘某某对供水公司有30%的股权，但该股权是以债权折抵的，潘某某是支付了对价的。

综上所述，辩护人认为，公诉机关指控被告人潘某某的行为构成参加黑社会性质组织罪的证据不足，依法不能被认定。

二、关于强迫交易罪

（一）2017年供水公司给用户安装智能水表一事虽直接引发了某镇众多群众多次到镇政府上访的不良社会后果，但潘某某没有直接参与安装水表，也没有与不愿安装水表的住户有任何接触，并且在决定安装水表这一事件上，潘某某的提议和决议本身并不带有任何强迫性质，而是他人在要求用户安装过程中发生了强迫行为

首先，汪某某决定给用水居民安装智能水表时潘某某之所以没有反对，是因为原先的机械水表经常发生收费困难的情况，而智能水表"缴费充卡、用水刷卡"的方式能够很好地解决收费难的问题。但同时，潘某某提出安装智能水表要走正常程序。在汪某某回答说走程序时间太长，由他来做工作后，潘某某仍表示智能水表要自觉自愿安装。至于后面汪某某怎么操作，潘某某并不知晓，没有与汪某某达成"强迫交易"的犯罪故意。其次，根据在案被告人供述及相关证人证言，智能水表的采购、安装、收费等事，完全是由汪某某实施的，潘某某并没有参与。

（二）潘某某的行为即便符合强迫交易的行为性质，达到了"罪质"的要求，也达不到"罪量"的要求，不具有定罪的必要性，属于"情节显著轻微，危害不大的，不认为是犯罪"的情形

1. 纵观全案，潘某某在共同犯罪中作用极小。其行为即使被认为是犯罪，情节也显著轻微。

构成强迫交易罪首先需要满足"以暴力、威胁手段"和"情节严重"两个条件。在本案中，导致某镇众多村民多次到镇政府上访的直接导火索是供水公司给用户安装智能水表一事，但在此事中，在案被告人的供述及

多位证人的证言可以证明,智能水表的采购、安装、收费等事,完全是由汪某某自行决定、自行实施的。潘某某虽然同意了汪某某安装智能水表的要求,但提出了水表必须基于村民"自觉自愿"才可安装,对具体如何"强制安装"并不知情,更谈不上直接参与实施强行拦阻、言语威胁的强迫交易行为。

2. 潘某某主动消除影响、积极止损。

针对安装智能水表一事,由于村民集体到政府上访,在多方协调下,供水公司和村民最终达成了一致意见,供水公司将260元每户的安装费全部退还,且按照物价局的标准对水价进行了调整。对于水表退费一事,潘某某积极响应、亲自落实。

3. 潘某某一直坚守岗位,并补缴了水厂偷逃的税款,具有明显的悔过表现。

综上所述,即便潘某某参与了强迫交易犯罪,其在共同犯罪中的作用也极小,几乎可以忽略不计,事后的悔过表现也展现了其对自身行为的清醒认识和反思,属于"情节显著轻微,危害不大的,不认为是犯罪"情形。

(三)退一步来说,即便司法机关要对潘某某的行为作出构罪评价,其行为也不属于强迫交易罪中"情节特别严重"的情形

对于强迫交易罪"情节特别严重"的界定标准,目前尚无法律法规或司法解释作出具体规定。鉴于强迫交易罪中"情节严重"为客观处罚条件,即强迫交易行为纳入刑罚评价的底线要求,而"情节特别严重"为刑罚加重适用的条件,从"情节严重"到"情节特别严重"体现的是刑罚惩处"需罚性"的增加,因此,辩护人认为,准确理解强迫交易罪中的"情节特别严重"应建立在对"情节严重"这一标准的把握基础之上。

关于"情节严重"的内涵,《最高人民检察院、公安部关于公安机关管辖的刑事案件立案追诉标准的规定(一)》第二十八条具体规定了立案追诉标准,其重点可以归纳为三大方面,即行为人强迫他人交易的强迫手段、强迫交易的次数或者人数、强迫交易的价格。

在本案中,被告人供述及证人证言能够相互印证,证明智能水表的采购、安装、收费等事完全是由汪某某实施的。潘某某没有直接参与安装智能水表,也没有与不愿安装的住户有任何接触,而只对安装智能水表表示同意,并且提出必须基于自觉自愿。也正因为其提出了安装水表必须自觉

自愿，其对"强制安装智能水表"的用户数（应绝对小于使用供水公司自来水的用户数量）不可能明知。因此，汪某某在后续安装水表时采取的强迫手段所应承担的刑事责任至少不应全部由潘某某负责。在案证据无法证明潘某某具体对哪些人数、次数、金额负有刑事责任。潘某某其对强迫行为的对象数量没有放任扩张的故意，故不应承担"情节特别严重"的评价后果。鉴于"情节特别严重"是"情节严重"的升级，在已提出"潘某某的行为不具有定罪的必要性，达不到罪量要求"的基础上，辩护人认为潘某某的行为同样达不到强迫交易罪"情节特别严重"之程度。

三、潘某某具有自首情节，司法机关应依法对其减轻、从轻处罚

《起诉书》认定"2018年7月27日，被告人潘某某经公安机关电话通知到案"，潘某某符合自动投案的认定标准，其自动投案后如实交代了主要犯罪事实，且对强迫交易罪自愿认罪认罚。因此，被告人潘某某的行为构成自首，司法机关应依法对其减轻、从轻处罚。

四、潘某某对于强迫交易罪自愿认罪认罚，司法机关应依法从宽处理

潘某某面对强迫交易罪指控，自愿、如实供述自己涉嫌的行为，愿意接受处罚，符合认罪认罚从宽的条件。根据《中华人民共和国刑事诉讼法》第十五条"犯罪嫌疑人、被告人自愿如实供述自己的罪行，承认指控的犯罪事实，愿意接受处罚的，可以依法从宽处理"之规定，司法机关依法可以对其从宽处理。认罪认罚应是独立于自首之外的一个新的量刑情节。由于认罪认罚的立法本意并非单纯为了节约侦查成本，而是在于激励犯罪嫌疑人、被告人在客观真实的基础上自愿认罪悔罪、履行判决义务，这种主客观相结合的判决、价值判断是对刑法量刑情节体系的梳理和优化。因此，被告人潘某某对强迫交易罪认罪认罚，可在自首情节之外被从宽处理。

五、鉴于潘某某深刻的认罪悔罪态度及其具有的法定减轻、从轻量刑情节，对其判处缓刑于法有据

首先，辩护人此前已经论述过指控被告人潘某某的行为构成参加黑社会性质组织罪的证据不足，依法不能被认定。在此基础上，针对强迫交易罪名，尽管公诉机关指控潘某某的行为属于强迫交易的"情节特别严重"之情形，应处三年以上七年以下有期徒刑，但辩护人认为，考虑到潘某某具有在共同犯罪中作用极小，有从犯、自首、自愿认罪认罚三个法定量刑情节，对潘某某在三年以下有期徒刑的幅度内量刑于法有据。

在此基础上，潘某某符合缓刑的适用条件。这里首先需要明确的是，缓刑适用要件中的"犯罪情节"与具体罪状中的"犯罪情节"两者旨趣不同、含义有别，在逻辑上不具有同一性和当然的对应性。"犯罪情节较轻"之"犯罪情节"侧重反映犯罪的整体社会危害性，是对犯罪主体、犯罪主观方面、犯罪客体和犯罪对象及犯罪客观方面的全面考察和综合评价，其中不乏体现法官自由裁量权的酌定性。而刑法分则具体罪状中的犯罪情节一般表述为情节一般、情节严重、情节特别严重三个层次，它们是决定刑罚档次的犯罪因素。从刑法文本及司法解释规定来看，刑法分则具体罪状中的各类情节主要体现为对犯罪客观方面的评价，一般不关涉犯罪主体、犯罪客体等其他犯罪构成要素，尤其是在数额犯中。为最大限度限缩刑罚弹性，防范司法擅断，刑法分则中的犯罪情节一般都经由司法解释作出较为明确的规定，具有法定性和确定性，法官自由裁量的空间则相对较小。换言之，司法机关不能认为凡具有刑法分则规定的"情节严重"者，即不属于刑法规定的"犯罪情节较轻"，而将其排除在缓刑适用范围之外。辩护人还检索了相关案例，制作了《"强迫交易罪情节特别严重但有自首情节被判处缓刑"的检索报告》以及《"强迫交易罪情节特别严重但有自首、从犯情节被判处缓刑"的检索报告》，供法庭参考。

在本案中，潘某某在共同犯罪中作用极小，且事后主动消除影响、积极止损，到案后如实供述、真诚悔罪，有自首这一法定减轻、从轻处罚情节。目前潘某某仍在水厂坚守岗位，全心全意保障居民用水，没有再犯的危险。相关部门出具的情况说明能够证明潘某某一贯表现良好、工作尽职尽责、与邻里关系和睦，故辩护人认为对潘某某宣告缓刑对其所居住社区并无重大不良影响。

最终案件处理结果

一审法院经审理查明：被告人潘某某与马某某、泮某某于2006年共同购买并经营某供水公司。2009年被告人汪某某以420万元的价格收购了该供水公司，被告人潘某某因汪某某欠其收购款而受邀入股该供水公司并占有公司30%的股份。法院认为：① 被告人潘某某在主观上并无加入黑社会性质组织的意愿，与被告人汪某某之间仅仅是共同经营该供水公司的合作关系，目前也没有证据证实其在与被告人汪某某合伙经营之前就知道该黑社会性质组织的存在。② 除了仅就该公司的经营情况联系汪某某之外，潘某某与该组织的其他人员均无来往。法院不能因为潘某某与汪某某在共同经营过程中存在强迫交易的行为，就认定潘某某接受汪某某的领导和管理。③ 由于缺乏潘某某在主观上加入黑社会性质组织并接受领导和管理的证据，法院不宜认定被告人潘某某参加了该黑社会性质组织。故法院对辩护人的相关辩护意见予以采纳，对公诉机关的指控不予支持。

一审法院认定被告人潘某某犯强迫交易罪，情节特别严重，系从犯，有自首情节，且案发后退出全部违法所得，判处其有期徒刑一年八个月，宣告缓刑三年，并处罚金人民币一万元。

律师办案心得

此案辩护的进攻性体现在两个阶段。第一阶段是对指控潘某某参加黑社会性质组织罪开展进攻。针对对潘某某"明知""自愿加入""接受组织、领导和管理"的指控，辩护人从证据体系到法律适用进行了全面分析，阐释辩护理由；不仅如此，还将国家的司法政策与外地的具体案例作为背景，使合议庭能够直观地感受到辩护人的论证充分注意到了时代背景，也充分注意到了同类案件的类比，增强了辩护观点的说服力。第二阶段是对第一次庭审后出现的认罪认罚具结书开展进攻。在被告人同意认罪认罚的情形下，辩护人从贯彻证据裁判原则、坚持法定证明标准入手，论证认罪认罚案件应遵循的价值理念和司法判断的思维底线，说服合议庭不能忽略定案的基石——证据。

本案一审判决充分彰显了司法的公平、公正。一审法院在潘某某对参加黑社会性质组织罪认罪认罚的情况下，仍然采纳了辩护人关于潘某某的行为不构成参加黑社会性质组织罪的辩护意见，最终以强迫交易罪对潘某某宣告缓刑。这是"以审判为中心"和庭审实质化的体现，也是辩护人充分运用刑事证据规则取得良好辩护效果的体现。

中共中央、国务院《关于开展扫黑除恶专项斗争的通知》要求，政法各机关要主动适应以审判为中心的刑事诉讼制度改革，切实把好案件事实关、证据关、程序关和法律适用关，严禁刑讯逼供，防止冤假错案，确保把每一起案件都办成铁案。只有在对黑恶势力进行打击的过程中严格坚持依法办案，确保在案件事实清楚，证据确实、充分的基础上，准确地对案件性质进行判断，坚决防止人为拔高或者降低认定标准，才能切实做到宽严有据，罚当其罪，实现政治效果、法律效果和社会效果的统一。律师在办理涉黑涉恶案件过程中，更是应当针对案件事实、证据、程序及法律适用等方面进行重点审查。

利用互联网大数据检索典型案例、制作检索报告这一做法值得借鉴。虽然我国不是判例法国家，但是，形成在先的司法判例对于在后的司法判决仍然具有一定的参考价值。更为重要的是，律师从先前判决的裁判说理中或许能寻找到同类案件的辩点之所在。

承办律师或团队

奚玮，法学博士，北京盈科（芜湖）律师事务所刑事辩护中心主任，安徽省律师协会刑事法律专业委员会副主任，中国刑事诉讼法学研究会理事，安徽师范大学法学院教授、诉讼法研究所所长。

异地经营不是非法经营
——罗某涉嫌非法经营获不起诉案

顺藤摸瓜，疑犯归案

某日，甲市某酒吧内空气中与往常一样弥漫着烟酒的味道，音乐声震耳欲聋，灯光五颜六色，男男女女在舞池中疯狂扭动。角落里一群年轻人正在吸食一氧化二氮（俗称"笑气"。人吸食"笑气"之后容易产生幻觉，经常吸食则极易产生依赖性）。忽然，伴随着长鸣的警报声而来的人民警察将这群吸食"笑气"的年轻人全部抓获。派出所里，吸食者逐渐恢复精神状态并供述销售"笑气"的人是张某和李某。随后，张某和李某被抓获并供述出藏在二人背后的销售者罗某。警察迅速出击，在罗某家中将其控制，并对其住处进行搜查，最终发现并扣押了四瓶液体。至此，罗某、张某、李某等人悉数归案。

千里求助，确定委托

每周四晚上，广西锐嘉弘律师事务所均会开展集体业务学习。众律师会聚一堂，学习最新法律法规或者进行案例研讨。

那晚，学习会正在进行。有两位脸上挂满忧虑的老人不约而至，他们正是罗某的双亲。我们见状，来到接待室热情地接待两位老人。但两位老人已来不及喝茶，便开始倾诉儿子罗某被抓之后的忧愁与无助。他们一直强调其儿子具备相关证件，为何还会被抓。为此，他们咨询过不少法官、检察官和律师，但得到的答复意见并不统一——有人认为罗某的行为构成犯罪，有人则认为不构成犯罪。听完老人的陈述，我们得知罗某已经被执行逮捕。每一位专业的刑辩律师都知道嫌疑人被批准逮捕往往意味着办案机关已经掌握了一定的证据，且案件达到可以逮捕的标准。换言之，此时与批捕前的拘留阶段相比，想要将强制措施变更为取保候审，难度大了许多。作为律师，我们只能先安抚老人的情绪，然后告知刑事案件的办理流程、期限及每个阶段律师的工作内容。俗话说，兼听则明，偏信则暗。律师办理刑事案件不能只听家属的陈述就轻易下结论，应当会见犯罪嫌疑人，甚至要在看完整个案件材料并综合分析之后，才能提出较为妥当的法律意见。因此，我们提议先会见罗某，进一步了解案情后再确定具体的辩护方向。我们诚恳的态度、专业的表现赢得了两位老人的信任。两位老人正式委托我们担任罗某的辩护人。我们目送老人离开，又看看委托书上老人的签名和鲜红的指印，虽感压力不小，但这不就是刑辩律师的日常工作吗？深呼一口气，我们立即开始准备会见工作。

披挂上阵，连战连败

会见是律师办理刑事案件必不可少的环节，也是阅卷前了解案情最直接的方式。律师的很多辩护观点亦是在会见的过程中产生、验证、确定下来的。

接案的第二天早上，辩护人早早前往看守所会见。当事人是一个看起来仍略显稚嫩的小男生。他礼貌地向辩护人问好。要是在街上遇见，没人会认为这样一个斯斯文文的小男生竟然是犯罪嫌疑人。在告知权利、询问是否被刑讯逼供等前置工作完成后，辩护人开始正式向罗某了解案情。在这个过程中，罗某提到其曾设立一家一人公司，并以该公司名义申办了《危险化学品经营许可证》，许可经营的范围包括一氧化二氮即"笑气"。此时辩护人便拿出罗某父母提供的《危险化学品经营许可证》和《营业执照》给罗某辨认。听到罗某肯定的答案，辩护人心中悬着的石头落下了一点，毕竟有没有证件、证件是否真实将直接影响对罗某的行为是否构成非法经营罪的判断。同时，罗某还提到其曾向之前委托的律师表明其持有这两份证件，但该律师在询问是否已进行备案登记、售卖一氧化二氮时是否签署合同等问题并得到否定回答之后认为这两份证据没有用，最终就没有提交办案机关。对于这两份证件是否有用，前后律师存在不同解读导致罗某在此问题上反复追问。经过我们再三解释非法经营罪的犯罪构成，罗某焦灼不安的心才暂时放下。时间过得很快，在狱警的催促下，我们结束了第一次会见。为了核实该证件的真实性、合法性，辩护人立即联系乙市某区应急管理局。该局经核查对此给予肯定答复，并通过微信将经营许可证照片发送给了辩护人。辩护人悬着的心又放下一小点。

事不宜迟，辩护人立马向甲市A区人民检察院递交《羁押必要性审查申请书》并附上相关证据。申请书详细论述罗某是一人公司的法定代表人，该公司经营范围包括销售危险化学品，公司具备《危险化学品经营许可证》且许可经营的范围包括"笑气"，罗某销售"笑气"的行为属于职务行为，罗某依职权销售"笑气"并不会构成非法经营罪，罗某不应该被继续羁押，符合《人民检察院办理羁押必要性审查案件规定（试行）》中关于变更强制措施的条件，请求检察院向办案机关提出变更罗某强制措施的建议。之后，辩护人亦多次与主办检察官电话沟通。辩护人原本以为检察院收到申请书和证据后会尽快释放罗某，但辩护人等来的是不变更强制措施通知书。辩护人怀着失望的心情再次拨通主办检察官的电话。助理检察官回答道："罗某办理《危险化学品经营许可证》的地方是乙市，而经营'笑气'的地方在丙市，因此罗某属于异地经营。在司法实践中，异地经营亦构成非法经营罪。"

对于检察官的观点，辩护人不能认同，并再次递交《羁押必要性审查申请书》。这次的申请书着重论述罗某的行为不属于异地经营，即使属于异地经营亦不会构成非法经营罪。一人公司绝大多数行为发生在乙市，检察院不能因为法定代表人罗某本人在丙市的网络上进行谈判、沟通销售等事宜就认定其为跨区域异地经营。为佐证异地经营不构成非法经营罪，辩护人查询了许多法律、司法解释、法规、判例，最终找到最高人民法院关于被告人李明华非法经营请示一案的批复（〔2011〕刑他字第21号）。该批复明确："被告人李明华持有烟草专卖零售许可证，但多次实施批发业务，而且从非指定烟草专卖部门进货的行为，属于超范围和地域经营的情形，不宜按照非法经营罪处理，应由相关主管部门进行处理。"虽然本案涉案的物品是"笑气"而非烟草，但是我国只是禁止不利于犯罪嫌疑人的推定，并不禁止有利于犯罪嫌疑人的推定，故该批复对罗某有利，应适用于本案。

至此，检察官的异地经营亦构成非法经营罪的观点根本站不住脚。但为早日实现变更强制措施的目的，辩护人设置了另一条防线，即将罗某的行为归结为单位行为，单位犯非法经营罪的立案标准为50万元，而本案涉嫌的金额仅为13万元，根本没有达到刑事立案标准。假如检察官不认可上述批复文件，坚持异地经营构成非法经营罪，那么本案的涉案金额亦未达立案标准，检察院仍不能通过刑事途径追究罗某的刑事责任。递交申请书后，辩护人信心满满地期待检察院通知变更强制措施的信息。然而，结果再次事与愿违，我们再次收到不变更强制措施的通知。辩护人内心非常难受，想起老人满怀期待的眼神，不知如何向他们告知这份结果。接连两次的失败让辩护人的信心备受打击，精神压力也倍增。

变更管辖，似现转机

在审查起诉阶段，律师的首要工作就是阅卷，经过阅卷才能全面分析整体证据。每个律师都有自己的阅卷顺序和阅卷软件，但不管怎么阅卷，专业的刑辩律师一般均会阅卷三次以上。如遇复杂疑难的案件，需要阅卷的次数更多。

经过阅卷，我们逐步提炼了本案的辩护观点，将辩护观点设置为两条防线。第一条防线是从根本上否定违法犯罪行为的存在。辩护人经多次阅卷发现，本案的证据根本无法证明罗某与张某、李某之间交易的物品是"笑气"。双方的供述及聊天记录只能证明双方交易的物品是烟杆子，而销售烟杆子根本不需要经营许可。因此，罗某没有违法犯罪的行为。第二条防线是即使"笑气"的买卖存在，罗某的行为仍不构成犯罪。辩护人在裁判文书网上查到"笑气"的相关判例，判例认为"笑气"属于危险化学品，经营"笑气"需要办理《危险化学品经营许可证》，否则构成非法经营罪。辩护人则认为：虽然"笑气"属于危险化学品，但并非经营危险化学品均需要办理《危险化学品经营许可证》。只有经营被现行法律、行政法规、司法解释明确列为我国专营、专卖物品或者限制买卖的物品才需要办理《危险化学品经营许可证》，而"笑气"未在规范之列。因此，销售"笑气"不需要办理《危险化学品经营许可证》。阅卷后，辩护人发现一个对罗某不利的证据，即在办理《危险化学品经营许可证》及设立一人公司之前罗某已经开始销售涉案物品。为处理这个问题，辩护人反复核对罗某、张某、李某的陈述，得知双方仅通过微信转账，进而将目光锁定在双方之间的微信转账流水上。为排除一些非真正交易金额，辩护人与罗某一一核对每一笔转账。扣除运费及交易失败的金额后，设立公司和办证之前涉嫌非法经营的金额最终定格在4万多元。个人犯非法经营罪的立案标准是5万元，这意味着罗某个人非法经营的数额没有达到立案标准。没有达到立案标准则说明罗某的行为不构成犯罪。最后，辩护人整理以上辩点并撰写了《关于罗某涉嫌非法经营罪一案不起诉法律意见书》。在辩护人递交上述法律意见书一周后，甲市A区人民检察院以没有管辖权为由，将本案移送甲市B区人民检察院，将张某、李某案移送甲市C区人民检察院。

越挫越勇，辩冤白谤

变更管辖，对本案来说是一个契机，也是一个转折点。

管辖权变更后，律师一定要重新阅卷和递交委托手续。原检察院并不会将辩护人的委托手续和法律意见书转交给变更后的检察院。

除递交书面的不起诉法律意见书外，与检察官面谈亦是非常重要的。为了面见检察官，我们早早起床开始准备。记得当时天还没亮且下着小雨，我们带着不起诉意见书及证据踏上了去检察院的路。灰色的天空，稀稀落落的小雨，似乎暗示着此行不会十分顺利。果不其然，当辩护人提出面谈要求时，检察官以案件多、时间少为由拒绝，但辩护人坚持不懈、再三要求，明确表示人已经在检察院办公楼下且不会占用检察官太多的时间，检察官才勉为其难，同意面谈。在等待检察官的时间里，辩护人在脑海里又一遍遍梳理需要陈述的辩点，考虑如何在最短的时间内说服检察官。

不多时，检察官来了，手里还拿着笔记本。辩护人的第一感觉是本案受到检察官重视。与我们面谈的检察官非常专业、认真、负责。在整个沟通过程中，检察官并没有打断辩护人的陈述，认真记录着辩护人的观点。虽然他没有当即对辩护观点进行回应，但从检察官的表现来看，我们认为检察官已经将辩护观点听进去了。虽然想要在每一个案件中都能与承办人员面谈近乎奢侈，但实践证明这种沟通方式确实比提交书面法律意见更为直接有效。最后，检察官说，"笑气"是一种特殊的物品，危害性比较大，检察院需要认真、谨慎处理。我们表示,认真、谨慎处理是必要的,但罗某是依法依规销售,其行为不构成犯罪。

走出检察院时,雨停了,天晴了,似乎暗示着这个案件会有转机……事后会见罗某时我们才知道,在这次面谈之前,检察官其实已经提审罗某并提出认罪认罚的量刑建议是一年六个月有期徒刑,但罗某以需征求辩护人的意见为由并没有签署。这个插曲让我们感慨不已。在刑事辩护中,律师的作用固然重要,但当事人的信任往往也能在冥冥之中给予律师莫大的支持。

此次沟通之后,检察院作出退回补充侦查的决定。在退侦期间,检察院要求侦查机关核实《危险化学品经营许可证》和《营业执照》的真实性。这说明检察院已在一定程度上认可了辩护人的辩护观点,这亦间接地回答了罗某这两张证是否有用的问题。对于这两张证的真实性,辩护人没有任何的怀疑,因为辩护人早已核实,乙市某区应急管理局出具的说明亦可印证。但应急管理局的说明提及另一个问题:变更经营场所的,需要重新办理《危险化学品经营许可证》。针对此问题,辩护人又重新递交《不起诉补充法律意见书》,着重论述罗某的行为不属于变更经营场所。经营场所指企业法人主要业务活动、经营活动的处所。一直以来,罗某公司的营业场所均在乙市,并没有进行任何的变更。随着经济的发展,特别是网络的发展,许多商业行为比如合同的谈判、合同的签订、货物的运送、款项的收取等,并不局限于在经营场所完成。司法机关不能因此就认定企业变更了经营场所。要求所有的商业行为只能发生在经营场所根本不切实际。检察官听取辩护人的意见之后非常重视,表示会认真处理。至此,辩护人认为本案很有希望能够争取到一个较好的结果。为了让罗某早日恢复自由,我们及时向检察院递交了《取保候审申请书》,但检察院驳回了申请……

峰回路转,云开月明

本案涉及的物品是"笑气"。关于"笑气"的判例是近几年才出现的,而且当事人均是因为没有办理《危险化学品经营许可证》而犯罪,而本案的犯罪嫌疑人罗某申请了并且持有《危险化学品经营许可证》。面对新型复杂的犯罪案件,为保障案件的质量,检察官选择启动检察官联席会议。

在检察官联席会议后,检察官又召开检委会。2021年1月22日,甲市B区人民检察院作出不起诉决定书。不起诉决定书上明确记载:本院经审查并退回补充侦查,仍认为本案事实不清、证据不足,未达到立案标准,不符合起诉的标准。

罗某被释放的那天阳光明媚。我们提前来到看守所门口迎接他。恢复自由的罗某难掩内心的激动,对着辩护人双手作揖,不停感谢辩护人的付出。看着罗某远去的背影,辩护人又回想起当初老人深夜到访时那忧心忡忡的面容,此刻仿佛已经看到了老人和孩子深情相拥、喜极而泣的画面。自2020年8月22日接受委托至2021年1月22日罗某被释放,本案历时整整五个月,终于画上完美的句号。

刑事辩护总是围绕着辩点的寻找与运用。多渠道全面了解案件相关信息,是找到辩点的基础;全方位分析研判案件信息,是找到辩点的必经之路;科学制定辩护策略,是运用辩点的先决条件;百折不挠的精神,是使辩点被办案机关采纳的重要保证。

律师承办的是案件,而案件的背后是他人的人生。律师需要多方面学习并掌握辩护知识,修炼辩护内功,提升辩护水平,打牢根基,还需要根据案情复杂程度,适时调整辩护策略,灵活运用各项辩护技能,创造条件,顺势而为,借力而为,维护正义。

承办律师或团队

伍志锐,广西锐嘉弘律师事务所主任,广西刑事专业律师,广西壮族自治区和南宁市两级优秀律师,广西律师协会刑事专业委员会副主任,广西警察学院原副教授,广西大学法学院硕士生导师,广西壮族自治区政府法律顾问库成员,南宁市政府立法咨询员。执业十几年来一直致力刑事辩护。

黄丽华,广西锐嘉弘律师事务所律师,广西女律师和未成年人保护工作委员会委员,以刑事辩护为主。

王娟娟反抗家暴的行为不该被认定为犯罪 辩
——王娟娟故意伤害罪（轻伤）免于刑事处罚案

这是一个真实的案例。丈夫的无理要求引发家庭暴力，最终造成血案。司法机关没有遵循"兼顾天理、国法、人情"的刑事司法指导原则而僵化执法，导致一个家庭涉刑。嗷嗷待哺的孩子四年未见到母亲，矛盾无望化解，且母亲的刑事犯罪记录，将会影响这个小小生命终身的政审。面对如此局面，辩护人发出了呐喊：没有刑治不能，唯崇刑治万万不能！

菜刀血案

陈尔东（化名）和王娟娟（化名）系夫妻，二人于 2015 年 1 月 21 日登记结婚。2017 年 3 月 26 日王娟娟生育一男孩。

孩子的出生带来了短暂的喜悦。但是孩子刚刚满月，陈尔东就发现孩子长了湿疹且发育的体重不符合生育手册标准，由此对伺候月子的岳母王改荣（化名）不满意。家庭和谐从此被打破。

2017 年 5 月 7 日 21 时许，陈尔东家发生了王娟娟头部被砍两刀，陈尔东手部、颈部两处受伤的人员受伤事件。

事发以后，陈尔东和王娟娟双方都打 110 电话报了警。警察到场发现现场血迹斑斑，受伤人员已经被送往医院急救。家中有一男婴由王娟娟的哥哥看着，后被陈尔东的母亲过来抱走。警察查看完现场后去医院调查，看见王娟娟和陈尔东各自做了伤口包扎。当时了解到的情况是陈尔东和王娟娟因为新生儿出湿疹和体重不够的问题口角多日，当晚终于造成血案，动起了菜刀互砍，最终造成双双都受伤。

警察在医院了解了基本情况，看双方再无动怒可能，就通知双方第二天去做笔录。

谁在说谎

事发第二天，王娟娟和陈尔东都去受理案件的派出所做了笔录。

王娟娟的笔录："事发当天晚上因为陈尔东跟我母亲要奶粉钱和孩子湿疹治疗费共计3万元，我和陈尔东当时产生了口角。到了晚上陈尔东让我给我妈打电话，但我坚持不给我妈打电话。陈尔东当时要和我离婚，让我滚，我就开始收拾东西。陈尔东说就算要走也得把钱打过去。之后，陈尔东就拿出菜刀朝我的头上一个位置砍了两刀。我感觉到头部当时流血了，有热的东西流到脖子里。然后我就往外跑。陈尔东左手拿菜刀，右手拉着我。之后我就去夺他手里的菜刀。我夺下刀后左手拿着刀准备往外跑。陈尔东挡在门口拦住我。回头关门时他背对我，我就拿刀朝他的脖子左侧横着砍了一刀。当时陈尔东的脖子出没出血我没注意。陈尔东反过来就抢我手里的菜刀，用手摁住我的左肩膀，把我推在门后面西侧的墙上。陈尔东又要用刀砍我。我当时弯着腰，用双手推了他的身体，从下面逃走了。"

陈尔东的笔录："2017年5月7日21时许，王娟娟用家里的菜刀将我砍伤。我不知道王娟娟为啥用菜刀砍我。被砍当时我正在低头往婴儿床上放孩子。这时候王娟娟用菜刀在我脖子上砍了一刀。我回头看王娟娟砍来第二刀时，用左手护了一下。菜刀砍在我左手手腕处。在整个过程中我没有用刀砍过王娟娟。"

王改荣的笔录："陈尔东因为孩子长湿疹和体重不增的事情，认为我没有照顾好孩子，所以提出来要我赔偿，赔湿疹治疗费2万元、奶粉钱1万元，说如果我不给3万元，他就要打我，而且要打我女儿。我没法和他讲理。他还拿出菜刀威胁我，说如果不给这钱就要砍死我们全家。我女儿就让我提前回家。我看陈尔东正在气头上，怕真打起来，于是在他们茶几上放下现金3000元就回家了。到家不一会儿，女儿来电话说她被砍了。"

王改荣丈夫王帅（化名）的笔录："事发前两天，陈尔东就因为我老伴儿伺候女儿坐月子不合格，要求赔偿。我女儿王娟娟给我发微信说，陈尔东闹得厉害，快要打人了。为了平息事态，我女儿在我微信里边和我说要不就给陈尔东3万元吧！我说家里哪有这么多钱给他。事发当天晚上，我老伴儿从女儿家回来不久,女儿就打电话来说被砍了,让我们去医院找他们。我们到医院,看到我女儿头部伤情很严重,正在流血。大夫给她缝合了两处伤口。陈尔东也受伤了,但是我们不知道他咋受伤的,也不知道伤在哪处。"

王娟娟和陈尔东各持说辞,现场只有一个出生才四十多天的婴儿,没有旁证。这起案件只能等待公安机关破案处理。

故意伤害罪

双方都报案了,派出所就让他们先治疗,同时出具了委托书让他们去公安局法医物证鉴定中心进行司法鉴定。过了一段时间,派出所一个干警给王娟娟打电话,说她和陈尔东的伤都是轻微伤。

过了20多天,派出所干警又给王娟娟打电话:"案件我们要移交检察院了。你过来办一下取保候审手续。"王娟娟匆忙赶过去,问:"咋回事儿?你们不是说都是轻微伤吗?不是在你们这里就能结案吗?怎么又要交给检察院了?"干警说:"你的是轻微伤,陈尔东的是轻伤。你伤害陈尔东的伤情鉴定结果是轻伤二级。根据这个司法鉴定结果,你的行为构成刑事犯罪了。我们要把案件交给检察院,暂时不抓你,给你办取保候审。有话你去检察院讲吧!"

在派出所王娟娟看到了两份《法医学人体损伤程度鉴定书》。一份是自己的,结论是头部锐器伤,评定结果为轻微伤。另一份是陈尔东的,结论是左腕部损伤,评定结果为轻伤二级。

审前辩护

王娟娟看到两份司法鉴定书傻了眼,自己头上明明被砍了两刀,险些丢命,却只被鉴定为受轻微伤,抢刀反击却给陈尔东造成了轻伤二级,面临坐牢。

举目无望的她想到了妇联。在她心里妇联是妇女的娘家。现在她只能请求妇联帮忙了。

省妇联权益部接到王娟娟的求助后,安排了北京尚衡(呼和浩特)律师事务所提供法律援助。律师事务所安排王玉琳、塔拉律师担任王娟娟的辩护人。

律师接受委托,向王娟娟了解了情况,到检察院案管中心查阅了卷宗,发现陈尔东鉴定成轻伤有些蹊跷,因为陈尔东受伤两处,但是医院诊断证明均表明伤情不严重,医院只给他做了一般性处置,陈尔东也没有住院治疗。他受伤后是在省医院治疗处置的,但是做这次司法鉴定时,陈尔东没有在原治疗医院进行手腕部肌电图检查,而是另行到省医科大学附属医院进行了手腕部肌电图检查。省医科大学附属医院肌电图报告诊断提示"左侧前臂各测试群大力收缩募集减弱(桡神经支配肌群减弱明显,伤后3月余,隔期复查)",没有直接认定是神经损伤,做司法鉴定的法医却根据《认定损伤程度鉴定标准》5.9.4四肢重要神经损伤的标准作出了构成轻伤二级的结论。

辩护人认为,测试群大力收缩募集减弱(桡神经支配肌群减弱明显,伤后3月余,隔期复查)不属于最终确诊结果,针对这个诊断认定陈尔东损伤为轻伤二级依据不足。为此,辩护人向公诉机关提出了重新鉴定申请。

同时根据本案的前因后果,王娟娟存在正当防卫情形,因此,辩护人向公诉机关提出了辩护意见:① 王娟娟的陈述可以与其他证据相互印证,事发当时她遭受丈夫陈尔东的家庭暴力,为了防止侵害、保住性命才进行了反抗,所以辩护人认为王娟娟反抗家暴的行为不应该被认定为犯罪。② 被害人陈尔东不如实陈述案件情况,隐瞒情节,导致其和王娟娟两个人在封闭环境中发生的冲突各有说辞,故王娟娟对陈尔东主动袭击、故意伤害的犯罪事实不应被认定,本案原因不明,事实不清,证据不足。根据疑罪从无的原则,检察院应对被告人王娟娟作出不起诉的决定。

(一)陈尔东存在家庭暴力行为

王娟娟与陈尔东于2015年12月28日结婚,2017年3月26日王娟娟生育一男孩。孩子满月后不久,王娟娟的丈夫陈尔东以孩子体重增加缓慢和出湿疹为由,认为岳母王改荣照顾不周,威胁岳母进行赔偿,并提出索要1万元奶粉钱和2万元湿疹治疗费的无理要求。陈尔东在王改荣照顾王娟娟坐月子和照顾新生儿期间,违背公序良俗,公然辱骂王改荣,在索要钱财过程中曾拿刀要砍王改荣,但被在场的王娟娟拉开。陈尔东还威胁王娟娟,如果不给这3万元就把她的父母都砍了。在这种情况下,王改荣无法在其女儿家待下去，给了 3 000 元现金后就离开了陈尔东及王娟娟的住所。此情况不仅有王娟娟的陈述，还有王改荣于 2017 年 5 月 31 日所做的询问笔录和王娟娟与父亲王帅的微信聊天记录可以证明。

上述证据证明王娟娟和母亲王改荣作为家庭成员，遭到了陈尔东的经常性谩骂和恐吓。

（二）陈尔东的陈述不符合逻辑和经验法则

关于陈尔东的陈述：2017 年 5 月 7 日 21 时许，王娟娟用家里的菜刀将其砍伤。他不知道王娟娟为啥用菜刀砍他。当时他低头往婴儿床上放孩子。王娟娟用菜刀在他的脖子上砍了一刀。他回头看王娟娟砍来第二刀时，用左手护了一下，导致左手手腕处被砍伤。他没有用刀砍过王娟娟。

陈尔东对王娟娟为啥动手砍人的原因回避不谈，对自己威胁王娟娟母女，并索要钱财之事回避不说，将事件描述成王娟娟无缘无故拿菜刀就砍他。

陈尔东隐瞒自己在当天拿刀要砍王改荣的事情，只说对自己有利的，不说全案情况，明显避重就轻，而且其说法明显不符合生活逻辑和经验法则。根据其陈述简单得出的"王娟娟无故拿刀对陈尔东砍杀，造成其被故意伤害"的结论明显不符合常理。

（三）陈尔东的伤不排除是在其对王娟娟实施家庭暴力过程中王娟娟抵抗造成的

1. 王改荣的陈述证明：陈尔东在案发当日寻衅滋事，对王改荣进行敲诈勒索，表明不达目的不罢休。王改荣无奈放下现金 3 000 元。王改荣离开陈尔东家后被陈尔东打电话叫回去继续索要 3 万元，并拿刀威胁。陈尔东用粗言秽语辱骂王改荣。陈尔东对其家庭成员的威胁辱骂行为表明他存在严重的家庭暴力。而且此行为表明陈尔东已经具备继而对王娟娟实施家庭暴力的可能性。

2. 对当天晚上发生的事情，王娟娟在第一次讯问笔录（2017 年 5 月 27 日）中的陈述是："到了当天晚上，陈尔东要求我给我妈打电话，让我妈给我们 3 万块钱。我当时没有给我妈打电话，而后和陈尔东发生了争吵。在争吵过程中陈尔东让我滚出这个家。后来我准备东西要走时，陈尔东用菜刀朝我的头部右后侧砍了一刀。当时我的头部就出血了。他说：'你就算走也得把钱打到我的卡上，再不打钱就把你父母也砍死。'他一边说一边走到我跟前。我当时很生气，就把他手中的菜刀夺过来。我左手拿菜刀站在他的左后侧，用菜刀朝他的身上从上往下砍了两下。第一刀我朝他的左侧肩膀到脖子的位置砍了一下，第二刀我又砍他的左肩膀。他用胳膊挡了一下，刀砍到了他的左胳膊上，具体砍到什么位置我没有看清楚。"

王娟娟在第二次讯问笔录（2017年5月31日）中对当天晚上发生的事情的陈述是：①"事发当天晚上因为陈尔东跟我母亲要奶粉钱和孩子湿疹治疗费共计3万元，我和陈尔东产生了口角。到了晚上陈尔东跟我说怎么还没把钱打过来。陈尔东让我给我妈打电话，但我坚持不给我妈打电话。陈尔东当时要和我离婚，让我滚，我就开始收拾东西。陈尔东说就算走也得把钱打过去，之后就拿出菜刀砍我。"②"当时陈尔东拿出菜刀指着我，让我给我妈打电话要钱。我说我不打电话，然后陈尔东就拿刀上来朝我的头上一个位置砍了两刀。我感觉到头部当时流血了，有热的东西流到脖子里。然后我往外跑。陈尔东左手拿菜刀，右手拉着我。之后我就夺过了他手里的菜刀。"③"我夺下刀后左手拿着刀准备往外跑。陈尔东挡在门口拦住我。回头关门时他背对我，我就拿刀朝他的脖子左侧横着砍了一刀。当时陈尔东的脖子出没出血我没注意。陈尔东反过来就抢我手里的菜刀，并用手摁住我的左肩膀把我推在门后面西侧的墙上。陈尔东又要用刀砍我。我当时弯着腰，用双手推他的身体，从下面逃走了。"

辩护人认为，王娟娟的两次陈述恢复了当时的场景：陈尔东因为向岳母王改荣索要3万元奶粉钱和湿疹治疗费而逼迫王娟娟给母亲打电话；王娟娟拒绝后被陈尔东拿菜刀砍伤。医院的诊断、法医鉴定、警察到场拍摄的照片均证明王娟娟头部确实存在刀砍造成的"人"字形伤口并流了大量的血，且王娟娟在医院进行了缝合处置。这些均能够印证陈尔东先拿刀对王娟娟造成伤害的事实。

相比陈尔东的陈述，王娟娟的到案陈述更符合案发情况，符合逻辑。王娟娟的陈述、王改荣的陈述、王娟娟与其父亲王帅之间的微信交流记录、医院的诊断结果、法医鉴定结果、现场照片和受害照片等可以相互印证，形成证据链，能够证明一个刚坐完月子的柔弱产妇在面临丈夫的持刀暴力时不得不反抗的情形。

因为陈尔东首先拿刀砍人，王娟娟在封闭的房间，面对体力比她强、手中持刀的丈夫，保护自己的生命安全，奋起反抗是正常的。她将刀夺下来保护自身的安全符合正当防卫的要件。

《中华人民共和国刑法》第二十条规定:"为了使国家、公共利益、本人或者他人的人身、财产和其他权利免受正在进行的不法侵害,而采取的制止不法侵害的行为,对不法侵害人造成损害的,属于正当防卫,不负刑事责任。正当防卫明显超过必要限度造成重大损害的,应当负刑事责任,但是应当减轻或者免除处罚。对正在进行行凶、杀人、抢劫、强奸、绑架以及其他严重危及人身安全的暴力犯罪,采取防卫行为,造成不法侵害人伤亡的,不属于防卫过当,不负刑事责任。"

综上所述,陈尔东的伤不排除是他对王娟娟实施家庭暴力时遭到抵抗造成的,王娟娟在生命遭到侵害的危急情况下进行正当防卫不应该被追究刑事责任。

(四)这起家庭暴力导致的伤害不能以"伤情鉴定结果比对严重程度"来定罪

本案中陈尔东手部伤经鉴定为轻伤,而陈尔东砍击王娟娟的头部伤只是轻微伤。按照轻伤重于轻微伤的比对鉴定结果,王娟娟将面临被追究刑事责任的风险。那么本案将会出现"加害者受法律保护,受害者受到惩罚"的结果,难以体现法律的公平公正。

陈尔东作为孩子的父亲,不是靠自己的劳动收入来保证孩子的健康成长,而是向岳母索要赔偿;不但不对生育孩子的妻子进行照顾和爱护,还持刀砍击体弱的妻子;对照顾婴儿的岳母不心存感激,反而以粗言秽语进行辱骂、索取钱财。其恶行对王娟娟不仅造成了身体上的伤害,而且造成了极大的心理恐惧。这个情况从王娟娟与其父亲的微信聊天记录、王娟娟给陈尔东发去的微信聊天内容中可以得到印证。然而,现在受害者成了被告人,而强大的法律不能保护弱者,这是绝对不允许的!

(五)王娟娟被砍后作为受害者积极报警求助,如实陈述事实

案发以后,王娟娟在第一时间拨打110电话向公安机关报警反映了案情"家暴,老公打我"。王娟娟的朋友翟某洁到事发现场后也马上报警称"此处发生打架,现场有人受刀伤"。但是案卷中只有《事件单》可以印证,王娟娟、翟某洁的报警记录却被忽略,且案卷中竟然连《受案登记表》都没有。公安机关更没有向具体报案人核实情况,只突出了陈尔东是报警人、受害者,以陈尔东为报案人进行了受案登记。而且王娟娟的哥哥王某

东、表哥王某贤,均在事发后第一时间到场,可以证明现场的情况,可是公安机关竟然没有向他们调查。

王娟娟和朋友翟某洁的报警被忽视,陈尔东寻衅滋事、敲诈勒索、持刀威胁抢钱的事情被淡化,王娟娟夺刀反抗而伤人的事情却被放大,这样的办案情况是不公平的。

凡事都有前因后果,本案亦如此。从动机上讲,陈尔东所描述的"无故砍人"是不符合逻辑的。本案不能排除王娟娟在遭受家暴过程中进行正当防卫导致施暴者陈尔东受伤的可能。因本案的案发现场只有陈尔东和王娟娟两个人,陈尔东指控王娟娟侵害的原因不明,事实不清,且违背逻辑和经验法则,因此检察院不能根据"伤情鉴定结果比对严重程度"来提起公诉。

案发时适用的《人民检察院刑事诉讼规则》第四百零四条规定:"具有下列情形之一,不能确定犯罪嫌疑人构成犯罪和需要追究刑事责任的,属于证据不足,不符合起诉条件:(一)犯罪构成要件事实缺乏必要的证据予以证明的;(二)据以定罪的证据存在疑问,无法查证属实的;(三)据以定罪的证据之间、证据与案件事实之间的矛盾不能合理排除的;(四)根据证据得出的结论具有其他可能性,不能排除合理怀疑的;(五)根据证据认定案件事实不符合逻辑和经验法则,得出的结论明显不符合常理的。"第四百零六条规定:"人民检察院对于犯罪情节轻微,依照刑法规定不需要判处刑罚或者免除刑罚的,经检察长或者检察委员会决定,可以作出不起诉决定。"根据上述规定,检察院应该对王娟娟作出不起诉决定。

虽然在公诉阶段辩护人提出了有理有据的辩护意见,被告人王娟娟也提出了重新进行司法鉴定的申请,但是检察院仍然对被告人王娟娟提起了公诉,且对王娟娟提出的重新进行司法鉴定的申请只给了"你可以向法院申请"的答复。

免责判决

案件到了一审法院后,王娟娟仍然坚持要求对被害人陈尔东伤情重新进行司法鉴定,并提出了书面申请,但是一审法院以"伤情司法鉴定结果我们可以采信,也可以不采信"进行答复。最终一审法院认定王娟娟的行为属于正当防卫，但是超过了必要限度，造成被害人轻伤二级，构成故意伤害罪（轻伤），并作出了免予王娟娟刑事处罚的判决。

这是一个有罪判决。从表面上看被告人被免去了牢狱之灾，免去了刑事处罚，但是因为有罪认定存在，王娟娟不明不白地成了有罪之人。王娟娟对此不服，提出了上诉。

二审法官认为本案事实不清、证据不足，将案件发回重审。

一审法院重新组成合议庭，进行审理，再次判决结果是王娟娟的行为不属于正当防卫，构成故意伤害罪（轻伤），但对王娟娟免予刑事处罚。

案件从 2017 年开始，兜了一大圈，现在结果依旧是"有罪认定，免予刑事处罚"。

王娟娟仍然不服，再次提出了上诉。

继续辩护

从 2017 年省妇联指派开始，王玉琳、塔拉律师一直给王娟娟提供法律援助。这次上诉王娟娟仍然委托这两位律师负责。

因为第二次判决否定了"王娟娟的行为属于正当防卫，但是超过了必要限度"的意见，王娟娟显然处于不利的地位。由于陈尔东拒不说出打架当时的情形，现场又没有其他证人，在封闭空间中发生的事情成了一个谜。于是辩护人改变了策略，将"正当防卫不应该承担刑事责任"改变为"疑罪从无，不应该认定构成刑事犯罪"，争取从疑罪从无的角度让法院作出合理判决，判王娟娟无罪。

辩护人认为：

1. 本案证据表明陈尔东有家庭暴力行为。

案卷中的证据证明王娟娟和母亲王改荣作为家庭成员，遭到了陈尔东的经常性谩骂和恐吓。

《中华人民共和国反家庭暴力法》第二条规定："本法所称家庭暴力，是指家庭成员之间以殴打、捆绑、残害、限制人身自由以及经常性谩骂、恐吓等方式实施的身体、精神等侵害行为。"

陈尔东对妻子王娟娟和岳母王改荣实施谩骂、恐吓、侮辱、敲诈勒索的行为根据上述法律规定属于家庭暴力，是违法行为。

2. 王娟娟的行为是针对正在实施的家庭暴力的反抗行为，认定该事实的相关证据已经形成证据体系。

本案证据有证人证言、当事人陈述、微信聊天记录、事发当时的现场照片、报警及出警记录、当事人的报警陈述和事后笔录、事发后到场人员的证人证言、就诊记录及司法鉴定结果，已经形成完整的证据体系，可以完整还原当时的情形。王娟娟的行为是针对正在实施的家庭暴力的反抗行为的事实已经形成证据体系。

根据上述内容可以认定，王娟娟和陈尔东之间发生打斗是陈尔东的家庭暴力所致，该起家庭暴力事件的主动攻击方是陈尔东，受害方是王娟娟，且根据证据体系，陈尔东是攻击王娟娟时遭受反抗而受伤的可能性已经不能被排除。

3. 陈尔东没有如实陈述案情，法院应该作出有利于王娟娟的认定。

陈尔东隐瞒自己当天拿刀要砍王改荣的事情，只说对自己有利的，对王娟娟为什么动手砍人的原因回避不谈，对自己威胁王娟娟母女并索要钱财之事回避不谈，将事件描述成王娟娟无缘无故拿菜刀就砍他。其说法明显不符合生活逻辑和经验法则，根据其陈述得出的"王娟娟无故拿刀对陈尔东砍杀，造成陈尔东被故意伤害"的结论也明显不符合常理。

王改荣的陈述证明：陈尔东在案发当日寻衅滋事，对王改荣进行敲诈勒索，并表明不达目的不罢休；王改荣无奈放下现金 3 000 元；王改荣离开陈尔东家后被陈尔东打电话叫回去继续索要 3 万元，陈尔东甚至拿刀威胁，用粗言秽语骂王改荣。陈尔东对其家庭成员的威胁辱骂行为表明他存在严重的家庭暴力。而且此行为表明陈尔东已经具有继而对王娟娟实施家庭暴力的可能。

相比陈尔东的陈述，王娟娟的到案陈述更符合案发情况，符合生活逻辑和经验法则。案发以后，王娟娟也在第一时间拨打 110 电话向公安机关报警反映了案情。王娟娟的朋友翟某洁到事发现场后也马上报警说"此处发生打架，现场有人受刀伤"。王娟娟的哥哥王某东、表哥王某贤、朋友翟某洁均在事发后第一时间到场，后来也都写出自述证言，并表示开庭时到庭参加质证。

《人民检察院刑事诉讼规则》第四百零四条第（五）项规定"根据证据认定案件事实不符合逻辑和经验法则，得出的结论明显不符合常理的"

不符合起诉条件。根据经验法则判定案件是有法律根据的。

辩护人认为只看伤情结果而不研究伤情形成过程的评判不符合最高人民法院的要求。

这起家庭暴力导致的伤害不能以"伤情鉴定结果比对严重程度"来定罪。

本案中陈尔东手部伤被鉴定为轻伤,而陈尔东砍击王娟娟的头部伤只构成轻微伤。原审法院只注重比对鉴定结果,追究王娟娟的刑事责任,导致本案产生了"加害者受法律保护,受害者受到惩罚"的不公平结果。在伤害案件中司法鉴定结果固然是个重要证据,但是该证据只属于节点证据和环节证据,只能证明伤情结果而不能证明伤情形成过程。审判过程不仅是证据认定的过程,也是通过证据构建体系,最大限度地还原案情原貌的过程,更是法律事实的构建过程。在这个过程当中,审判人员不能仅仅考虑一个环节上的证据,而应该综合全案考虑案件事实。

本案原审法院采取了类似"谁伤情重谁胜出""谁伤情轻谁有罪"的思维来定案,这是极不负责任的。即便陈尔东的伤情最终被认定为轻伤(二级),其也可能是因实施家庭暴力时遭到受害者抵抗而受伤,故本案不排除存在王娟娟抵抗致陈尔东受伤的可能,因此,法院应该认定王娟娟的行为不构成犯罪。

4. 陈尔东的伤情鉴定不能作为定案依据。

陈尔东受伤治疗的医院是省医院,但是他突然选择去省医科大学附属医院进行肌电图检查,存在未经原治疗医院同意,擅自转院或擅自选择其他医院出具检查单的情形。对于其为何这么做,公诉证据没有作出合理说明。

省医科大学附属医院肌电图报告诊断提示"左侧前臂各测试群大力收缩募集减弱(桡神经支配肌群减弱明显,伤后3月余,隔期复查)",没有直接认定这是神经损伤,不属于最终确诊,因此针对这个诊断提示认定陈尔东的手部伤为轻伤二级依据不足。

辩护人在办案当中也多次咨询执业医生和法医鉴定专家。有关专家说桡神经损伤应出现感觉和运动功能障碍。从本案当中陈尔东"左上肢各测试神经感觉传导无异常,左上肢格测试神经运动传导无异常"的诊断结果来看,陈尔东实际可能没有发生桡神经损伤。

5. 从"疑罪从无"的角度法院也应该判定王娟娟无罪。

疑罪从无原则是无罪推定原则的一个派生标准，即由于现有证据既不能证明被追诉的被告人的犯罪行为，也不能完全排除被追诉的被告人实施了被追诉犯罪行为的嫌疑，根据无罪推定原则，从诉讼程序和法律上推定被追诉的被告人无罪，从而终结诉讼的行为的法律原则。

《中华人民共和国刑事诉讼法》第二百条第（三）项规定："证据不足，不能认定被告人有罪的，应当作出证据不足，指控罪名不能成立的无罪判决。"这是对疑罪从无原则的典型概括。

最高人民法院《关于建立健全防范刑事冤假错案工作机制的意见》第二条"严格执行法定证明标准，强化证据审查机制"第6项当中规定："定罪证据不足的案件，应当坚持疑罪从无原则，依法宣告被告人无罪，不得降格作出'留有余地'的判决。"

在本案中，法院即使不能完全采信王娟娟的陈述，也不能完全相信陈尔东对事发当时的陈述，因为事发现场没有其他成年第三人在场印证事发经过。在王娟娟、陈尔东的陈述不一致的前提下，"现场到底发生了什么样的打斗导致两个人都受伤"存在疑问。如果按照上述法律规定，本案就出现了关键环节证据不足的情形，法院就应该坚持疑罪从无原则，依法宣告被告人无罪，不得降格作出"留有余地"的判决。

一审法院定罪免刑明显是降格作出"留有余地"的判决，二审法院应予纠正。

最高人民法院提出："要将法律的专业判断与民众的朴素认知融合起来，以严谨的法理彰显司法的理性，以公认的情理展示司法的良知，兼顾天理、国法与人情。要坚持具体案件具体分析，把抽象的法律公正地适用到每一个案件中去，实现个案公正与类案公正、法律公正与社会公正的统一，让人民群众在每一个司法案件中切实感受到公平正义。"

习近平总书记说："许多司法案件不需要多少专业法律知识，凭良知就能明断是非……"就本案来说，一个刚刚坐完月子、身体虚弱的产妇，遭受凌辱、威胁、家暴、伤害，且因该起案件面临刑事硬法治理。如果一、二审法官能够落实最高人民法院提出的兼顾天理、国法与人情的要求，充分考虑人民群众的感受和预防惩治犯罪的实际需要，确保罪责刑相适应，就完全可以使本案产生更好的社会影响。

承办律师或团队

王玉琳,北京尚衡(呼和浩特)律师事务所管委会主任,内蒙古自治区律师协会蒙汉双语工作委员会副主任,高级律师,在读博士,蒙古国特授外籍律师,内蒙古自治区优秀律师,内蒙古自治区政策法规性别平等评估专家,从1989年开始先后在乡镇司法所、派出所从事法律工作。1994年考取律师资格,1996年开始律师执业。2019年被评为"全国维护妇女儿童权益先进个人"。承办的多起案件获得国家级奖项。

侦查立案前取证的合法性
——柯某涉嫌诬告陷害罪案

祸起副处级干部被匿名举报

2018年至2019年,F省监察委、X市纪委等单位及相关领导收到了多封匿名举报信。举报信举报X市公安局副处级干部庄某涉嫌违纪和受贿犯罪。

2019年9月26日,X市纪委驻X市公安局纪律检查组(以下简称"X市公安局纪检组")出具了《关于反映X市公安局庄某有关问题的初步核实情况报告》,认为举报信举报的内容不实,举报人系诬告陷害。2019年11月13日,X市公安局纪检组向X市公安局J区分局发出函件。该函的内容为:"2018年11月以来,信访人大量向中纪委、公安部、省纪委、市纪委等部门的主要领导寄送匿名信。信中反映X市公安局庄某利用职务便利收受巨额贿赂等问题,意图使庄某受到法律、纪律追究,经我组调查核实,系不实举报。匿名信访人的行为涉嫌诬告陷害罪。经初查,上述信访件中部分由X市邮政局XL支局寄出。请贵局就此庄某被诬告陷害案开展侦查,依法查明嫌疑人的情况及相关案件事实。"同天,J区公安分局进行刑事立案。

2019年11月22日,柯某作为庄某被诬告陷害案的嫌疑人,被刑事传唤;11月23日,被刑事拘留;12月6日被逮捕。

锁定柯某的监控视频的三次来源

柯某之所以被认为是本案的嫌疑人,是因为纪委所收到的举报信的收寄邮局 XN 邮局的邮车监控视频及其相邻小区 DS 小区的监控视频拍摄到的两组投递人往邮筒投递举报信的视频中的投递人疑似柯某。

在案证据中，XN 邮局邮车监控视频属性的修改时间为 2019 年 10 月 10 日。DS 小区监控视频属性的修改时间为 2019 年 10 月 11 日。文件属性的修改时间是视频从原始载体上下载的时间。可见，这些监控视频是公安在刑事侦查立案日期即 2019 年 11 月 13 日之前获取的。对于上述监控视频的来源，公安进行了三次说明。

第一次的说明材料是两份《调取证据通知书》和两份《调取证据清单》（落款时间是 2019 年 11 月 14 日）。说明材料载明，取证时间是 2019 年 11 月 14 日即 2019 年 11 月 13 日立案后的第二天，视频由两名侦查人员调取。但是，文件本身不可变造的属性显示，该文件从监控设备下载的时间为 2019 年 10 月 10 日、10 月 11 日。证据本身的客观属性表明《调取证据通知书》和《调取证据清单》所取得的并非原始证据。

第二次的说明材料是一份《情况说明》（落款时间是 2020 年 4 月 7 日）。载明："2019 年 11 月 13 日，中共 X 市纪律检查委员会驻市公安局纪检组向我局移送《关于对庄某被涉嫌诬告陷害案开展调查工作的函》《关于反映 X 市公安局庄某有关问题的初步核实情况报告》以及中国邮政 XN 支局、DS 小区的监控视频，函请我局对庄某被诬告陷害案开展侦查。我局经审查于当日立案侦查，向相关视频监控原持有单位开具调取证据通知书，对上述相关监控视频予以确认，做证据转化，并对该案开展侦查工作。"从该《情况说明》可见，该监控视频由 X 市公安局纪检组提取并移送侦查机关。

第三次的说明材料是《光盘制作说明》（落款时间是 2020 年 5 月 8 日）。载明："2020 年 5 月 8 日我局侦查员向中国邮政集团公司 X 市分公司调取 2019 年 9 月 10 日 J 区 XN 邮政支局邮筒及周边的相关监控视频。工作人员将储存在其公司电脑内的 2019 年 9 月 10 日 J 区 XN 邮政支局邮筒监控视频拷贝给我局侦查员。监控名称：X 市 J 区 XN 邮政所邮车。监控时长为：2019 年 9 月 10 日 10 时 30 分 00 秒至 2019 年 9 月 10 日 18 时 30 分 00 秒。我局侦查员将上述视频刻录成光盘。"可见，该视频并不是从监控设备这一原始存储介质上调取的，而是从邮局存储了该视频的电脑上拷贝来的。

对于两组视频，公安机关就视频的来源进行了三次证明，并且前后三次的来源各不相同。这已经表明了该两组视频的完整性和真实性得不到保障，取证存在蹊跷。

通过庭审发问还原取证的事实

通过上述公安机关提供的监控视频的三次来源的证明材料，辩护人初步判断，该监控视频是刑事立案之前从原始载体上调取的，并且原始载体上已经不存在该监控视频的原件，因此该监控视频的真实性已经无法进行校验。在庭前会议上，辩护人提出了该辩点。对此，公诉人提出，该视频是公安初查时调取的。

对于初查的观点，辩护人提出，2013年施行的《公安机关办理刑事案件程序规定》第一百七十一条确实规定了初查制度，但是，初查必须经过办案部门负责人批准。在初查过程中，公安机关必须依照有关法律和规定询问、查询、勘验、鉴定和调取证据材料。即使是初查，公安机关也必须按照电子数据的取证规则进行取证。需要注意的是，2020年修订之后的《公安机关办理刑事案件程序规定》已经全面废除了初查制度。

为了进一步明确作为本案指控关键证据的监控视频的来源，辩护人向法庭申请侦查人员出庭。最终，法庭同意了辩护人提出的侦查人员韩某某出庭的申请，并通知其出庭。

辩护人通过对侦查人员韩某某发问，查明了如下事实：① 2019年10月初，即本案立案之前，X市公安局纪检组商请J区公安分局协助工作，J区公安分局就派XL派出所的人去协助配合。对于哪位领导安排的，谁去协助的，谁对接的，韩某某表示不知情。XN邮局邮车监控视频（2019年10月10日）是纪委和XL派出所的人一起去调取的，DS小区监控视频（2019年10月11日）是XL派出所的人去调取的。② 韩某某认为，本案中所有的视频是视听资料，不是电子数据，公安人员也不是按照电子数据的取证方式取证的。③ 监控视频原件已经消失了，因为邮政的监控视频是定期覆盖。邮政的监控视频，如果公检法调取过，邮政会在电脑上保存1~2年，因此韩某某事后又去调取。但韩某某仅仅口头上从邮政的工作人员那里确认监控视频存在过，没有做过任何笔录。④ 本案于2019年11月13日立案，11月14日韩某某才接手案件作为本案的承办人。在韩某某作为承办人之前，即 11 月 14 日之前，监控视频已经在案卷材料中了。至于监控视频到底是在 11 月 13 日之前就有的，还是 11 月 13 日立案之后 14 日他接手之前形成的，韩某某不清楚。

电子数据的取证，以扣押原始存储介质为主，提取电子数据为辅，打印拍照为例外。根据《公安机关办理刑事案件电子数据取证规则》第七条，收集、提取电子数据有五种措施、方法："（一）扣押、封存原始存储介质；（二）现场提取电子数据；（三）网络在线提取电子数据；（四）冻结电子数据；（五）调取电子数据。"本案监控视频的提取方式不是"扣押、封存原始存储介质"，不是"网络在线提取电子数据"，不是"冻结电子数据"，而是"现场提取电子数据"或者"调取电子数据"。这样的取证方式是违法的。

首先，本案完全具备扣押、封存原始载体的条件，但是相关人员未扣押和封存原始载体，是违法取证。在很大程度上，本案是相关部门取证后发现监控视频拍摄到了投递人，才决定启动刑事侦查程序。

其次，《公安机关办理刑事案件电子数据取证规则》第十九条规定："现场提取电子数据，应当制作《电子数据现场提取笔录》，注明电子数据的来源、事由和目的、对象、提取电子数据的时间、地点、方法、过程、不能扣押原始存储介质的原因、原始存储介质的存放地点，并附《电子数据提取固定清单》，注明类别、文件格式、完整性校验值等，由侦查人员、电子数据持有人（提供人）签名或者盖章；电子数据持有人（提供人）无法签名或者拒绝签名的，应当在笔录中注明，由见证人签名或者盖章。"然而，本案所有电子数据都没有制作《电子数据现场提取笔录》。

再次，《公安机关办理刑事案件电子数据取证规则》第四十一条规定："公安机关向有关单位和个人调取电子数据，应当经办案部门负责人批准，开具《调取证据通知书》，注明需要调取电子数据的相关信息，通知电子数据持有人、网络服务提供者或者有关部门执行。被调取单位、个人应当在通知书回执上签名或者盖章，并附完整性校验值等保护电子数据完整性方法的说明，被调取单位、个人拒绝盖章、签名或者附说明的，公安机关应当注明。必要时，应当采用录音或者录像等方式固定证据内容及取证过程。公安机关应当协助因客观条件限制无法保护电子数据完整性的被调取单位、个人进行电子数据完整性的保护。"然而，本案证据材料中没有"完整性校验值等保护电子数据完整性方法的说明",因此所调取的监控视频的真实性不能保证。

被告人拒不认罪情况下的实报实销

本案被告人柯某始终否认其进行过举报信的投递行为,更否认其举报过庄某。在此情况下,辩护律师进一步从实体上做了无罪辩护。

第一,司法机关不能因为X市公安局纪检组没有调查出庄某的问题,就认定柯某诬告陷害。常识告诉我们,认定一个人从无腐败、从无违纪,是很困难的,因为我们不可能穷尽对一个人的调查。

第二,庄某是副处级干部,应该承担更大的容忍义务和受质疑义务。越是级别高的干部,越要受到监督和制约。同时,越是高级别的干部,越要承担更大的容忍义务和受质疑义务。副处级干部是我国干部体制中的一个重要位置。领导干部尤其是高级领导干部,应该承担更大的容忍义务和受质疑义务,不应动辄动用司法武器对匿名举报人进行调查和处理。

第三,本案在实体上不满足诬告陷害罪的犯罪构成。其一,诬告陷害罪侵犯的法益是双重的,既包括他人的人身权利,也包括司法机关的正常活动。本案没有法益受损。庄某的人身权利没有受到任何伤害。并且,从2019年12月4日X市公安局纪检组对庄某的谈话笔录看,纪检组从未提及庄某被举报的事情,仅仅是向庄某核实一些信息。庄某在本案中,不是以被害人的身份出现的。本案根本就没有被害人。其二,《中华人民共和国监察法》颁行之后,诬告公职人员不构成诬告陷害罪。《中华人民共和国监察法》颁行之后,职务犯罪调查的权力大部分移交给了监察机关,本案的举报信也都是提交监察机关的。监察机关不是司法机关,而是政治机关,因此,本案所指举报行为并没有侵犯司法机关的司法活动。《中华人民共和国刑法》不能对本案进行客观解释,因为客观解释是对《中华人民共和国刑法》的类推适用,而这是不允许的。其三,本案没有出现严重情节,更未产生严重后果,因此不存在犯罪。根据《中华人民共和国刑法》第二百四十三条所描述的罪状,即使行为人意图使他人受刑事追究,也必须达到"情节严重"或者"造成严重后果",才能构成诬告陷害犯罪。

此外,辩护人通过中国裁判文书网检索了截至2020年11月4日F省三级法院所有的诬告陷害罪案件的裁判文书，发现很少有被举报人没有受到任何控制人身自由的法律调查和法律责任追究，就直接追究举报人刑事责任的案件。并且，对于被举报人没有受到任何控制人身自由的法律调查和法律责任追究的案件，量刑都在一年有期徒刑以下。辩护人将该案例检索和分析提交给了合议庭。最终，法院于 2020 年 12 月 28 日作出一审判决：柯某犯诬告陷害罪，判处有期徒刑 14 个月（2019 年 11 月 23 日起至 2021 年 1 月 22 日止）。判决后不到一个月柯某离开看守所，过上了牛年的春节。

党内法规对诬告陷害罪侦查立案的限制

诬告陷害罪案件属于特殊案件，涉及公民的举报控告权、公民对公权力的监督权、公职人员的人身权利及司法秩序。对于诬告陷害罪案件的调查，党内法规有明确的限制性规定。

《中国共产党纪律检查机关控告申诉工作条例》（1993 年）第三十四条规定："认定诬告，必须经过地、市级以上（含地、市级）党的委员会或纪律检查委员会批准。"中共中央纪律检查委员会、监察部《关于保护检举、控告人的规定》（1996 年）第七条明确规定："任何单位和个人不得擅自追查检举、控告人。对确属诬告陷害，需要追查诬告陷害者的，必须经地、市级以上（含地、市级）党的委员会、政府或纪检监察机关批准。"第八条规定："对匿名检举、控告材料，除查处案件需要外，不得擅自核对笔迹或进行文检；因查处案件工作需要核对笔迹或进行文检的，必须经地、市级以上（含地、市级）纪检监察机关批准。"《纪检监察机关处理检举控告工作规则》（2020 年）第二十九条第 2 款规定："对匿名检举控告材料，不得擅自核查检举控告人的笔迹、网际协议地址（IP 地址）等信息。对检举控告人涉嫌诬告陷害等违纪违法行为，确有需要采取上述方式追查其身份的，应当经设区的市级以上纪委监委批准。"第三十九条规定："采取捏造事实、伪造材料等方式反映问题，意图使他人受到不良政治影响、名誉损失或者责任追究的，属于诬告陷害。认定诬告陷害，应当经设区的市级以上党委或者纪检监察机关批准。"可见，在 2020 年之前，要将对纪检监察对象的控告认定为诬告，必须经地、市级以上（含地、市级）党的委员会或纪律检查委员会批准；要对诬告进行调查，必须经地、市级以上（含地、市级）党的委员会、政府或纪检监察机关批准。这些是诬告陷害案件立案的前置程序。

在本案中，X市公安局纪检组不知道匿名举报人是谁，但是违规对匿名举报人的身份进行了调查。发现监控视频拍摄到了举报人之后，2019年11月13日向X市公安局J区分局移送《关于对庄某被涉嫌诬告陷害案开展调查工作的函》，认为匿名信访人涉嫌诬告陷害，要求J区公安分局开展刑事侦查。X市公安局纪检组根本没有权力认定诬告陷害，因为这一权力是X市委、市政府或者X市纪委才享有的。本案侦查机关X市公安局J区分局出具的《受案登记表》《立案决定书》显示，侦查机关于2019年11月13日受理线索移送并立案侦查，立案审批人为J区公安分局分管负责人高某。除此以外，本案没有X市委、市政府或市纪委、市监察委批准立案的任何审批手续。侦查机关只有经过X市委、市政府或者市纪委批准，认定诬告陷害存在之后，才能启动诬告陷害案件的刑事侦查程序。本案的刑事侦查立案显然违反了诬告陷害案件立案的前置程序规定，侦查程序的启动也完全违反了党内法规。当然，违反党内法规的司法行为的效力，目前还缺乏明确的法律依据及裁判规则。

诬告陷害罪是一个十分微妙的罪名。一方面，国家鼓励公众监督公职人员；另一方面，公职人员又有足够的权力和关系网络来打击报复举报人。如果仅凭相关部门作出的所谓"无罪声明"便可以要求公安机关以诬告陷害罪对检举者立案侦查，那么有权者大可指挥监察机关与公安机关"通力配合"，将任何检举控告者扼杀。可见，任何一个公民检举贪腐都可能被判诬告陷害罪。因此，对诬告陷害罪的刑事侦查必须严格按照党内法规的要求进行，防止诬告陷害罪成为打击民主监督力量的工具。

承办律师或团队

吴俊，法学博士，苏州大学王健法学院副教授，诉讼法学教研室主任，北京市隆安（苏州）律师事务所兼职律师。

变更罪名,致胜关键
——一起暴力索回所输赌资案的辩护

基本案情

2020年6月23日左右至2020年6月25日,刘某、王某、钱某、孙某平等四人多次在蒋某毛麻将馆打麻将。其间,刘某、王某、钱某三人每次都输,孙某平每次都赢。故刘某、王某、钱某三人觉得孙某平打麻将时出千(玩假)。2020年6月25日晚,刘某、王某、钱某叫上李某亮(钱某前夫)、付某生(刘某丈夫)等人来到蒋某毛麻将馆,并对刘某、王某、钱某、孙某平四人玩的那桌麻将的其中一副进行自我鉴定(用李某亮自带的隐形眼镜),认为此桌麻将存在问题(该麻将系孙某平赠送),认定孙某平肯定在打麻将时出千。李某亮、付某生、刘某、王某、钱某、蒋某毛等人商量,由蒋某毛第二天通知孙某平继续和刘某、王某、钱某打麻将,等孙某平来了后一起现场抓住孙某平,逼孙某平返还刘某、王某、钱某输掉的钱。6月26日下午,蒋某毛通过付某秋、王某娟等人联系孙某平。孙某平下午2时许如约来到蒋某毛麻将馆,继续和刘某、王某、钱某三人打麻将。孙某平刚来不久,李某亮、付某生等人便进入蒋某毛麻将馆,扇了孙某平一巴掌,进行言语威胁,并将孙某平从蒋某毛麻将馆带至村上一个废弃老屋院内,让孙某平退还刘某、王某、钱某三人输的钱,其中,刘某10 000元,王某6 000元,钱某5 000元。被害人孙某平被迫退给刘某、王某、钱某三人共21 000元。事后,孙某平报了警。

律师对策

（一）拘留阶段

李某亮被拘留后第三天，律师接受委托。在会见李某亮，了解案情后，辩护人向公安机关控告孙某平涉嫌诈骗，要求公安机关立案侦查，向办案机关提出李某亮的行为不构成犯罪的意见，理由如下：

1. 孙某平利用特制麻将作弊，骗得王某、钱某、刘某21 000元，数额较大，已构成诈骗罪。

2. 李某亮等人要求孙某平退还诈骗的钱财，没有多要，正当合法，应当无罪。即使因证据收集的原因，办案机关未能对孙某平诈骗行为立案追究，也不影响李某亮行为目的的合法性。

3. 李某亮在帮助钱某等人要回被骗取的钱财过程中，对孙某平人身有所强制，但前后时间不足一小时，其也没有对孙某平进行伤害，情节比较轻微。

（二）批捕阶段

在提请批准逮捕阶段，除提出李某亮的行为不构成犯罪的意见外，辩护人还对罪名提出异议，认为即使李某亮的行为构成犯罪，罪名也应是非法拘禁罪。

1. 《最高人民法院关于审理抢劫、抢夺刑事案件适用法律若干问题的意见》第七条第二款规定："抢劫赌资、犯罪所得的赃款赃物的，以抢劫罪定罪，但行为人仅以其所输赌资或所赢赌债为抢劫对象，一般不以抢劫罪定罪处罚。构成其他犯罪的，依照刑法的相关规定处罚。"抢劫赌资不构成抢劫罪，那么勒索赌资更不应构成敲诈勒索罪。

2. 李某亮索要的是所输赌资，没有非法占有其他钱款的目的，而且有一定的证据证明孙某平用特制麻将，通过与人打麻将的方式骗取他人财产，因此李某亮索要的赌资实际是被诈骗的钱财。敲诈勒索罪是以非法占有为目的，必须具有非法强索他人财物的目的。侵财犯罪保护的法益包括"不法的事实占有"，却例外地不能对抗原物主基于所有权的私力救济。故李某亮的行为不具有对他人财物的非法占有目的，欠缺敲诈勒索罪的构成要素。

3. 李某亮对孙某平有所强制，但其主要手段是限制人身自由。《最高人民法院关于对为索取法律不予保护的债务，非法拘禁他人行为如何定罪问题的解释》规定,"行为人为索取高利贷、赌债等法律不予保护的债务,非法扣押、拘禁他人的,依照刑法第二百三十八条的规定定罪处罚",即以非法拘禁罪定罪处罚。

4. 在实践中此类案件多以非法拘禁罪定罪。

最后,检察机关采纳了辩护人的意见,以非法拘禁罪批准逮捕。

(三) 审查起诉阶段

在审查起诉阶段,辩护人提交了法律意见,建议检察机关作出不起诉决定。

1. 李某亮非法拘禁他人系事出有因。李某亮等人认为孙某平通过特制麻将出千,骗取钱某、刘某、王某三人钱财,有一定的事实根据。孙某平、付某秋赠送麻将、主动约人打麻将、每次都赢的一系列行为不合常理,让人生疑。

麻将馆老板王某根及其女儿王某娟证实麻将是孙某平主动免费送给他们的。孙某平亲手送麻将到王某娟车上。付某秋陪同王某娟将麻将从南昌送到麻将馆。付某秋将麻将换进麻将机后又立即回南昌。王某根证明,端午节前两三天,孙某平又主动打电话给他女儿询问麻将馆是否有人打麻将,得知有人打麻将后就开车来了。

虽然双方对输赢数额有所争议,但从钱某、刘某、王某对输钱数额的陈述及付某秋所做"每次打牌四人加起来有四五千元"的证言看,所输数额与21 000元的差异不大。通过微信或现金交易,数额难免有误差。

2. 李某亮拘禁他人情节较轻微,没有造成严重后果。李某亮等人限制孙某平人身自由大约一个小时,在拘禁过程中使用了一定的强制手段,造成孙某平皮肤损伤,但经法医学鉴定,孙某平损伤程度不构成轻微伤。

3. 李某亮已经取得了孙某平的谅解。事后,李某亮家属积极与孙某平和解,双方关于打麻将的纠纷已解决,孙某平出具了谅解书,社会关系已修复,双方本身也没有其他矛盾。

4. 李某亮已离异,未成年子女需要他照顾。子女随其生活。女儿12岁,读初中;儿子7岁,读小学。家中无其他劳动力,其收入是家庭唯一经济来源。由于中小学即将开学,李某亮被继续羁押对其子女学习生活影响巨大。

经过辩护人几次与办案机关沟通,8月24日,李某亮被变更强制措施为取保候审。

案件结果

最终,检察院作出罪轻不起诉的决定。

律师点评

1. 对于此类案件,司法实践中存在对抢劫罪、敲诈勒索罪、非法拘禁罪三种罪名定罪处罚的形式。司法解释明确规定,如果行为人仅以其所输赌资或所赢赌债为抢劫对象,就不以抢劫罪定罪处罚,但对是否定敲诈勒索罪或非法拘禁罪并没有明确的规定。实践中以敲诈勒索罪定罪处罚的非常多。但根据对抢回所输赌资不以抢劫罪论处的法理,勒索所输赌资也不应当以敲诈勒索罪定罪。

2. 以威胁或限制人身自由的方式要回所输赌资的行为不具有对他人财物的非法占有目的,欠缺敲诈勒索罪的构成要素。

3. 本案取得较好效果的关键是检察机关将敲诈勒索罪变更为非法拘禁罪。本案仅有轻微的暴力行为,拘禁时间较短,最后检察机关作出不起诉决定就顺理成章了。

承办律师或团队

罗金寿,北京市炜衡(南昌)律师事务所兼职律师,江西师范大学教师,硕士生导师,毕业于西南政法大学,获法学博士学位。参与办理过张玉环申诉案、温海萍申诉案等具有重大影响的案件。

幼女借宿引发的强奸案
——李某涉嫌强奸终获不起诉决定

案情简介

2019年2月16日晚上10点左右,某酒吧像往常一样喧嚣热闹,一间不起眼的包房里聚集着一群把酒言欢的青年,他们看起来都是20岁左右的模样。大约半个小时以后,从家中偷溜出来的女学生吴某(即将年满14周岁)也加入其中,坐到了李某的身旁。巧合的是,吴某看到旁边李某刷的朋友圈的照片正是自己的前男友何某,就主动与李某交谈,打听她的前男友何某今天有没有过来。吴某得知前男友何某也在场,就去跟何某打招呼,并向何某借手机玩了一会。其间,吴某又向李某借手机打了个电话,把自己的闺蜜邱某喊到酒吧包间。

这场聚会一直持续到凌晨2点才结束。邱某想要离开,吴某就劝她说:"干脆别回去了,和我们一起走。他们都是我朋友,不会对你做什么的。"邱某仍坚持要自己回去,就自行拦车离开了酒吧。之后,何某就询问吴某今晚睡哪里。吴某回复说自己是从家里偷溜出来的,没地方睡,然后就毫无顾忌地跟何某说:"你睡哪里我就睡哪里。"随即吴某就搭坐李某的电动车跟着前男友何某一起来到了李某的住处。李某在载着吴某回住处的路上与吴某闲聊了起来,问吴某今年多大,说她看起来像初中生。吴某告诉李某她16岁了。

李某回来之后,就进了卫生间。李某回房间拿睡衣时,发现吴某与何某已经抱着睡在床上了。等李某换好衣服回到卧室的时候,他们两个也起来了。由于李某的住处仅有一室一厅(房屋一共居住着5位租客,李某租住其中一室一厅),吴某就提议说她睡沙发,卧室留给李某与何某两个人睡。说完吴某就往外跑。何某跟着吴某，跑上去抱着她说睡沙发冷。吴某还是想开门出去到客厅睡，何某就把房门关了，并且将房门反锁。之后何某就准备帮吴某脱衣服，吴某就说我自己脱。当时吴某自行脱了外套和鞋子。何某就问："怎么裤子不脱？"并且想上去帮吴某脱裤子。这个时候吴某就直接上床钻到被窝里面了。紧接着何某只穿着内裤睡在了床中间，李某则睡在了床的另一侧边上。就这样，三个人躺在了一张床上。之后李某就玩起了手机。何某起来关了卧室灯。李某感觉到旁边两个人应该是抱在一起睡的。李某在玩手机的时候，还听到吴某对何某说了一句"你是有病吧"。李某听到两人亲吻的声响，之后就关手机准备睡觉了。当时旁边两人还没睡。李某在半睡半醒间，听到旁边两人动来动去的窸窣声。不一会儿窸窸窣窣的声音也没了。过了不到一分钟，何某就打起了呼噜。李某因为呼噜声难以入睡，就拿着手机和羽绒服去沙发睡了。李某刚躺到客厅沙发上，就听到房间里的两人在聊天，过了一会儿还听到卧室传来床摇晃抖动的声音。

　　第二天早上 8 点 45 分左右，李某去房间里叫何某起来上班。在何某起床穿衣服的时候，李某就趁机睡到了床的边上。等何某收拾完离开屋子去上班后，李某就慢慢移动到床另一侧抱着吴某。吴某转过身问李某要干吗。李某向吴某表示睡沙发上好冷，抱着睡才暖和。随后李某开始抚摸吴某的胸部。吴某用手挡住，李某就强行用手去摸她，但是后来李某去亲吴某的时候，吴某没有反抗。之后李某把手伸到吴某内裤里面想要摸她。一开始吴某侧着身夹住下体不让李某摸。于是李某就用手把她身子掰正，之后再把手伸进去摸她，吴某也并未反抗。然后李某就去脱吴某的裤子。吴某不让脱，李某就用手使劲儿把吴某的裤子脱掉了。之后吴某就对李某说："别把我处女膜捅破……"李某在准备进入吴某身体的时候，插了许久也未入。吴某笑出了声说："你还要把我笑死……"接下来吴某都没有反抗。就这样，李某与吴某发生了性关系。在整个过程中吴某与李某的衣物都没有毁损，卧室的摆设也没有丝毫损坏。

　　事后，吴某告诉李某她没有钱回家，李某就把自己电动车的钥匙给吴某，让她骑车回去。之后李某上班时还在 QQ 上问吴某回去没有，叮嘱吴某不要把他的电动车弄丢了。吴某回复说到朋友蔡某某家了。

　　后来吴某回到家中被母亲追问昨晚去哪儿了。吴某撒谎说在女同学家。

母亲翻看吴某的QQ聊天记录，逼问吴某到底在哪过夜的，吴某才将实情告诉母亲。2019年2月18日，吴某父母到火锅店（李某与何某工作的地方）找何某和李某（那天何某未上班）。在火锅店门口吴某的父亲报了警，之后与店里的工作人员发生了言语、肢体上的冲突。警察来了就将相关人员带到了派出所做笔录。在派出所里，何某被指控犯强奸罪。警察让李某作证。一开始李某没有坦白自己也与吴某发生了性关系，后来才承认了自己做的事。

公安机关很快就以李某涉嫌强奸为由立案，并对李某作出刑事拘留的决定，在刑拘之后向检察院递交了批准逮捕申请。

在公安机关讯问期间，李某积极主动配合讯问人员做口供，承认了吴某在被抚摸和脱裤子的时候有"捂住""夹腿"等不配合的行为，也如实供述了吴某对其说"别把我处女膜捅破"的言论。李某的理解是吴某是同意发生性关系的，不弄破处女膜就行。李某还交代了在他准备插入吴某的身体但是许久未成功插入时，吴某嘲笑他"你还要把我笑死"。因此，根据吴某的整体行为，李某有理由认为吴某一开始的推拒行为是由于女孩子的"矜持"，之后吴某的一系列行为表示她是同意发生性关系的。但是李某也认识到自己行为的莽撞，向吴某郑重道歉，并且得到了吴某父母的谅解。吴某父母表示不会再追究此事，也希望李某以后做事能多动脑，少走弯路，并且不要再影响吴某的生活。

律师对策

辩护人接手案件后通过两次到看守所会见，向李某了解了基本案情及其如实供述的情况，稳定了李某焦虑不安的情绪。2月26日拘留期限届满，公安机关又向检察院提请批准逮捕。辩护人于2月28日向检察院提交了不予逮捕意见书。关于本案不予逮捕的法律支撑，辩护人先从相关法条入手分析。《中华人民共和国刑事诉讼法》第八十一条规定："对有证据证明有犯罪事实，可能判处徒刑以上刑罚的犯罪嫌疑人、被告人，采取取保候审尚不足以防止发生下列社会危险性的，应当予以逮捕：（一）可能实施新的犯罪的；（二）有危害国家安全、公共安全或者社会秩序的现实危险的；（三）可能毁灭、伪造证据，干扰证人作证或者串供的；（四）可能对被害人、举报人、控告人实施打击报复的；（五）企图自杀或者逃跑的。批准或者决定逮捕，应当将犯罪嫌疑人、被告人涉嫌犯罪的性质、情节、认罪认罚等情况，作为是否可能发生社会危险性的考虑因素。对有证据证明有犯罪事实，可能判处十年有期徒刑以上刑罚的，或者有证据证明有犯罪事实，可能判处徒刑以上刑罚，曾经故意犯罪或者身份不明的，应当予以逮捕。被取保候审、监视居住的犯罪嫌疑人、被告人违反取保候审、监视居住规定，情节严重的，可以予以逮捕。"《中华人民共和国刑事诉讼法》第八十一条首先明确了"对有证据证明有犯罪事实，可能判处徒刑以上刑罚的犯罪嫌疑人、被告人，采取取保候审尚不足以防止发生下列社会危险性的"是逮捕的大前提。这一大前提又应当从三个层面来进行分析和解读：

其一，应当有确凿充分的证据证明被告人有犯罪事实。在本案中，辩护人认为，根据《中华人民共和国刑事诉讼法》第五十五条之规定，对案件的审理裁判重在证据，重在调查与研究。司法机关不能一味轻信口供，更加不能在仅有被告人供述，没有其他证据证明的情况下，认定被告人有罪并且处以刑罚。公安机关起诉意见书指控："2019年2月17日上午9时许，在犯罪嫌疑人李某租住的房间内，李某违背吴某的意志，通过摁压吴某双手与身体，使吴某达到无法反抗的状态，继而采用强行扒裤子、扒腿的暴力手段，强行与吴某发生性关系的行为构成强奸罪。事后被害人吴某报案至我局，指控李某犯强奸罪。"辩护人认为，公安机关的起诉意见缺乏具体的事实依据。虽然证据中有犯罪嫌疑人李某的供述和被害人吴某的陈述，但从本案的整个过程来分析，公安机关认定嫌疑人李某的行为构成强奸存在事实不清、证据不足的情形。本案的基本情况：吴某主动提议跟随李某、何某回李某的出租屋处；从现场和供述情况看，双方并无争执、扭打或者其他强烈反抗的行为；根据身体检查结果，双方均没有受伤痕迹；双方的衣物无任何撕破、毁损的情况；李某的行为没有造成吴某的身体发生严重损害；案件发生时吴某没有作出任何呼喊、自救反应行为；案件发生后双方还通过QQ交谈；吴某本人并没有也不希望报案，系吴某父亲主动报案。

其二，在有充实、确凿的证据能证明被告人有犯罪事实的情况下，辩护人才会考虑被告人可能因为犯罪行为获罪、被判处徒刑以上刑罚的情形。本案中涉及的强奸罪确实应当被判处徒刑，满足法条中提及的判处徒刑以上的要求，但是李某只是涉嫌强奸，没有确凿、充分的证据证明其犯罪事实，并且李某之前也不曾犯过罪。由此，李某仅符合其中一个逮捕前提，不符合其他两个前提条件，不应当被逮捕。

其三，对有证据证明有犯罪事实，可能被判处徒刑以上刑罚的犯罪嫌疑人、被告人，采取取保候审尚不足以防止其发生社会危险性的，检察机关才应当批准逮捕。对于是否存在社会危险性，法条中罗列了五种情况。针对五种情形并结合本案嫌疑人李某的案情，辩护人提出下列辩护观点：① 本案嫌疑人李某涉案前无任何违法犯罪记录，归案后也没有预谋、策划、准备新的犯罪，本身就属于社会危险性较小的犯罪嫌疑人。② 本案涉及的强奸罪上升不到危害国家安全的范畴。③ 截止到当前，同案犯何某已经归案，因此李某不可能干扰证人作证或者与何某串供。与案件相关联的言辞证据也已经收集、固定完毕，并且李某在归案后也如实供述了整个案件过程，不可能出现毁灭、伪造证据的状况，因此，李某不存在最高人民检察院、公安部《关于逮捕社会危险性条件若干问题的规定（试行）》第五至第九条规定的社会危险性。④ 李某并不存在打击、报复被害人的因素与动机，也没有着手准备打击、报复被害人。⑤ 纵观整个讯问过程，李某精神状态正常，没有出现自残、自杀等倾向。

综合上述情况来看，本案缺乏确凿、充实的证据来证明犯罪事实，因此，李某不应当被逮捕。就算按照公安机关指控的强奸罪论处，李某也不满足逮捕的前提。李某不具备社会危害性，也没有可能被判处十年以上有期徒刑的刑罚①，并且曾经没有故意犯罪过，故公安机关不该对李某提请逮捕。

检察院依法听取了辩护人的意见，因事实不清、证据不足，作出了不批准逮捕决定书。2019年3月5日，李某被公安机关取保候审。公安机关侦查终结后，以李某涉嫌强奸为由将本案移送检察院审查起诉。检察院核实案件事实与证据，最终决定把案件退回公安机关补充侦查。其间，辩护人多次与李某进行交流，听取李某的陈述，并如实记录会见笔录。随后，

---

① 《最高人民法院关于常见犯罪的量刑指导意见》中"四、常见犯罪的量刑"下的"（三）强奸罪"规定："1. 构成强奸罪的，可以根据下列不同情形在相应的幅度内确定量刑起点：（1）强奸妇女一人的，可以在三年至五年有期徒刑幅度内确定量刑起点。奸淫幼女一人的，可以在四年至七年有期徒刑幅度内确定量刑起点。"

辩护人向检察院提交了辩护意见。从李某是否明知或应当明知吴某系已满12周岁未满14周岁的幼女、李某是否违背了事发当时吴某的意志、李某案发的行为是否达到暴力程度、李某是否能够压迫使得吴某无以反抗、吴某是否以明确的行为或言语拒绝发生性关系、吴某在案发时的整体行为是否能被评价为"半推半就"、仅凭口供认定李某犯罪是否能够成立等角度进行"疑罪从无"的辩护,请求检察院考虑到本案诸多的特殊情况,根据疑罪从无原则,依法作出不起诉决定。

案件结果

检察院核实案件事实与证据,并且在案件经过退回补充侦查后,仍认定本案事实不清、证据不足,不符合起诉条件,故决定对李某不起诉。

律师点评

本案存在两个焦点问题:① 李某是否明知或者应当明知吴某为幼女;② 李某的行为是否具有暴力性,使得吴某不得不违背自身的意志。这两个问题在案件中处于比较突出的地位,并且是能够决定案件走向的关键要素。从案件中发掘出来的辩点引发了辩护人对如何认定行为人主观明知的探讨。《关于依法惩治性侵害未成年人犯罪的意见》(以下简称《意见》)第19条第1款阐明了"明知"的总则要求:"知道或者应当知道对方是不满十四周岁的幼女,而实施奸淫等性侵害行为的,应当认定行为人'明知'对方是幼女。"在司法实践中,当行为人明知受害人为幼女时,法律法规不要求行为人采取暴力、胁迫等压制性手段,其行为都构成强奸罪;当行为人不明知受害人为幼女,但是采取了强制性手段、违背妇女意志与之发生性关系时,其行为仍以强奸罪论处。这也是案件中两个辩点得以形成的原因。那么,如何认定行为人明知或者应当明知被害人为幼女将成为辩点运用的关键之一。在司法实践中,行为人往往以不明知被害人为幼女为自己辩解,而被害人确实是幼女,又坚称自己是受到了行为人欺骗、诱哄才同意发生性关系的,这样的冲突局面就给侦查机关、检察机关查证案件事实造成了一定阻碍。因此,在行为人没有采取强制手段使幼女违背真实意志的情况下，判定行为人是否明知被害人系幼女成为亟须攻克的难点。

关于如何判断行为人是否明知，辩护人采用排除法，从何种情况下行为人无法获知被害人为幼女开始进行探讨。《意见》充分考量到已满十二周岁不满十四周岁的幼女在外貌特征、行为举止等上与已满十四周岁的未成年女孩较为相仿。根据《意见》第19条第3款①规定，如果被害人在身体发育状况、言谈举止、衣着特征、生活作息规律等方面很难被认定为幼女，或者被害人故意隐瞒和欺骗行为人，造成行为人缺乏对其可能为幼女的认知，从而对被害人实施了奸淫行为，那么行为人不应当被认定为明知被害人为幼女。本案中的吴某就属于年满十二周岁、不满十四周岁的幼女，因此李某明不明知被害人为幼女成为本案的关键。证人一邱某（系被害人女性朋友）陈述："去年吴某应该是十六岁。没有谁和我说，我就是觉得吴某看起来像十六岁。"证人二孙某（2017年与吴某相识）陈述："在我认识她的两三年里她有不归家的习惯；她穿着比较成熟，喜欢化妆。"证人三左某陈述："她看起来像十六七岁的样子，个子很高，化着妆，眼睛比较小，身材微胖，我不知道其未满十四周岁。"被害人的母亲也陈述过吴某正常会化着淡妆出门。综合以上几位的陈述可以知道，吴某的身体发育比较早，个头也很高，并且打扮时尚，经常化妆示人，还有夜不归宿的生活习惯。吴某的外貌特质、穿着打扮及生活习惯很难让一般社会人将其看作幼女。以上证人的证人证言能够相互印证吴某给人的感觉确实像年满十四周岁的少女而非未满十四周岁的幼女，故李某无法判断吴某为幼女的原因得到合理解释。

案情中还有两处特殊情节，也更加让人难以认定吴某为幼女：其一，李某与吴某初相识于酒吧。试想，谁能想到未满十四周岁的幼女会出入鱼龙混杂的酒吧呢？其二，吴某在搭坐李某电动车时告诉过李某她十六岁。不难看出，吴某存在故意欺瞒、虚报年龄的情节，使得李某有理由相信吴某年满十六岁。因此，本案中的李某确实满足不明知被害人吴某为幼女的条件。

另外，值得注意的一点是，对十二周岁以下的幼女，法律法规不做明

---

① 《意见》第19条第3款规定："对于已满十二周岁不满十四周岁的被害人，从其身体发育状况、言谈举止、衣着特征、生活作息规律等观察可能是幼女，而实施奸淫等性侵害行为的，应当认定行为人'明知'对方是幼女。"

知与否的区分，在一般情况下都认定行为人明知。《意见》第19条第2款规定："对于不满十二周岁的被害人实施奸淫等性侵害行为的，应当认定行为人'明知'对方是幼女。"这就意味着，不管不满十二周岁的被害人的身体特征、心理状态、言谈举止及穿着打扮似不似十四周岁的状态，行为人都应当被认定为明知其是幼女。这样规定的缘由来自对大数据的分析。对大批审结案件的统计探讨结果及社会调查意见表明，十二周岁以下的幼女在通常情况下幼女特征较为突出，并且大多还在接受小学教育，思想比较简单，一般社会人都能将其与已满十四周岁的少女进行区分。即使个别幼女的发育情况比一般孩子快，但是通过观察其行为习惯、出入场所及作息规律等情况，一般社会人也能得出其为幼女的结论。因此，从更好地维护幼女权益的大局出发，法律如此规定是正确的。但是本案中的吴某已年满十二周岁，属于不能直接被认定为幼女的情形。

对于年满十二周岁的幼女，在行为人不明知的情形下，若幼女同意发生性行为，不管是事前还是事中表示同意发生性关系，行为人的行为均不构成犯罪；行为人若违背幼女案发时的意愿强行发生性关系，则还是以强奸罪论处。因此，这就涉及本案的另外一个焦点问题：李某的强行"摸胸""脱裤"等手段是否具有暴力性，使得吴某不得不违背自身的意志。

强奸罪的客观构成要件之一是使用暴力、胁迫或者其他手段，强行与妇女发生关系。本案中公安机关指控"李某违背吴某的意志，通过摁压吴某双手与身体，使吴某达到无法反抗的状态，继而采用强行扒裤子、扒腿的暴力手段，强行与吴某发生性关系"。那么，摁压、扒裤子、扒腿等行为是否属于暴力呢？从强奸罪的客观层面上解读，这里所谓"暴力"必须让妇女处于无法反抗的状态，主要包括：被害人在力气较量上不能与行为人相抗衡，属于不能反抗；行为人携带凶器作案（如把刀架在被害人的脖子上逼迫被害人），被害人属于不敢反抗；行为人利用被害人处于醉酒、昏睡等状态时趁机奸淫，被害人属于不知反抗。显而易见，李某未携带任何能与凶器挂钩的物件，吴某也不处于不知反抗的昏迷、昏睡及醉酒等状态中。那么，本案最为值得探讨的就是李某的一系列行为是否属于让吴某彻底失去反抗能力的暴力。何为暴力手段？这里的暴力应当解读为为了实施不法侵害，对妇女的身体使用有形力的措施，具体表现为殴打、捆绑、堵嘴、卡脖子及按倒等危及、损害人身或者使妇女丧失人身自由的举措。在本案中,吴某是主动要求跟随其前男友何某来到李某的出租屋的,并且在前男友准备离开的时候没有跟随着离开李某的出租屋。与此同时,李某在何某还在出租屋内的时候就躺在了床上(吴某也躺在床上)。对此吴某并没有觉得不妥或者提出任何异议,也没有因此跟随其前男友何某离开或者自行离开出租屋,而且李某在与吴某发生性关系的时候并没有锁上房门。以上种种迹象表明李某并没有采取任何限制吴某人身自由的举措。

那么,李某被指控的"摁压"是否等同于暴力行为中的"按倒"呢?辩护人认为要根据案情中的具体情形加以分析。李某是在吴某展现出"捂住""挡住"等情形的时候采取带有强制性和控制性的举措的。那么,吴某的推拒行为是发自内心的不要与李某发生性关系,还是属于"半推半就"中的"假推真就"。是否违背了妇女的意愿在多数情况下都根据妇女的反抗行为来衡量。妇女的反抗行为主要体现为向行为人恳求放过自己或者指责、谩骂行为人的罪行及通过呼喊向旁人寻求帮助。但是也有特殊情形存在,即刑法不要求被害人作出反抗行为,也将行为人的行为定性为强奸罪。刑法对被害人的反抗行为表现出这种宽容态度,主要还是考虑到被害人有不同于一般被害人的特殊情节发生,例如,妇女处于不能反抗的地位(如妇女卧病在床不能动弹,或者患病妇女反抗会引发其自身的疾病发作),妇女处于不敢反抗的地位(如被害人被挟持、威胁、恐吓等),妇女处于不知反抗的地位(如被打晕、被下药、醉酒等),妇女处于明知反抗无用而未反抗的地位(如妇女在荒无人烟的野外被按倒在地强奸)。法律法规并不是在任何情况下都不要求被害人明确作出反抗行为,只有在被害人具备这些特殊情节时,才放宽对被害人的反抗要求。在本案中,吴某并未通过言语明确表示拒绝发生性关系,也没有不能、不敢、不知反抗的情节。吴某除了稍稍挣扎了几下外,未作出任何反抗,没有大声呼救,没有与对方厮打(现场无任何打斗痕迹,衣物无毁损,身体无受伤),没有谩骂对方,甚至在事后还跟行为人李某借车回家,与李某在网上交谈。在这种情境下,从吴某与李某发生性关系的地点,事后吴某对李某的态度,以及吴某平常夜不归宿的生活作风考量,吴某的"推拒"行为更倾向于"假推真就"。因此,即使行为人李某认定自己的行为在一定程度上违背了吴某的意愿,吴某事实上也完全是自愿发生性关系的。

在办理本案的过程中,辩护人更加深刻地认识到对辩点深度挖掘、运用的程度将会影响整个案件的走向与进度。当然,在有效辩护中,辩点的形成得益于辩护人对法律运用的敏锐度及对法律条文的解读深度。

承办律师或团队

陈志学,江苏尚学律师事务所主任,泰州市律师协会刑事业务委员会主任,江苏省刑事专业律师,江苏省律师行业优秀党员律师,江苏省律师协会刑事法律业务委员会委员,江苏省律师协会刑事律师人才库成员,江苏省律师协会刑事律师培训授课专家库成员,泰州市优秀律师,泰州市业务能手,泰州市法治建设法律专家,泰州市律师协会第五届理事会理事,2013年被中国法学会评为优秀刑辩律师,2018年入选《中国法律年鉴》优秀刑辩律师。

一件非法吸收公众存款罪的办案体会

2020年3月初的一天,阳光明媚,我到卓安律师事务所坐班。Z领导让我下午参加办理一件财产类上诉案。很喜欢办案的我,赶紧在会见家属之前,查看该案的一审判决书。

下午,我们在小会议室里见到了当事人家属——一对面容姣好的母女。年轻的Z领导特意解释说,当事人的年龄比较大,和我年龄相仿,安排我办理案件,是考虑到双方沟通起来估计会更容易一些(一审律师做的是无罪辩护)。

通过交谈我了解到:该案件是当地农商银行举报的,市领导有批示,一年多前公安机关曾调查过,但没有立案;工商局(市场监管局)对提交的合作社社员名单不予备案;在一审的时候,审判长几乎不允许律师发言,数次打断辩护人提及具体的农业经营项目。

接受家属委托,奔赴二审法院阅卷

该案当事人被一审法院认定为犯集资诈骗罪,判处有期徒刑13年。一审法院认定非法集资金额约为2 400万元,集资对象为当地农民,至案发时尚有1 400多万元的集资款待偿还。当事人聘请的两位律师在一审时所做的是无罪辩护。

家属的委托需求是改变罪名,降低刑期。几经协商,事务所和家属正式签订了委托协议,继而组建了办案团队。我被指定为主办律师,小Z律师为辅办律师,在Z领导的指导下办理此案。

我们最初的考虑是,既然涉案人抵押、被冻结了上亿元资产,所剩残值就有可能偿还所欠集资款,加上认罪认罚(如果能够说服当事人认罪的话），还是足以改变刑期的。至于能否改变罪名，还取决于阅卷的情况。

3月16日清晨，我们奔赴二审法院所在地。办好手续后，我们就在并不宽敞的诉讼服务中心等待。不一会，一位留着长发的年轻法官助理抱来一摞卷宗，然后在一旁等待我们完工。

简单分工后，我和小Z律师争分夺秒地开始拍摄。最终，还是小Z律师机灵，和承办法官积极沟通，转而通过成都市高新区检察院远程阅卷方式，获得了案卷的电子版本，为团队成员深入仔细阅卷奠定了扎实基础。

根据客观事实，修订辩护方案

通过初步阅卷，我们发现了一些问题。首先，当事人已经没有资产残值可期待。因为大部分资产已经交给第三方托管，不具备清算残值条件。其次，案件涉及大量财务问题，需要补充专业力量。再次，当事人的上诉状和给法官的信函让我们感到说服其认罪认罚并非易事。

（一）当事人没有资产残值可清算，亦拿不出偿还资金

我很担心，在没有新证据的前提下，没有资金缴纳所欠债务，二审法院改变量刑的可能性就没有了，当时商签协议的条件和争取的目标也会受到影响。于是，我提议委托人到所里来再沟通一次。

委托人讲了一位立功受奖的军人（其丈夫）复原后与妻子共同创业的辉煌经历。

委托人表示，始终不理解为何丈夫还要去做农业项目，最终遭遇这样的结局。在这些讲述中，最让我震惊的还是她本人和辍学在家的孩子的身体状况。面对这样的情况和巨额债务，以后她们的日子怎么过。同时，委托人也坦率承认，目前的资产状况的确很难清算残值，当事人也拿不出偿还债务的资金。

作为律师，我们立即想到如何维护配偶和孩子的合法权益的问题，并提出一些建议。话音刚落，委托人就感动得抹起眼泪来，感谢律师设身处地地为她们着想。

我们急忙安慰委托人，表示会努力想办法，待深入阅卷之后，再拿出新的方案。

(二) 寻找案件突破口,从《司法会计鉴定意见》入手

通过深入阅卷,一份《司法会计鉴定意见》引起了我们的强烈关注。当时发现的问题并非专业问题,而是公安机关对于委托鉴定及鉴定情况作出的说明。

这些看似简要的说明却明显违背《全国人民代表大会常务委员会关于司法鉴定管理问题的决定》第十条规定,即司法鉴定实行鉴定人独立进行鉴定。于是,脑海中清晰地形成了新的思路。我们决定另辟蹊径,从《司法会计鉴定意见》入手,寻找案件的突破口。

司法会计鉴定是指依法取得有关司法会计鉴定资格的鉴定机构和鉴定人受司法机关或当事人委托,运用会计学的原理和方法,通过检查、计算、验证、鉴证和监证对会计凭证、会计账簿、会计报表和其他会计资料等财务状况进行检验、鉴别和判断,并提供鉴定结论的活动。

通常司法会计鉴定的检材包括:① 诉讼涉及的财务会计资料(如财务凭证、会计凭证、会计账簿、会计报表、其他财务会计资料);② 财务会计资料证据,即诉讼主体已经作为证据材料固定的那部分财务会计资料;③ 与鉴定事项有关的《勘验检查笔录》等。那么,很显然,我们团队势必要增强专业力量。

我开始联络以前培训班讲课的老师们,咨询获得帮助的方法和途径。老师们表示支持我,如果确有必要,也可以作为专家出庭参加质证。但是,在现阶段,找出司法会计鉴定中的专业问题还需要依靠我们团队自己的努力。

一天上午,我去找 H 律师咨询一个财务问题。突然,我欣喜地意识到,案件所需的金融会计专业人才不就在眼前吗。请示 Z 领导后,我再次调整了团队律师的配备。

我们将相关事项与委托人沟通后,家属也非常欣慰。

(三) 成功说服当事人认罪认罚

2020 年 4 月 21 日,我们团队第一次赴异地看守所会见当事人。

通过视频,我看见了一位气质不错、面色红润,看着比实际年龄更加年轻的男士。看来,一年多失去自由的羁押生活丝毫没有压垮他。

短暂自我介绍后,我对当事人说:"今天我们谈宏观和微观两个方面的问题。宏观方面的问题由我来谈,主要涉及是否认罪认罚,如何确定二审

的辩护立场和方法。微观方面的问题由专业的 H 律师来谈，主要涉及具体的财务问题和几笔重要转账业务。"

经过一个多小时的会谈，我们成功说服当事人针对非法吸收公众存款罪认罪认罚（或许他还有一丝丝不甘心）。同时，当事人也同意律师团队拟去掉集资诈骗罪的罪名、降低刑期的基本辩护方案和策略。

如愿以偿，获得二审法院发回重审的裁定

H 律师有着强烈的亲自调查、收集证据的激情和意愿，喜欢和同行们讨论问题。有了 H 律师的加盟，我们团队如虎添翼，作为主办律师的我，面对浩瀚的涉及财务问题的卷宗也顿感轻松了许多。

我们全力以赴，分析案件起因、背景以及相关事项。

（一）探索当事人创办农业合作社的原因

当事人是一位在对越自卫反击战中立过功并因此受过奖的转业军人。经过多年的创业实践，既有很成功的事例，也有失误导致资金链断裂，陷入资金周转困境的教训。

从 2014 年开始，当事人从北京、山东了解、学习如何创办农业合作社，如何解决社员养老、互助问题，如何运用电商平台销售农产品，如何推广种植业、养殖业的技术，感到发现了一条新型的见效快的创业途径，便邀请朋友自费到北京、云南等地学习考察，最终发现，当地土壤和气候条件非常适合种植金银花，因此，他们如果投资，那么能够从第三年开始赢利，其后几十年可以稳定创收。

当事人抱着造福于家乡人民的心愿和创业打翻身仗的决心于 2016 年开始创办联合社及其分社，与入社的社员（300 元入社费）签订土地流转合同，合同期限为 30 年。同时，在不同的村社分别签订蔬菜收购合同和养殖水产品收购合同。但是，当事人在未经国家相关部门批准的情况下，创设了社员养老金、孩子的助学金股金，向入社的社员收取股金，从而触碰了红线。

（二）实地考察当事人投资种植业的金银花项目

2020 年 4 月 22 日清晨，在委托人的陪同下，我们一起出发，去当事人从事农业项目的地区考察，看看当事人投资的金银花、辣椒等种植业的

情况。

当天是阴天，气温较低，下午就开始下小雨了。在两个相距70公里的村庄，金银花种植情况迥然不同，这取决于是否有人投入汗水和精力。我们顺路还看了一个专门建造的烤房（金银花需要及时烘烤，才能优质保存）。总之，我的注意力在金银花的生长及相关事务上，H律师则还要兼顾与农民社员交谈。

值得强调的是，当事人为了种植金银花而与当地社员们签订的土地流转合同的期限是30年。

不妨动脑筋想一想，在如履薄冰的农业创业项目中，哪个心怀诈骗念头的人会与对方签订为期30年的合同呢？

（三）工商局究竟为什么不及时登记备案

我们打算去工商局（市场管理局）了解当年设立联合社及分社时，工商局为什么不及时将社员身份登记备案。到了工商局，找到相关人员之后，对方却说我们拿不出此案正在二审的证据，仅有家属委托书也不行，就是不让查。

当年工商局收到公安机关不予立案的通知和相关资料后，理应在法定期限内作出处分决定，却一直搁置，不予告知处理结果，直至当事人上诉，也仍旧搁置不理。我们认为，当时工商局这般不作为，在很大程度上误导了当事人。这也是当事人后来和工商局打行政官司的直接原因。

总之，工商局当年不处理、不告知、不登记、不备案，也不告知相应的法律后果，没有引起当事人的足够重视，才导致联合社下属的两个分社社员的身份得不到备案，从而导致合作社向社员吸收资金时，被视为面向社会公开吸收资金。

在此意义上，工商局对申请社员身份备案的态度直接关系到当事人最终是向社会不特定人吸收资金，还是向合作社内部社员吸收资金，无异于让当事人直接踩在罪与非罪的界线上。

（四）扩充团队力量，聘请本地律师增加会见次数

由于当事人年龄较大，羁押时间比较长，为尽可能促进其身心健康，稳定其情绪，我们团队向委托人建议：在向二审法院递交书面意见期间，我暂时停止异地会见工作；我们将一审辩护律师H先生请回来作为会见律师（生活律师）。H先生原本就是当事人的朋友，是安抚当事人心情、稳定

其情绪的最佳人选。

果然如预先的推断，当事人获得多次会见，情绪稳定。

与二审承办法官充分沟通，提交新的证据

为了工作方便，H律师临时搬到我的办公桌旁边办公。我就安心期盼着H律师的专业绝招。

（一）《司法会计鉴定意见》存在程序和实体问题

我们首先发现了公安机关的答复所暴露的问题，即某市公安局在《不准予重新鉴定的决定》中称："……在作出鉴定时，除我局的侦查人员在场外，还有……三位人员在场，是真实意思的表示。"

上述答复明显违背了《关于司法鉴定管理问题的决定》第十条规定——"司法鉴定实行鉴定人负责制度。鉴定人应当独立进行鉴定，对鉴定意见负责并在鉴定书上签名或者盖章"。

针对《司法会计鉴定意见》中的其他会计问题，H律师偏着脑袋，不断翻阅手中打印出来的会计资料，说这些原始凭证的科目记载不是很明确。控方只要看不到明确的农业项目开支，就一律归为非农业项目开支。其实，在创业的过程中，很多都是用于或服务于农业方面的开支。

一审法院依据的《司法会计鉴定意见》，不仅给出了非法吸收存款的金额，还得出了有1 000多万元属于不应列支的项目（即用于非生产经营的其他用途）的鉴定意见。

H律师强调说，有些计算结果根本不能算是司法会计鉴定结果。鉴定机构仅依据侦查机关做的一张统计表（表上统计了合作社向甲、乙、丙、丁等公司转款多少，向A、B、C、D等自然人转款多少），再结合当事人的供述、证人证言等，得出其中大部分为非生产经营开支的结论。表的内容只显示了一维的资金流向，只能表明确实有部分资金转向了一些单位和个人，但不能证明这些资金最终是不是用在了生产经营方面。

也就是说，鉴定机构依据上述思路所做出的鉴定意见是欠妥当的。鉴定机构并不能仅仅依据资金流向这样的所谓客观证据，去推断当事人存在非法占有的主观故意。

(二)律师递交申请重新鉴定法律意见书

我们认为,在鉴定过程中,该鉴定机构存在主体资格存疑、鉴定程序违法、鉴定实体违法、送检材料来源不明且不合法、鉴定意见超出委托范围、鉴定意见不客观等一系列问题,严重违反了法律法规,故其出具的鉴定意见不能作为定罪量刑的证据。

侦查机关委托鉴定机构鉴定的检材系司法会计鉴定意见的重要依据。然而,侦查机关提供的证据均是在立案后制作完成的,且多数证据未经法人代表签字、没有加盖公章,明显不符合财务会计规范,并且严重违反刑事证据相关的法律法规规定。

(三)委托人发现新证据,二审法院裁定发回重审

后来,委托人在联合社办公室发现很多会计账簿(百余页),就交给了律师团队。H 律师立即带着这些账本再次去看守所会见当事人。

经当事人同意,律师团队花了大量精力,分别对照同期账簿统计出同一支出,并标注了不同科目。那么,接下来的问题是,究竟哪一本(多本)是真实的账目呢?

Z 领导果断决定,让团队将新收到的证据附上律师意见,一并提交二审法院。

2020 年 5 月,二审法院作出裁定:发回重审。团队成员和委托人都深感欣慰。紧接着,委托人又继续委托我们团队担任重审的辩护人。

获得重审改判,改变罪名,降低刑期

我们去看守所反复会见当事人,反复讨论当事人如何认罪认罚,了解当事人所能够接受量刑建议的底线之后,赶在庭前会议之前,去和公诉人商议认罪认罚的处理事宜,但最终双方没有就量刑达成合意。

我们团队做好了走上法庭,为当事人争取合法权益的准备。

(一)原审判决看似事实清楚,实质模糊不清

原一审辩护律师 H 先生花费了大量精力去证明当事人不存在非法占有的目的,不仅辛辛苦苦收集了诸多合同资料、生产经营资料、银行流水资料等,还从当事人设立合作社的设想、实际经营的情况等方面进行分析。然而,这些辩护资料丝毫没有受到应有的关注。

在此，我们不妨试着还原一审控方的认定逻辑。被告人从500多名社员中合计吸收股金2 300多万元，退还了900万元，剩下1 400多万元未退还，并且除部分资金用于发展农业经济外，其余约1 000万元的资金被用于其他用途，因此，控方根据《最高人民法院关于审理非法集资刑事案件具体应用法律若干问题的解释》第四条第二款，"使用诈骗方法非法集资，具有下列情形之一的，可以认定为'以非法占有为目的'：（一）集资后不用于生产经营活动或者用于生产经营活动与筹集资金规模明显不成比例，致使集资款不能返还的……"，指控被告人的行为构成集资诈骗罪。

原一审法院的裁判要旨：被告人以非法占有为目的，向社会公众吸收资金，且用于生产经营活动的集资金额与其实际筹集资金规模明显不成比例，致使集资款共计人民币1 400万多元不能返还，数额特别巨大，其行为构成集资诈骗罪。

然而，事实果真如此吗？无疑，答案是否定的。二审法院裁定：事实不清，证据不足，发回重审。

（二）公安机关委托有关机构出具《专项审计报告》

案件被发回重审后，公安机关另行委托了有关机构出具《专项审计报告》。《司法会计鉴定意见》存在诸多错误，这份《专项审计报告》也具有很多不妥之处。

《司法会计鉴定意见》和《专项审计报告》的性质迥然不同。前者是刑事诉讼法定证据形式之一，后者则仅仅是供刑事审判参考的资料（其中的会计资料属于书证类证据）。虽然《司法会计鉴定意见》和《专项审计报告》的性质不同，但两份结论都是同一个人作出的，认定的非法集资金额也是一样的，分毫不差。

然而，尽管认定的非法集资金额相同，所作鉴定或审计的周期却不相同，整整相差一个月。

（三）控方证据存在三类重大缺陷

在庭前会议上，我们团队申请审计人员出庭、联合社会计人员出庭，但是法庭没有同意。

1.《专项审计报告》不规范的提示。注册会计师将侦查机关列出的所谓不合理开支项目（非生产经营项目800多万元）放在《专项审计报告》正文后面，以至于公诉机关在法庭调查和法庭质证中反复引用该统计数据。

虽然侦查机关本次统计的金额比原来统计的少了200万元，但是，《专项审计报告》不属于刑事诉讼法规定的法定证据形式，根本不具有对人民法院审理案情、定罪量刑的提示资格。因此，《专项审计报告》这样的提示是不严谨、不规范的。

2. H律师作为专业律师，指出了三个非常重要的问题。其一，企业之间的相互拆借资金是非常正常的行为，并不涉嫌犯罪；其二，侦查机关在调查时，查不到当事人当年所转款的公司，不等同于该公司没有存在过（法律上存在过），并不意味着当事人编造；其三，侦查机关既然没有查出最终的资金用途，凭什么贸然认定800多万元不是用于农业投资项目呢？

H律师一再强调，当事人创办的新型农业合作社属于新生事物，司法机关应当客观公正地看待、评价。

3. 作为本案的主办律师，我提出以下主要辩护观点：

第一，如果合议庭采信《专项审计报告》认定的吸收资金的金额，那么辩护人认为公诉机关依照两条标准，分别认定吸收资金和作出明显不成比例的判断，是没有法律依据的。

第二，2018年6月侦查机关立案后，在侦察人员的督促下，会计人员全面处理过联合社的财务和报表。立案后再做账，并据此做出《司法会计鉴定意见》和《专项审计报告》，是本案不可抹杀的硬伤。

第三，当事人无论在主观上，还是在客观上，均不符合集资诈骗的犯罪构成。

第四，综合法律效应和社会效益，辩护人建议对当事人以非法吸收公众存款罪追究刑事责任，以避免某市爆发群体性事件，影响社会安定团结。

结　语

2020年12月，重审的判决如下：被告人Y某某犯非法吸收公众存款罪，判处有期徒刑三年六个月，并处罚金人民币二十万元。

承办律师或团队

鲁兰律师，1995年毕业于四川大学法学院，获硕士学位；1998年毕业于北京大学法学院，获博士学位（1996年11月—1998年10月在日本早稻田大学研究生院留学）；司法部预防犯罪研究所原研究员、专业技术二级警监；四川卓安律师事务所专职律师。

大宗交易平台涉嫌刑事犯罪如何定性
——何某非法经营案

接受家属委托

何某家属通过电话联系到我们的时候，案件已经接近检察院审查起诉阶段的尾声。公安机关以何某涉嫌诈骗为由将案件移送检察院审查起诉，检察院也坚持认为本案属于诈骗案，不久便以诈骗罪提起公诉。

接受委托时，我们从家属口中了解到何某公司的主营业务是现货原油交易。当时（2017年年初）正值国家对各类交易场所进行清理、整顿之际。全国市场内外风声鹤唳，许多平台、公司被取缔、关闭。不少与何某所在公司类似的企业也接连"暴雷"。投资人纷纷涌入公安机关报案。相关刑事案件数量激增。

案发后，公安机关至上海何某所在的公司共计抓捕了40多人。何某作为公司股东，在起诉时被列为第二被告。由于家属对案件细节不是很清楚，我们无法在接案时立即作出具体判断。签订委托合同后，我们立即安排了会见工作，向何某了解本案的具体情况。

何某公司运营情况

2014年5月，何某等人成立了A公司（何某占股20%）。2015年11月，何某等人又成立了B公司（何某占股16%）。A、B两家公司实际上是一套班子、两块牌子。B公司成立后，与D市再生资源交易所（以下简称"D交所"）旗下的某会员单位签订了《居间合作协议》，负责为该会员单位招揽客户至D交所平台从事现货原油交易。根据约定，客户在D交所交易产生的手续费、仓息及亏损总额，除去 D 交所收取的部分手续费外，由会员单位和 B 公司按照 15∶85 的比例结算。具体交易流程：客户在 D 交所平台上通过会员单位席位设立投资者账户进行现货原油电子交易，自行选定平台上已设定好的原油规格，设定数量进行双向买卖（买涨或买跌），以原油的即时报价为当前价格，进行虚拟交易，采用做市商制度，以 1∶50 杠杆比例，以 T+0 的交易方式进行连续交易、保证金交易、对冲交易。

A、B 两家公司在实际经营过程中组建了销售团队。公司为销售团队培训话术。销售员通过打电话或 QQ 等方式使用统一话术，夸大现货原油投资收益，向客户发送盈利截图等，以引诱客户开户进行投资交易。客户开户后，有分析师进行跟进，给客户提供建议和具体操作策略。分析师主要是让客户加金，或在客户出现亏损时安抚客户，防止客户出金。

2016 年 3 月至 8 月，B 公司共招揽了 90 名客户至 D 交所平台开户投资，入金总额共计约 1 195 万元，违法所得达 460 多万元。

多次沟通无果，检察院以诈骗罪起诉

辩护人会见何某结束后，立即前往检察院阅卷。本案有 66 卷卷宗。由于当时电子阅卷还没有普及，辩护团队只能一张一张地用手机拍照。阅卷就花费了两名律师整整两天的时间。我们听取了何某的辩解后，认为本案还是存在较大的辩护空间，因此在阅卷过程中不敢轻易忽略任何一张卷宗材料。

阅卷结束后，我们首先进行了案例检索，并确定了本案的基本辩护思路——罪轻辩护，努力将罪名从诈骗罪变更为非法经营罪。当时正处于此类案件爆发的阶段。在检索案例的过程中，能够参考的较高级别法院的判决寥寥无几，但其他地区基层法院判决的内容还是可以援引到本案中作为辩护思路参考的。经检索梳理，从全国范围来看，此类案件主要的判决结果无非是诈骗罪和非法经营罪，而各地法院的判决并没有统一标准。认为此类案件属于诈骗案的主要原因有交易平台虚假、骗取客户账户和密码操控交易、直接转移客户资金、修改数据以控制交易行情、制造虚假批文等。而认为此类案件属于非法经营案的主要原因有：交易物品名为现货而实为期货；交易平台未经国家有关主管部门批准而非法经营期货业务，采用保证金制度以集中交易的方式发展客户进行标准化合约交易，允许交易者以对冲平仓的方式了结交易；等等。

将上述判决思路与本案结合可以发现，本案 A、B 两家公司虽然存在利用虚假盈利截图诱导客户频繁交易等行为，但这些行为并非法院认定诈骗罪"虚构事实、隐瞒真相"的关键。法院着重关注的是 D 交所平台是否真实、是否具有可操控性，以及 A、B 两家公司是否存在骗取客户资金账号控股交易或转移客户资金的行为。显然本案并不存在前述情形。

随后，我们立即用上述辩护思路结合本案卷宗材料等形成了律师意见，并与检察官进行了多次沟通。虽然辩护人反复强调了本案 A、B 两家公司所代理的 D 交所平台系经 D 市政府审核通过的合法平台、客户投资的交易行情真实、客户出入金自由等问题，但沟通效果并不显著。检察官不肯与辩护人就本案进行深入探讨，我们也无法得知检察官的思路和意见，只能不断输出我方观点、提交书面意见。但无论如何努力，检察机关均坚持认为何某等人的行为构成诈骗罪，并最终以诈骗罪向法院提起公诉。

从起诉书来看，检察机关认为各被告人的行为构成诈骗罪的主要理由如下：① D 交所平台的交易模式为客户和会员单位对赌，D 交所收取 25% 的交易手续费后，剩余部分手续费及客户交易产生的延期费、亏损总额全部返给会员单位，会员单位与 B 公司按照 15：85 的比例分成结算；② 客户赢利则 B 公司亏损，客户亏损则 B 公司赢利；③ A、B 两家公司的业务员采用话术、发送虚假盈利图、夸大客户收益、谎称公司有专业分析师团队等方式，隐瞒公司赚取客户亏损额的事实，引诱客户至 D 交所投资；④ 基于前几点赢利模式，公司分析师团队通过交易平台后台掌握客户具体交易情况，引导客户频繁交易、反手操作等，故意造成客户亏损并产生大量手续费，从而骗取客户投资款。

先破后立的辩护思路

拿到起诉书后，我们立刻明白了检察官对于本案的最终症结在于对期货交易中的"保证金制度、集中交易、标准化合约交易、对赌交易、对冲平仓等交易机制"存在误解，并没有真正弄清楚期货交易的交易规则和模式，错误地将期货交易中的交易机制认定为诈骗行为。

不破不立。我们意识到，如果无法扭转检察官对于期货交易模式的误解，无法让法官在第一时间树立对期货交易模式的基本认识，那么无论我们后期发表多少关于诈骗罪构成要件的辩护观点，均无法让检察官和法官真正理解我们的辩护思路。这是我们所不希望看见的。

察觉到症结所在后，我们开始着重对期货交易的模式进行梳理，并试图找寻可以对期货交易的模式等进行明确定性的权威的文件。经检索发现，国务院于2012年1月10日发布了国函〔2012〕3号文件："同意建立由证监会牵头的清理整顿各类交易场所部际联席会议（以下简称联席会议）制度。联席会议不刻制印章，不正式行文，请按照国务院有关文件精神认真组织开展工作"；"联席会议由证监会牵头，发展改革委、科技部、工业和信息化部、公安部、监察部、财政部、国土资源部、环境保护部、农业部、商务部、文化部、人民银行、国资委、工商总局、广电总局、林业局、知识产权局、法制办、银监会、保监会，以及中央宣传部、高法院、高检院等有关单位参加。联席会议召集人由证监会有关负责人担任，各成员单位有关负责人为联席会议成员"。联席会议的主要职责包括"研究清理整顿各类交易场所的相关法律法规和政策文件，提出完善相关法律法规和有关规章制度的意见和建议，提供政策解释，组织制定有关规章""组织有关部门和省级人民政府对各类交易场所涉嫌违法证券期货交易活动进行性质认定，并由证监会依法出具认定意见"等。

辩护人敏锐地察觉到，虽然联席会议不刻印章、不正式行文，联席会议出具的相关文件的效力也不及法律法规、司法解释等，无法作为法官的判案依据，但联席会议的成员单位包含了公安部、最高人民法院、最高人民检察院、证监会等部门，故其在期货交易模式认定上具有专业度和权威性，足以影响本案检察官和法官对案件性质的理解和把握。因此，我们从国函〔2012〕3号文件出发整理了国务院及联席会议发布的相关文件（包括国发〔2011〕38号文件、国办发〔2012〕37号文件、清整联办〔2016〕12号文件、清整联办〔2017〕31号文件等），试图从中整理出本案所需的期货交易模式，从而破除检察官对本案所涉证券期货交易模式的误解。

网络直播直击庭审现场

本案共有 12 名被告人。在庭审当天,辩护席加座坐满了律师,旁听席坐满了被告人家属及投资人,案件得到了社会大众的广泛关注,网络平台也同步直播了庭审情况。法院前后进行了两次开庭。在庭审中各名辩护人均从被告人行为不符合诈骗罪构成要件的角度出发为自己的当事人竭力辩护。

我们作为第二被告人何某的辩护人,首先向法庭介绍了联席会议的成立、发展、组成及地位,目的是为了说明联席会议的专业性和权威性。其次,使用三段论的方法向法庭厘清本案的定性应为"非法期货交易"。以国务院及联席会议文件层面明确的期货交易模式(如保证金制度、分散式柜台交易模式、标准化合约交易)作为大前提,以本案中何某公司的运作模式作为小前提,最终得出了本案所涉交易模式完全符合非法期货交易的特征的结论。再次,从案件客观事实与诈骗罪构成要件的相符性等方面对被告人行为并非诈骗罪进行说理,有效地反驳了公诉机关在起诉书中对"对赌模式"和"反手操作"等概念的错误理解,从而从根本上否定了本案属于诈骗案的定性,并提出被告人行为应变更为"非法经营罪"的辩护意见。主要观点如下:

我们认为,本案被告人何某的行为不构成诈骗罪,其行为涉嫌非法经营罪。

首先,为了更好地对本案经营行为进行定性,我们需要先向法庭阐述一下截至现阶段我国对于非法期货交易的清理成果。具体如下:

2012 年 1 月 10 日,国务院通过国函〔2012〕3 号文件批准设立了联席会议。这是我国目前清理整顿各类交易场所最专业、权威的机构,也是最高决策机构。其成员单位包括公安部、最高人民法院、最高人民检察院等。2012 年 2 月 10 日,最高人民法院在《关于人民法院为防范化解金融风险和推进金融改革发展提供司法保障的指导意见》中明确指出:各级人民法院要根据国务院《关于清理整顿各类交易场所切实防范金融风险的决定》(国发〔2011〕38 号)精神,对联席会议所提出的工作部署和政策界限予以充分尊重,积极支持政府部门推进清理整顿交易场所和规范金融市场秩序的工作;要审慎受理和审理相关纠纷案件,防范系统性和区域性金融风险，维护社会稳定。

联席会议在开展清理行动过程中，总结了几种典型的非法期货交易、违规交易的模式，其中，清整联办〔2016〕12号文件中提到"一些交易场所涉嫌组织开展非法期货活动。这些场所多以白银、原油等大宗商品为交易标的，通过集合竞价、连续竞价、电子撮合、匿名交易、做市商等集中交易方式进行标准化合约交易；采用保证金制度，引入10倍、20倍甚至高达50倍的杠杆；通过对冲平仓了结交易，基本无实物交割；引入期货交易的每日无负债结算制度、强行平仓制度，行情波动稍大即导致投资者爆仓。这些交易场所不通过自身交易形成价格，而是在境外行情数据基础上加减一定点差提供买卖报价，会员单位与个人为主的投资者进行对赌交易，投资者的亏损即为会员单位盈利"。具体到本案中，公诉人在起诉书中所提到的诈骗行为，如保证金制度、对冲平仓、会员单位与客户对赌等行为，事实上属于非法期货交易行为。

此外，清整联办〔2017〕31号文件中明确了本案的核心，即本案的交易模式应属于分散式柜台交易——交易场所以做市商模式组织交易活动，也就是交易场所发展会员，会员又发展代理商和居间商，层层招揽客户，再由会员在交易场所发布的境外商品实时价格的基础上加减一定点差提供买卖报价，与客户进行交易。这在本质上是会员与客户对赌，客户亏损，会员就赢利。此模式一般为杠杆交易，合约具有标准化特征。交易场所既不组织商品流通，又不发布商品价格，实为投机炒作平台，对实体经济没有积极作用。显然，本案A、B两家公司的运营模式完全符合分散式柜台交易的特征。该文件同时明确指出：只有存在"操纵，虚设价格行情"的客观事实，才可能被认定为诈骗行为，其他如"违法宣传"、"诱导投资者频繁、重仓交易"（如本案中频繁交易、反手操作赚手续费事宜）属于民事上的欺诈范畴，并不构成刑法上的诈骗罪。同时，该文件附件中指出：分散式柜台交易模式违反了国发〔2011〕38号、国办发〔2012〕37号文件"关于不得采取做市商等集中交易方式进行交易，不得以集中交易方式进行标准化合约交易等规定"，同时还"具备《期货交易管理条例》中'采用公开的集中交易方式以期货合约为交易标的'的期货交易特征，涉嫌非法期货交易"。根据《期货交易管理条例》之规定，未经国务院批准或者国务院期货监督管理机构批准，任何单位或者个人不得设立期货交易场所或者以任何形式组织期货交易及其相关活动。具体到本案中，A、B两家公司未获批准，其行为涉嫌商品现货市场非法期货交易（根据证监办发〔2013〕111号文件，是否构成非法期货交易需由证监局进行认定）。故，辩护人认为本案犯罪行为的刑事违法性在于未经有关部门批准而从事非法期货交易，涉嫌非法经营。

其次，本案被告人何某既没有主观上非法占有的目的，也没有实施任何诈骗行为，其行为不符合诈骗罪的构成要件。从主观层面来说，何某所在的公司与D交所认可的会员单位签订了《居间合作协议》，何某等人招揽客户投资在主观上是以营利为目的，而非以非法占有客户投资款为目的。从客观层面来说，本案中以下几个客观事实是清晰的：涉案公司及经营团队没有操纵、虚设价格行情的行为；公司明确告知客户该项投资存在杠杆、高收益、高风险并存，需收取手续费、延期费等情况；本案会员单位与客户的对赌状态是无序的、不可控的，被告人亦无法左右盈亏；公司严禁代客操作，所有操作均由客户本人亲自完成；客户出入金完全自由。由此可以看出，本案不存在虚构事实、隐瞒真相的行为，客户亦对投资风险有清晰的认知，没有陷入错误认识。或许业务员在招揽客户、推销产品的过程中存在部分夸大事实的行为，但辩护人认为尚不能达到刑事诈骗的程度。此外，另需要重点阐述清楚的是：反手交易是一种专业期货投资交易方式（交易系统自带按键），有利于投资人交易及赢利，与所谓"反向操作"是完全不同的概念。因此，起诉书指控的所谓"引导客户频繁交易、反手操作等，故意造成客户亏损"的结论是不正确的，系概念混淆下的主观臆断，完全不符合刑事诉讼案件判断结论唯一性原则。

另外，我们还就涉案数额认定、本案应属于单位犯罪，以及被告人存在的其他法定、酌定从轻、减轻处罚情节等方面发表了辩护意见。庭审结束后，我们向法官提交了书面辩护词、典型案例以及国务院相关文件等材料。

法院完全采纳辩护意见

庭审结束后，法院将案件退回检察院补充侦查，最终，在开庭结束半年后，法院作出了刑事判决书。

法庭完全采纳了我们的辩护意见，认为公诉机关对于各被告人犯罪行为性质定性错误，应予以纠正，将本案被告人行为定性为非法经营罪。在"本院认为"部分，法院完全采纳了辩护人的思路：首先，指出国务院办公厅、各部委及各省政府等均多次发布文件明确除依法设立的期货交易场所外其他场所不得以做市商方式进行交易。其次，将本案交易模式定性为"变相期货交易"，从本案交易目的、交易对象、交易方式、赢利方式等层面分析了被告人的行为不属于诈骗罪，认为本案A、B两家公司在未经国家有关主管部门批准的前提下招揽客户进行的交易活动实质为组织期货交易活动，是非法经营。再次，认为本案是否存在"操纵价格"等事实尚未查清，认定虚构事实、隐瞒真相的证据尚不充分。最终法院判决本案被告人何某犯非法经营罪，判处有期徒刑三年。

承办律师或团队

陆祺律师，上海市金石律师事务所高级合伙人，2004年开始从事律师工作，在企业刑事合规、金融类犯罪、职务类犯罪刑事辩护及大型民商事诉讼等领域有着丰富的办案经验。曾获得"上海市静安区十佳律师""上海市静安区优秀刑事辩护律师"等多项荣誉称号。目前担任上海市静安区政协委员、上海市律师协会刑事合规业务研究委员会副主任、中国民主建国会静安区委委员兼总支主委、上海市青年联合会委员、上海市静安区新的社会阶层人士联谊会理事、上海市律师协会执业共同体建设委（维权委）委员。

"醉驾"的辩点挖掘
——张某涉嫌危险驾驶被从轻处罚案

案件简介

2020年4月24日22时许,张某酒后驾驶小轿车,沿J省X市(县级市)YW大道由南向北行驶至S路段时,撞到路中间绿化带,致车辆及绿化带受损。经鉴定:张某案发时血液中乙醇含量为256.6 mg/100 mL。X市公安局道路交通事故责任认定结果为张某负本起事故的全部责任。受新冠肺炎疫情影响,张某于2020年6月15日被X市公安局取保候审。

X市公安局未认定张某系自首,仅认定其有坦白情节。依据法律规定,血液中酒精含量达到200 mg/100 mL以上的为从重处罚情节,但当事人及家属对案件结果期望过高,故本案辩护难度较大。案件进入审查起诉阶段后,辩护人接受委托,第一时间展开全面详细阅卷,并及时向X市检察院提交了辩护意见。X市检察院审查后采纳了辩护人的观点,以事实不清、证据不足为由将本案退回公安机关补充侦查。补充侦查完毕后,辩护人通过反复查看补充侦查的卷宗及视频,发现了本案的重要辩点——血样采集、保管程序违法,从而为后面的辩护打下了基础。

第一次审查起诉阶段辩护意见

辩护人认为:侦查机关在取证过程中严重违反法定程序,故指控张某醉酒驾驶机动车,涉嫌危险驾驶属事实不清、证据不足。即使张某的行为构成犯罪,鉴于张某有投案自首、认罪悔罪、紧急避险、未造成严重后果、为民营企业家等情节,检察机关也应对其从轻、减轻、从宽处罚。

一、侦查机关在血样的提取、流转、送审环节严重违反法定程序

1. 最高人民法院、最高人民检察院、公安部印发的《关于办理醉酒驾驶机动车刑事案件适用法律若干问题的意见》第六条规定:"血液酒精含量检验鉴定意见是认定犯罪嫌疑人是否醉酒的依据。"《公安部关于公安机关办理醉酒驾驶机动车犯罪案件的指导意见》第5条规定:"交通民警对当事人血样提取过程应当全程监控,保证收集证据合法、有效。提取的血样要当场登记封装,并立即送县级以上公安机关检验鉴定机构或者经公安机关认可的其他具备资格的检验鉴定机构进行血液酒精含量检验。因特殊原因不能立即送检的,应当按照规范低温保存,经上级公安机关交通管理部门负责人批准,可以在3日内送检。"本案没有证据证明张某接受呼气酒精检测,没有对当事人张某血样的提取过程进行全程监控的记录,没有对提取的血样当场进行登记封装的记录,没有对未立即送检的血样按照规范低温保存的记录。

2. 《公安机关办理醉酒驾驶刑事案件程序规定(试行)》第十条规定抽取血样应当按照下列程序实施:"(一)由不少于两名交通警察将当事人带到医疗机构或者具备资格的检验鉴定机构或者由上述机构派出人员抽血,并对抽血过程全程监督。……"《J省公安机关交通管理部门酒精含量检验工作指南》第五条规定,提取血样检验体内酒精含量,应当由两名以上民警负责监护。但本案卷宗材料中只有两名民警的书面签名而无其他拍照、录像记录佐证。

3. 《道路交通执法人体血液采集技术规范》(GA/T 1556—2019)2.1.2条规定:"活体血液样本的提取,应当由具备相应资质、能力的医务人员、法医或者其他专业人员进行。"《J省公安机关交通管理部门酒精含量检验工作指南》第七条规定:血液样本提取应当由医疗机构的医务人员或法医进行。监护民警应当对医护人员或法医提取血样的过程拍照或摄像,照片或录像资料应当显示实时时间并入卷。本案证据材料中仅有一份书面的《当事人血样提取登记表》和当事人抽血时的照片,且照片上没有显示时间。辩护人没有看到两名民警对整个抽取血样的过程拍照或摄像的记录。证据材料中也没有血样采集人员的身份信息和资质证明。

4. 《公安机关办理醉酒驾驶刑事案件程序规定(试行)》第十条规定:"……(二)抽取血样应由专业人员按要求进行,交通警察应告知抽血人员抽取两份血样,且不应采用醇类药品对皮肤进行消毒。抽取的血样中应添加抗凝剂,分别使用洁净、干燥的容器封装,并注明被抽血人姓名、抽血时间,分别装入纸质口袋密封,一份备案,一份送检。密封袋应注明被抽血人姓名、抽取时间、血样用途,由被抽血人签名、交通警察和抽血人员签名或者盖章。被抽血人或抽血人员拒绝签名、盖章的,交通警察应当注明。"《J省公安机关交通管理部门酒精含量检验工作指南》第八条规定,监护民警应当事先告知医务人员或法医按如下要求提取血样:① 不得使用醇类药品对皮肤进行消毒;② 使用一次性真空抗凝管收集血样;③ 同时抽取 A、B 两份,每份不少于 2 mL;④ 在管壁上注明被抽血人姓名、抽血时间。第九条规定:对提取的血样应当当场分别装入物证袋密封,一份保存,一份送检。物证袋封装时应当注明被抽血人姓名、抽取时间、血样用途,物证袋封口处由被抽血人、民警和抽血人员签名。被抽血人、抽血人员拒绝签名的,民警应当注明。

本案证据材料中仅有一份书面的《当事人血样提取登记表》和当事人抽血时的照片,辩护人没有看到对医护人员给当事人张某的皮肤进行消毒、为抽取的 A、B 两份血样注明当事人的姓名、抽取时间的拍照或摄像记录;没有看到将提取的血样分别装入物证袋密封的相关记录;没有看到物证袋封口处有当事人张某、民警和抽血人员的签名;没有看到鉴证人员的身份信息、资质证明。本案中抽血人员使用了醇类药品对张某的皮肤进行消毒的合理怀疑不能被排除,送检的血液不是张某的血液的合理怀疑不能被排除,检材不具有唯一性。

5. 《J省公安机关交通管理部门酒精含量检验工作指南》第十二条规定,有关人员应当把不能立即送检的血样及备份保存的血样放入县级以上公安机关交通管理部门证物室冰箱妥善保管,并按要求填写《检材登记簿》。但辩护人没有看到将未及时送检的检材放置在公安机关交通管理部门证物室冰箱妥善保管的记录,也没有看到《检材登记簿》。送检的血液被调包、被污染、产生腐败等进而影响血液中乙醇检测结果的情形不能被排除,送检的血液不能确定是张某的血液。

6. 对于血样的提取,有关人员应当参照物证提取的规定制作提取笔录,但本案卷宗中没有提取笔录。

综上所述,侦查机关在血样的提取、流转、送审环节严重违反法定程序,故《当事人血样提取登记表》及 X 市公安局物证鉴定所出具的鉴定意见不能作为认定本案犯罪嫌疑人张某的行为构成危险驾驶罪的事实依据。

二、X 市公安局交警大队的诉讼文书卷、证据材料卷中存在多处严重错误

1. 报案人姓名、事故发生时间记录错误。报案人姓名错误、前后不一,《受案登记表》中记录的是王某,第 5 页《受案回执》中记录的却是汪某。

事故发生时间认定错误:

(1)诉讼文书卷第 1 页《接处警工作登记表》中手机号码尾号为××××的路人报警时间为 2020 年 4 月 24 日 23 时 33 分。

(2)诉讼文书卷第 2 至 3 页《X 市公安局 110 接处警 110 受理单》中记载的报警电话却是本案当事人张某的手机号,受理单显示受理状态为已受理,接警时间为 2020 年 4 月 24 日 22 时 54 分。

(3)证据材料卷第 50 页《道路交通事故认定书》中记录的交通事故时间为 2020 年 4 月 24 日 23 时 20 分许。

(4)证据材料卷第 51 页 X 市公安局交警大队开发区中队出具的情况说明记录为:"案发后,我单位为确认事故发生时×××××小型普通客车的驾驶员,调取了 YW 大道北卡口视频监控。经对比确认,2020 年 4 月 24 日 22 时 41 分 03 秒,张某驾驶×××××小型普通客车载带徐某沿 YW 大道由南向北行驶通过 YW 大道北卡口,特此说明。"

(5)证据材料卷第 63 页《受案登记表》及《起诉意见书》中认定的事故发生时间皆依据《道路交通事故认定书》认定的时间:2020 年 4 月 24 日 23 时 20 分许。事故发生时间到底是什么时候?本案当事人张某打 110 报警时,事故已经发生,因此事故发生时间应该早于 22 时 54 分。YW 大道北卡口视频监控显示,22 时 41 分 03 秒,张某驾驶×××××小型普通客车载带徐某沿 YW 大道由南向北行驶通过 YW 大道北卡口,而张某驾车从工地回住处全程所需时间不过 15 分钟左右,故交警大队认定的事故发生时间(23 时 20 分许)错误。

2. 即便张某的行为构成危险驾驶罪,其也有法定、酌定从轻、减轻处罚的情节。

(1)案发时已是深夜,且张某行驶的路段位于 X 市最南边,而非闹市区、繁华路段等，此时路上车少人稀，故现实危害性相对较小，且事故未造成他人财产和人身损害。

（2）张某主观恶性和人身危险性较小。在本次事故发生前，张某未受过任何行政和刑事处罚。

（3）事故发生后，张某主动打电话报警并积极配合警方处理事故，具有自首情节；归案后认罪态度较好，如实供述自己的行为。诉讼文书卷第2页《X市公安局110接处警110受理单》中记载的报警电话和接警时间与张某的手机号和手机报警截图时间一致。退一步讲，即使张某当时报警时间较短，但事后张某在明知他人报警的情况下未逃跑，积极配合警方处理事故，仍然构成自首。张某在案发后2020年5月7日接受传唤，如实供述，也属自首。

（4）张某的行为属紧急避险。《中华人民共和国刑法》第二十一条规定："为了使国家、公共利益、本人或者他人的人身、财产和其他权利免受正在发生的危险，不得已采取的紧急避险行为，造成损害的，不负刑事责任。紧急避险超过必要限度造成不应有的损害的，应当负刑事责任，但是应当减轻或者免除处罚。"本案事故发生的原因系张某为避让前方正在机动车道上行驶的二轮电动车，急打方向盘，从而撞到路中间的绿化带。该行为属紧急避险行为，且该紧急避险行为未超过必要限度，未造成不应有的伤害。

（5）张某是民营企业家，为社会做出了一定的贡献。其名下X市某商贸有限公司成立于2019年5月27日，注册资金为1 000万元整。张某为法定代表人及负责人。该企业自成立以来一直在为X市创造税收、解决就业。2019年12月3日，最高人民检察院检察长张军在参加最高人民检察院开放日活动时表示：最高人民检察院高度重视平等，保护民营企业合法权益，明确提出对涉嫌犯罪的民营企业负责人能不捕的就不捕，能不诉的就不诉，可判实刑也可判缓刑的就判缓刑。

（6）张某是两个孩子的父亲，其中一个孩子尚且年幼，另一个孩子刚出生不久。其本人是家庭的支柱、妻儿的依靠。

辩护人将上述意见提交公诉机关，并与公诉机关沟通，要求公安机关提供抽血时的视频监控。公诉机关采纳了辩护人的意见，将本案退回公安机关补充侦查。公安机关补充侦查并提供了抽取血样的视频及检材登记簿。

辩护人反复多次查看了该视频后,在审查起诉阶段提出了补充辩护意见。

第二次审查起诉阶段的补充辩护意见

辩护人认真详细地查阅和观看了张某涉嫌危险驾驶一案的补充侦查材料。虽然张某认罪认罚,但辩护人阅卷后依据事实、法律规定等认为,本案事实不清、证据不足。

一、本案抽取血样的过程严重违反法律规定,导致血样不具有同一性、唯一性、真实性

1. 从公安机关提供的抽取血样的视频看,民警没有告知医务人员按要求提取血样,违反了《J省公安机关交通管理部门酒精含量检验工作指南》第八条第一款的规定。医务人员使用醇类药品对张某的皮肤进行消毒的可能性不能被排除。抽取血液前消毒必须使用特制的消毒棉球。一旦使用含有乙醇成分的消毒棉球,就会污染血液,影响检测结果。在视频中,辩护人没有看到医务人员使用特制棉球,民警更未告知医务人员需要使用特制消毒棉球。同时,按照《真空采血管的性能验证》(WS/T 224—2018)要求,为了确保摇匀完全、抗凝得当,所有采血管必须颠倒5至8次,但视频中采血人员未进行类似操作。

2. 从公安机关提供的抽取血样的视频看,血样没有当场封存。视频显示:医务人员抽取血样后就交给了民警,张某走到医院大厅,民警到大厅窗口,血样未同时在医务人员、警察、张某视野内,民警持有的血样也不断超出监控范围。上述行为违反了《J省公安机关交通管理部门酒精含量检验工作指南》第九条:提取的血样应当当场分别装入物证袋密封。物证袋封装时应当注明被抽血人姓名、抽取时间、血样用途,物证袋封口处应当由被抽血人、民警和抽血人员签名。但在整个视频和卷宗中,物证袋封口处未见被抽血人、民警和抽血人员的签名。

3. 从公安机关提供的抽取血样的视频看,在4月25日0时8分31秒处,医护人员问民警物证袋上要不要签字,民警则明确告知,这上面不要写。民警明确告知物证袋上不需要医务人员签字严重违法。

4. 公安机关提供的视频显示,从抽血结束到所谓封装,中间相隔3分多钟。抽血后民警未当场封装,抽血结束时间是4月25日0时5分26秒,而封装的时间是 0 时 8 分 52 秒和 9 分 06 秒。一开始是其中一个民警拿着血样,后来又换成另一个民警拿着血样。后拿血样的民警准备封装时,前一个民警抢过来封装。在医院大厅垃圾箱口处准备封装时,另一个民警又拿过去封装,且血样完全脱离了医务人员、张某的视野。视频中也显示,持有血样的两个民警也时有脱离监控。不谈民警专不专业,从一般人的认知看,我们不能确定民警持有的血样和原始抽取的血样具有同一性,不能排除民警调包和错拿的可能,不能确定检材的真实性、唯一性和有效性。

民警的上述行为违反了《公安部关于公安机关办理醉酒驾驶机动车犯罪案件的指导意见》第 5 条规定,"交通民警对当事人血样提取过程应当全程监控,保证收集证据合法、有效。提取的血样要当场登记封装"。上述行为也违反了《道路交通执法人体血液采集技术规范》(GA/T 1556—2019)2.1.6 的规定:"提取到具塞干试管中的血液样本,应轻轻摇动,与抗凝剂进行充分接触后,当场装入物证密封袋,并封存。"

5. 关于抽血时间,证据卷中《当事人血样提取登记表》显示:抽血时间是 2020 年 4 月 25 日 0 时 10 分,执法记录仪显示抽血时间是 4 月 25 日 0 时 5 分 26 秒,而在抽血前医院挂号区域的钟表显示时间是 4 月 25 日 0 时 14 分以后。抽血时间的严重不一致和重大矛盾进一步印证血样不具有同一性、真实性,故血样为他人血样的可能性不能被排除。鉴定意见上的抽血时间严重错误,故该意见不能被采纳。

6. 《检材登记簿》不具有真实性。所有登记人员的血样 A、B 管均为 3 mL。天下没有这么巧的事。写有张某的页面反映笔迹为一人形成,领取人的笔迹也为同一人。血样无专人保管,没有存储到县级以上公安机关物证保管室(由 X 市公安局交警大队开发区中队保管)。

二、张某的行为即使构成犯罪,其也有紧急避险行为

从卷宗中看,张某是为了避让前面骑电瓶车的人而撞上绿化带的,同车人员也可以证实。紧急避险是为了保护他人人身财产安全,不得已而采取的行为,值得弘扬,也为法律所肯定。虽然紧急避险行为不影响危险驾驶罪的构成,但张某毕竟采取了这样的行为,故对当事人有利的事实和证据,也应依法被认定。

综上所述,辩护人认为血样的提取和保管严重违反法律规定,血样是不是张某的也不能确定,因此请求公诉机关严格审核证据,谨慎对待,依

法作出存疑不起诉、起诉后撤回起诉的决定。

法院判决

辩护人与承办检察官多次沟通与交流，最终在开庭前就量刑达成诉辩交易，且检察官同意适用简易程序。2020年11月24日，法院依法公开审理本案并当庭宣判，判处张某拘役一个月，并处罚金一千元。

律师点评

本案最大的辩点是血样提取程序严重违反法律规定，送检的血样与当事人的血样不具有同一性、唯一性的合理怀疑不能被排除。公安机关提供的证据纰漏与瑕疵较多，且难以补正。

最初辩护人与承办检察官沟通时，检察官不认同张某的行为构成自首。辩护人与检察官反复沟通后，检察官才认定张某具有自首情节。

最初接受委托时辩护人觉得除了自首等从轻处罚情节外没有什么可辩的，找不到对当事人特别有利的辩点。在拿到卷宗材料后发现，公安机关提供的证据纰漏与瑕疵较多。公安机关补充侦查后，辩护人看到了检材提取过程的完整视频资料。经过反复查看抽血的过程、血样封装的过程，发现民警在血样提取过程中存在严重违反法定程序的行为，从而提出送检的血样不能确定就是张某的血样，血样被调包、错拿的可能性不能被排除，血样被污染的可能性不能被排除，血样的提取、封存、冷藏保存违反法定程序。公诉人在收到辩护人提交的补充辩护意见后，告知辩护人可以通过对备用血样进行DNA鉴定的方式来确定送检血样是否张某的血样。经反复沟通，张某不要求做DNA鉴定。检察院综合考量在案证据及张某的从轻处罚情节，最终同意量刑建议为拘役一个月。辩护人检索了之前X市相同罪名在同等量刑条件下的判决，量刑均在两个月到两个半月有期徒刑之间。

律师需要做的就是尽全力从案件证据中、细节中寻找突破口、寻找辩点。每一次据理力争，都是在倒逼司法机关规范执法，都是在努力实现实体公正、程序公正。当事人从看守所出来就给我们打电话表示感谢。接到他的电话时，我们的内心是欣慰的。

承办律师或团队

吴卫兵，江苏兴华人律师事务所副主任，兴化市政协委员，兴化市人民法院特约监督员，兴化市委法律专家库成员，泰州市律师协会刑事业务委员会委员，泰州市律师协会行业规范与业务指导委员会委员，泰州市法治政府监督员。从事法律工作近三十年，承办了大量在当地有重大影响的案件，并取得了较好的办案效果和社会效果。执业理念：勤勉尽责。

韩娜，江苏兴华人律师事务所专职律师，毕业于南京大学。执业理念：不辜负每一份信任。

刑事辩护中的民事思维

——P市企业家李某某合同诈骗案对改变辩护思路和挖掘辩点的启示

较高的执业风险让很多律师对刑辩业务望而却步，甚至彻底放弃了刑事辩护。其实，我认为，刑事辩护主要看一个律师的综合素质、业务素养、对案件的敏锐程度及对案件辩点的把握能力。在本案中，P市企业家李某某因合同诈骗罪，历经四次审理，被P市中级人民法院判处有期徒刑十年六个月。二审判决生效后，我代理申诉成功。本案又历经三次审理，最终以职务侵占罪实现了刑期上的"实报实销"。在申诉和代理过程中，我使用民事思维，摆脱了公诉人的错误诱导，最终完胜。

基本案情

2011年12月5日，P市TD化工有限公司（以下简称"TD公司"）成立，主要从事成品油生产。本案被告人李某某认缴及实缴资本均为55万元，出资比例为55%。另一股东王某某认缴及实缴资本均为45万元，出资比例为45%。李某某担任TD公司法定代表人。

2012年2月，李某某通过朋友认识了B市XRWS投资有限公司的经理关某某。李某某与王某某以TD公司缺少资金，无法正常生产，需要寻求合作伙伴为由多次与关某某进行投资磋商。

2012年3月20日，关某某与李某某、王某某达成了投资协议，并约定由关某某分三笔向TD公司投资人民币1 000万元。第一笔投资为人民币400万元，所投款项只作为生产经营的流动和运转资金，即用来购买原材料。同时，关某某选派一名财务人员顾某某在TD公司对资金的使用情况进行监督。2012年3月27、28日，关某某分两次委托顾某某向TD公司的账户上共汇款人民币400万元。

2012年3月29日，李某某让王某某将关某某投资中的100万元转出去。王某某以订购原材料预付款的形式向D市HDHG有限公司汇款100万元。随后，HDHG公司又将100万元汇入了王某某的账户内。王某某将其中的90万元打到李某某妻子张某一的账户上，余款10万元被其留下。被告人李某某为应付关某某查账，便伪造了一张内容为HDHG公司收到TD公司原材料预付款抵押金人民币100万元的收条。关某某、顾某某等人对TD公司账目审查时发现该公司的原材料采购费305.678 2万元、财务账目余额58.74万元与关某某向该公司投资的人民币400万元的数额不相符合。李某某便说明了关某某投资款具体去向：167.292 2万元用于购买原材料，剩余的230万元左右用于偿还自己所欠徐某、张某二人的债务。关某某随即便终止了与李某某签订的投资协议，并于2012年5月18日至23日，将李某某出售的非标成品油的油款164.430 8万元扣下。

投资合同终止后，关某某一直向李某某追索其投入剩余款项，李某某便于2012年5月30日与关某某达成了《股东转让出资书》，约定将原出资275万元（占公司注册资金55%）中的162.5万元转让给关某某。

2012年5月28日，李某某、王某某作为TD公司代表与关某某又签订了一份《补充协议》。该协议确认："截至2012年5月28日TD公司（甲方）尚欠关某某（乙方）投资款二百三十五万五千六百九十二元。为保证债权的实现，TD公司及全体股东均同意把公司股权的55%过户到关某某名下，直至其收回全部投资款，以维持双方的继续合作。"对此，李某某和王某某签字表示同意。

2012年5月30日李某某、王某某与关某某去工商局办理了股权变更登记。关某某持有TD公司55%的股权，成为公司的实际控制人。

随后的2012年6月2日，李某某、王某某、TD公司作为甲方，与作为乙方的关某某又签订了《补充协议（一）》，约定"甲方将TD公司的55%股权转让给关某某仅是为了保证甲方所欠乙方的235.569 2万元投资款债务偿还能够得到足够保障，起到股权质押的作用。该股权转让并非用于清偿甲方所欠乙方的债务。"此时，李某某经营的公司已经不能进行正常的经营。

2012年6月26日，顾某某报案。P市X区公安局同日决定立案。

审理经过

2013年6月27日，P市X区人民法院作出刑事判决，认定被告人李某某犯合同诈骗罪，判处有期徒刑十四年，并处罚金人民币二百四十万元；犯抽逃出资罪，判处有期徒刑一年六个月，并处罚金人民币二十万元；决定执行有期徒刑十五年，并处罚金人民币二百六十万元。

被告人李某某不服判决，选择上诉。P市中级人民法院于2013年9月10日撤销P市X区人民法院的刑事判决，将本案发回P市X区人民法院重新审判。

P市X区人民法院于2014年4月29日作出刑事判决，认定被告人李某某犯合同诈骗罪，判处有期徒刑十年，并处罚金人民币二百四十万元；犯抽逃出资罪，判处有期徒刑一年六个月，并处罚金人民币二十万元；决定执行有期徒刑十年六个月，并处罚金人民币二百六十万元。

被告人李某某仍不服判决，再次上诉。P市中级人民法院于2014年8月12日裁定驳回上诉，维持原判。

2017年11月16日，P市中级人民法院以原判事实不清，适用法律不当为由，再次将本案发回P市X区人民法院重审。

P市X区人民检察院指控原审被告人李某某犯合同诈骗罪，并向P市X区人民法院提起公诉。P市X区人民法院于2018年8月8日作出判决，判处李某某犯合同诈骗罪，判处有期徒刑十年，并处罚金人民币五十万元。

被告人李某某还是不服，继续上诉。P市中级人民法院于2018年12月25日又将本案发回P市X区人民法院重新审理。

辩护观点

辩护人的观点如下：

第一，在我国的刑事诉讼中，公安机关负责案件的侦查，人民检察院代表国家对犯罪嫌疑人提起公诉，人民法院负责刑事案件的审理工作，三者分工明确，相互制约，形成完整的诉讼流程。如果检察院提起的公诉证据不足，不能证实被告人有罪，那么法院只能依法宣判被告人无罪。

在本案被第一次发回重新审理时，P市中级人民法院就已经向X区检察院提出几个问题，这几个问题也是本案的关键和核心点：① P 市 TD 公司与被害人签订了合同。李某某在履行合同过程中，是否盗用公司名义实施犯罪？② 164.430 8 万元非标成品油款是否李某某的个人资产？③ 李某某与被害人达成股权转让合同，转让的股份是否有价值？若有，价值多少？④ 李某某增资后抽逃资金的行为是否损害其他股东和公司的利益？

2013 年 12 月 9 日，P 市中级人民法院第二次发出建议函，要求检察院查清以下问题：关某某投资的 400 万元中是否有部分用于 P 市 TD 公司购买原材料？若是，用于购买原材料的具体数额与价款分别是多少？

2013 年 12 月 20 日，P 市中级人民法院又要求检察院解决以下问题：起诉书指控被告人李某某作为 P 市 TD 公司的股东犯合同诈骗罪、抽逃出资罪，那么 P 市 TD 公司的行为是否构成合同诈骗罪？P 市 TD 公司另一股东王某某的行为是否构成合同诈骗罪、抽逃出资罪？对于以上关键问题，公诉机关没有解决，也没有作出任何回复，而原侦查机关 X 区公安局更是给出了不负责的答复："李某某合同诈骗、抽逃出资一案上诉需要查清的问题详见侦查卷。"也就是说，公诉机关和侦查机关对人民法院提出的关键问题未作出任何实质性的答复。这些关键问题没有解决恰恰说明李某某有罪的证据并不充分。法院在此情形下应依法宣告李某某无罪。遗憾的是，法院一次又一次地为公安局和检察院的错误行为买单，一次又一次地对李某某作出有罪判决。

第二，审理、查清本案必须厘清以下几个基本的法律概念、法律主体和法律关系，否则，在公诉人的错误引导下，本案依旧会查不清。

① 公司和个人是截然不同的法律主体，二者绝不可以混同。在本案中，李某某是自然人身份，是 TD 公司的股东和法定代表人，其个人的权利和义务与公司的截然不同。公司的行为不等同于李某某个人的行为，反之亦然。TD 公司的财产属于公司，李某某作为法定代表人可以支配，但财产权属绝不属于李某某个人，更不属于其他单位和个人，这是公司财产所有权的具体表现。

② 公司的财产包括流动资产、固定资产和其他无形资产。公司的资金仅仅是公司流动资产的一小部分。股权是股东的权利，是公司股东对公司享有的人身权益和财产权益的一种综合性权利，是股东基于其股东资格而享有的从公司获得经济利益并参与公司经营管理的权利，也是股东分红的

依据。股权是有价值的,具体到本案,TD公司的股权价值是公司登记原始股的7倍以上。

③TD公司和关某某之间存在着投资合作的法律关系。在TD公司违约后,公司的股东李某某和王某某承接了TD公司的债务,李某某、王某某与TD公司、关某某之间存在着债务转移的法律关系。经过债权人关某某的同意,TD公司把公司债务转由李某某和王某某个人承担。这两个合同均已履行完毕。

在本案中,公诉人先是混淆了TD公司和李某某这两个法律主体,把TD公司的行为与李某某个人的行为混同,后面甚至枉顾基本的法律事实,在起诉书中把明明是TD公司与关某某签订的《投资合作合同》生生地指控为李某某与关某某签订的合同。

如果厘清了以上法律概念、法律主体和法律关系,就很容易查明本案事实,也很容易得出李某某无罪的结论。

纵观合同签订和履行的整个过程,《投资合作合同》的签订主体是TD公司与关某某,而不是李某某与关某某。合同签订后关某某支付了投资款,TD公司自然也依据合同取得了这400万元投资款的使用权,从而和关某某之间产生了一种债权债务关系。400万元投资款归TD公司所有,李某某作为公司法定代表人理所当然拥有对这400万元的处分权。但不论李某某如何使用,这400万元的投资款均需要偿还。TD公司挪用款项的行为即使构成对合同约定的违反,也只能被评价为一种民事违约行为,不影响关某某实现合同目的。李某某与王某某用价值几千万元的股权对200多万元的债务提供了质押担保,且将质押股权实际过户到了关某某名下。关某某自己控制着价值几千万元的TD公司,且合同尚在继续履行,故李某某根本不存在合同诈骗的行为。

第三,对照《中华人民共和国刑法》第二百二十四条,李某某的行为也不构成合同诈骗罪。

《中华人民共和国刑法》第二百二十四条规定:"【合同诈骗罪】有下列情形之一,以非法占有为目的,在签订、履行合同过程中,骗取对方当事人财物,数额巨大的……"因此,只有犯罪嫌疑人(签订合同的当事人)在签订合同、履行合同的过程中,骗取对方当事人财物,其行为才构成合同诈骗罪。在本案中,李某某个人在2012年的5月28日和6月2日作为合同的当事人之一与关某某签订了《补充协议》和《补充协议（一）》。在这两份协议中，李某某只是承担了义务，用自己的股权为关某某提供了质押担保，且把自己名下价值上千万元的股权实际过户到了关某某名下。李某某在履行合同的过程中也不存在《中华人民共和国刑法》第二百二十四条列举的五种情形之一。

第四，在本案中，证据显示犯罪的不是李某某，而是关某某、顾某某。

本案的卷宗证据材料显示，关某某以自己的名义投到 TD 公司的 400 万元投资款是 B 市 XRWS 公司的。关某某伙同顾某某把公司的巨额资产挪用，对外投资获利。其行为已经触犯了刑法，构成了挪用资金罪，且数额特别巨大，理应被追究刑事责任。

在履行合同的过程中，关某某又采用欺骗的手段，骗取了李某某的股权，并任意挥霍和处分，把李某某质押的股权恶意无偿送给他人，其行为已经构成诈骗罪。因其虚构被骗的事实构陷李某某，试图使李某某受到刑事追究，其行为又构成诬告陷害罪。

第五，辩护人提供的 TD 公司的批准文件和股权质押贷款的相关文件充分说明，TD 公司和李某某股权的价值与公司财产价值是巨大的，是有完全的履行合同能力的。

辩护人提供的证据显示，TD 公司是准入制企业，公司股权价值巨大，参照他人贷款的每股 7 元的质押价格，TD 公司的股权价值在 3 500 万元以上。虽然李某某和 TD 公司有资金困难，但是公司的资产价值巨大，且李某某可以通过股权质押等方式获得现金，完全不具备诈骗的主观故意。

第六，关于抽逃出资罪，辩护人不想浪费时间和精力与公诉人进行辩驳。

随着《中华人民共和国公司法》的修订，我国的相关法律法规明确规定除 37 类实缴资本制企业外，其他企业不是必须实缴注册资本金。抽逃资金罪除去 37 类企业，已经没有适用的空间。《中华人民共和国公司法》修订时，本案第一次审理还没有结束，根据刑法从旧兼从轻的刑罚适用原则，李某某的行为也不构成抽逃出资罪。

本案并不复杂。只要厘清法律概念，分清法律关系，明确法律主体，知道公司和股权价值，就可以看出李某某不存在利用虚假合同骗取关某某钱财的目的和故意，在客观上也没有利用合同诈骗的行为。李某某的行为不构成合同诈骗罪,也不构成抽逃出资罪。

◦ 审理结果 ◦

2019年10月31日,P市X区人民法院判决被告人李某某犯职务侵占罪,判处有期徒刑七年两个月。

本案历经7年,经过了8次审理程序。我作为本案的辩护人,经过多次会见李某某、仔细、反复地查阅卷宗,坚持不懈地为李某某做无罪辩护,维护李某某的合法权益。律师的辛勤付出换来了回报,李某某的刑期从一开始的十五年有期徒刑,变为如今的七年两个月。

根据刑期折抵的相关法律规定,李某某的刑期从2012年12月26日起至2019年12月7日止,从判决作出之日起不到一个月,李某某走出了监牢,重获自由,在刑期上基本实现了"关多久判多久"的"实报实销"。

◦ 本案启示 ◦

虽然民事案件与刑事案件在办案思路、实务操作等方面存在差异,但我们不可将刑事案件与民事案件割裂开来。我们可以将办理民事案件时使用的思维方法应用在刑事案件中,尝试从民事案件的角度审视案件中当事人的行为,区分民事纠纷与刑事犯罪之间的界限,进一步判断该行为属于民事纠纷还是刑事犯罪,从而挖掘辩点,寻找突破口,化解辩护工作中遭遇的瓶颈。

承办律师或团队

张金武律师,执业二十余载,具有深厚的法学功底和丰富的执业经验,业务方向为刑事辩护。

"违约"不等同于"虚构事实"
——以为陈某诈骗案做无罪辩护成功为例

承接工程,约定以房款抵扣工程款

J省S县Y乡某小区项目系S市某公司(以下简称"甲公司")开发建设的楼盘。2014年年初,陈某、卢某、俞某三人为承建该项目,共同商议通过挂靠在J省某公司(以下简称"乙公司")名下的方式承建该工程,三人为实际施工人。

陈某、卢某、俞某三人以乙公司名义与甲公司签订《施工合同》之前,按照甲公司要求,缴纳400万元保证金给甲公司,后期又陆续借款120万元给甲公司。涉案工程为全垫资建设。三人在工程建设中一共投资了3 000多万元。

在陈某等三人施工过程中,甲公司无力以现金方式向陈某等三人支付工程款,就提出以房抵工程款,在实际操作过程中约定陈某等三人可以带购房户选购房屋,通过将客户缴纳的购房款再行返还给陈某等三人的方式支付该三人的工程款。因此,甲公司与乙公司签订《购房款返还协议》一份,对上述工程款的支付方式予以确认,并且约定由陈某等三人施工的所有未售房屋,陈某等三人均有权对外出售。

寻买房人,房款依约打入指定账户

《购房款返还协议》签订之后,陈某等三人联系购房户购房,甲公司也按照约定返还了部分购房款给陈某等三人用于支付工程款。但到2015年年底,陈某等三人通过上述方式仍然无法解决工程进度问题。为了加快施工进度，卢某提议，陈某、俞某默许，他们联系的购房户选购房屋应缴纳的购房款由三人先行收取。具体流程为以卢某名义收取购房者的全部购房款，然后由三人带客户到甲公司售楼处缴纳1万元订金，将客户欲购买的房屋预订下来。剩余部分购房款在工程竣工验收后由陈某等三人一并与甲公司结算，抵扣甲公司应向陈某等三人支付的工程款。

之后朱某等三位购房者通过中间人找到了陈某等三人欲购买房屋。卢某告知朱某等三位购房者：如购房者全额缴纳购房款，可以给予购房优惠；购房者须将购房款全部交给卢某，由卢某统一安排；在工程竣工后房屋再交付给购房者。之后，三位购房者同意将全部购房款缴纳给卢某。卢某出具了全额收款证明给购房者，并带领购房者到甲公司售楼处签订了《商品房认购书》，并预先缴纳了1万元购房订金给甲公司。合同约定待最后签订正式《商品房买卖合同》时，甲公司将上述1万元订金发票及《商品房认购书》交给购房者。

后因资金周转出现问题，该工程进度缓慢，被甲公司单方面收回。因工程款未经结算，陈某、卢某、俞某三人认为甲公司仍欠三人工程款未付，要求甲公司支付拖欠的工程款。而甲公司认为不欠陈某等三人工程款，因此拒绝按照陈某等三人提出的要求抵扣工程款用于支付三位购房者的剩余购房款。由于甲公司拒绝以房抵债结算工程款，陈某、卢某、俞某三人因垫资金额过大，已无力另行向甲公司支付剩余购房款，导致购房者与甲公司之间无法签订正式的《商品房买卖合同》，最终房屋也未交付给三位购房人。

厄运来临，涉嫌诈骗被检察院建议量刑十年

陈某等三人多次要求甲公司与朱某等三位购房者签订正式《商品房买卖合同》，以剩余工程款抵房款，但均遭到甲公司拒绝。甲公司反而以陈某等三人涉嫌诈骗客户购房款为由向公安机关报案。面对购房者要求签约并交房，而自身已无能力另行支付购房款，导致正式《商品房买卖合同》无法签订，陈某等三人产生了巨大的精神压力，误以为自身的行为已涉嫌诈骗罪，于是到公安机关投案自首，希望减轻处罚。公安机关遂以涉嫌诈骗为由对陈某等三人进行刑事立案侦查。陈某等三人面临刑事责任追究风险。

检察院指控陈某的行为构成诈骗罪（另两人分案处理）、保险诈骗罪两罪，其中指控陈某诈骗79万元，诈骗三人，虚构以房抵工程款名义欺骗朱某等三人签订了《认购书》，私自收取购房款占为己有。检察院提出：甲公司否认陈某等三人有权处分房产，认为按照之前约定，以房抵工程款必须经公司同意，由购房者与公司签订协议，履行相关审批流程，且房款必须先进公司账户，再由公司根据工程进度按比例支付给陈某等三人。私下签订购房协议、私下收款不被允许，无效。陈某等三人授意三位购房者交付一万元订金与甲公司签订认购协议，并将其余房款直接全部收取，致购房者被蒙蔽，房产公司被蒙蔽，属于虚构事实，隐瞒真相，假借有权处分房产名义、以房抵债名义，骗取他人财物，数额巨大，构成诈骗罪。按照这样的指控逻辑，公诉机关建议数罪并罚，判处陈某十年以上有期徒刑。这对被告人陈某来说无异于灭顶之灾。陈某面临的压力可想而知。

开庭前，被告人已绝望，嘱托家人料理被收监之后事宜

开庭之前，陈某每时每刻都在焦虑之中，寄希望于检察院采纳律师的无罪辩护意见，从而作出不起诉决定。然而，经过漫长的等待，陈某未等到不起诉决定，反而等来了检察院以犯诈骗罪为由对陈某提起公诉，并建议对其判处十年以上有期徒刑的刑事处罚。陈某近乎绝望，向其家人交代其被收监之后的事宜，对案件不再抱任何希望，等待被收监。

"违约"不等同于"虚构事实"

接受委托后，我和黄贺律师对案件法律关系进行分析研判，认为陈某的行为不构成诈骗罪。对于被指控犯保险诈骗罪，陈某认罪认罚，故我们选择做罪轻辩护。陈某被指控犯两种罪，被判处缓刑根本没有可能。如果诈骗罪不成立，陈某被判缓刑的可能性就很大。我们认为陈某的行为不构成诈骗罪的理由主要有以下几点：

1. 陈某等三人与房地产开发商之间签订的协议本身是一个一揽子以房抵工程款协议，令陈某等三人对任何所建房屋有权抵债，系无限授权，不存在无权处分。把房子处分给第三人不属于虚构事实、隐瞒真相。

2. 以房抵工程款是唯一付款方式。开发商没有资金能力，要求承建人全垫资建设，坐享其成。但为了控制资金，开发商要求陈某等三人选定房屋出售给第三人时房款必须进公司账户。本案中陈某等三人私自收取房款，属于违约行为，不属于虚构事实，更不可能构成犯罪，因为按照约定，房款先进甲公司账户再返还给陈某等三人，与陈某等三人直接收取房款将来再与甲公司结算，并无本质上的区别。只要无限授权的"以房抵债"这个前提存在，这种私自收取房款行为虽然违背了《购房款返还协议》的约定，但属于民事法律关系调整范畴，不受刑事法律关系调整。

3. 陈某无非法占有的主观故意。以房抵款行为发生时，陈某等三人在开发商处尚有400万元工程保证金和未付余款。即使甲公司不同意从陈某等三人的工程款中扣除三名被害人应付的剩余购房款，陈某等三人也有能力代付房款，以保证三名被害人与甲公司签订的《商品房认购书》完全履行。后来《商品房认购书》未能履行，是因为结算时工程款并非预料的那么多，是客观因素造成的，并非主观上刻意而为，也非虚构事实、隐瞒真相行为所致。

4. 被害人朱某也承认，陈某当时说先交1万元订金签订《商品房认购书》，待工程款结算时再办理"以房抵债"手续，保障《商品房认购书》履行完毕。这说明朱某对合同履行情况是明知的，是自愿的，没有被欺骗而作出错误意思表示。

5. 指控构成诈骗罪的事实不清、证据不足，综合全案证据不能得出唯一结论。被告人陈某有权处分房产，不存在虚构事实、隐瞒真相行为，即使无权处分房产，也有归还能力，在主观上没有非法占有的目的。

《全国法院审理金融犯罪案件工作座谈会纪要》规定："根据司法实践，对于行为人通过诈骗的方法非法获取资金，造成数额较大资金不能归还，并具有下列情形之一的，可以认定为具有非法占有的目的：（1）明知没有归还能力而大量骗取资金的；（2）非法获取资金后逃跑的；（3）肆意挥霍骗取资金的；（4）使用骗取的资金进行违法犯罪活动的；（5）抽逃、转移资金、隐匿财产，以逃避返还资金的；（6）隐匿、销毁账目，或者搞假破产、假倒闭，以逃避返还资金的；（7）其他非法占有资金、拒不返还的行为。但是，在处理具体案件的时候，对于有证据证明行为人不具有非法占有目的的，不能单纯以财产不能归还就按金融诈骗罪处罚。"故法院应根据罪刑法定原则、主客观相一致原则、证据裁判证明标准等，宣告被告人陈某无罪。

无罪结果，法院判处诈骗罪不成立

经两次开庭审理，辩护人据理力争，最终法院认定：根据现有证据，因陈某等人与甲公司之间关于抵扣工程款的相关约定，被告人陈某等人对购房款的处分行为是有权处分，结合被告人陈某等人在收取涉案购房款时双方工程款和保证金还未最后结算等情形，无法证实被告人陈某在收取上述购房款时即具有非法占有的故意。张某、朱某、刘某在将购房款交给陈某等人时亦认为陈某可以代表甲公司出售房屋，而并非基于被告人陈某虚构事实、隐瞒真相陷于错误认识而处分财产。在客观上，张某、朱某、刘某可以根据房屋订购单和已支付购房款等证据要求甲公司履行合同义务，不会有财产损失，故指控被告人陈某的行为构成诈骗罪事实不清、证据不足，本院不予支持。被告人陈某及其辩护人就此提出的辩解及辩护意见成立，本院予以采纳。被告人陈某的行为不构成诈骗罪。

办案感悟：始终以情怀、以法理辩护

最终，陈某仅被判犯保险诈骗罪，并获刑。陈某对律师的辩护工作非常满意，对律师充满了感激之情，表示在迷茫、求助无门之际遇到了两位辩护律师，改变了自己的人生命运。

走笔至此，我想起近年来法律界流行的一句名言："你办理的不是他人的案件，而是他人的人生"。律师应当带着感情去办案，带着人性去实现公平和正义。

承办律师或团队

刘录，江苏大楚律师事务所刑事部主任，法学讲师，苏州大学法律硕士研究生，中国人民大学刑事犯罪研修班结业，宿迁市人民政府首届法律顾问，泗洪县公安局法律顾问，宿迁市人大规范性文件备案审查专家组成员，宿迁市公安系统"公律对接"律师，江苏省刑事辩护专业人才，在《法制与经济》等期刊上发表法学评论80多篇。所办部分案件曾被中央电视台《社会与法》频道、《今日说法》等栏目报道，在2018年宿迁市司法局"以案释法"典型案例评选活动中获一等奖，2019年入选江苏法院十大典型案例。

黄贺，江苏大楚律师事务所执业律师，大楚刑事辩护团队成员，扬州大学法学士，宿迁市公安系统"公律对接"律师。从业以来担任宿迁市多家公司法律顾问。2014年获得"宿迁市十佳法律援助优秀案例"。所办的陈某婚恋诈骗案被《今日说法》栏目报道，李某涉嫌污染环境案入选"两高三部"联合发布的五个环境污染刑事案件典型案例。

记者曝光"餐桌安全"引发的大案
——黎某涉嫌诈骗终被判犯对非国家工作人员行贿罪案

记者曝光病害猪上餐桌，牵出诈骗大案

2019年12月，在非洲猪瘟肆虐、市场肉价居高难降的背景下，G省某电视台记者暗访曝光G省F市某肉联厂违法宰杀病害猪，加盖检疫合格标签后通过周边市场猪肉档，让病害猪肉进入市场。后当地主管部门紧急查处涉事肉联厂，公安部门也对该肉联厂工作人员及相关的生猪批发商共19人实施刑事拘留。因涉及"舌尖上的安全"，该案备受关注。

本案当事人黎某原系该肉联厂的生猪批发商之一，也被牵扯进来。公安机关查清黎某于2019年2月就已经离开该肉联厂，未与涉事肉联厂的工作人员勾结销售病害猪肉。但黎某被抓后又主动交代：在2016—2018年期间，该肉联厂主管人员黄某主动称，其曾安排肉检员为黎某将不足90公斤的病害猪无害化处理后违规申报补贴，为此向黎某要求按照150元每头的标准给予肉检组成员处理病害猪的辛苦费。侦查机关因此认为黎某涉嫌伙同他人诈骗国家补贴款，遂以涉嫌诈骗为由对其执行逮捕。

侦诉过程：定性几经反复，两大罪名量刑悬殊

案件进入司法程序之后，黎某涉嫌罪名不断变更，最初是以涉嫌生产、销售不符合安全标准的食品被刑拘。在被逮捕时，黎某被定为犯诈骗罪。而在公安机关侦查完毕，将案件移送检察院审查起诉时，黎某涉嫌罪名又变成了对非国家工作人员行贿罪，并且公诉人还主动提审黎某并联系辩护律师，听取是否同意认罪认罚的意见，但到2020年5月提起公诉时，起诉

书又将黎某及受贿嫌疑人的罪名变更为诈骗罪。

根据起诉书指控，黎某涉嫌伙同他人骗取国家对病害猪补贴资金，诈骗金额三年累计高达 80 万元，属于数额特别巨大。如罪名成立，黎某将面临十年以上的有期徒刑。

如果黎某的行为被认定为对非国家工作人员行贿罪，根据其给予主管人员十几万元好处费的情节，法院依法可判处黎某三年以下有期徒刑。定性不同，后果有天壤之别。

阅卷发现：藏在指控数字中的破绽与疑问

辩护人经过阅卷，发现黎某、黄某以及多名检疫人员（均为同案犯）的口供非常一致，均供称：相关政策规定，入场后经无害化处理的病害猪，只有单头猪重量或累计猪肉产品重量达到 90 公斤以上，才能享有国家补贴。而且，涉事肉联厂几年来就一直是这样执行的。由于多名亲自参与的嫌疑人一致供述，证言之间相互印证，似乎被指控骗领补贴的事实确凿无疑。

然而，有着多年刑辩经验的辩护人发现了隐藏在案卷中的诸多破绽和疑问：多名嫌疑人口供中所称的政策规定是什么？相关规定中申领补贴的具体标准如何？为什么如此重要的直接证据没有在案卷中出现？案卷材料显示，肉联厂对病害猪没有过磅称重，仅由工作人员凭经验目测估重。那么，仅凭目测，如何保证猪只重量的准确性？连猪只是否达到 90 公斤的认定都不准确，更遑论因此定罪。一系列的疑问让辩护人对指控的事实产生了怀疑。

起诉书指控：黎某名下 2017 年虚报补贴的生猪数量为 300 头整，2018 年的数量为 700 头整。奇怪的是这个结论不是通过对账统计得出的，而是依据黎某供称向主管黄某支付辛苦费的金额倒推得出的，而且案卷中记录的黄某收受辛苦费的具体金额也不一致，从 15 万元到 20 万元不等。

还有，申领补贴需要经过多环节的内审程序，黎某却称其从未在申请底单上签名，仅在补贴批准后公示时才知道结果。黎某如果连申请的流程都没有实际参与，那么，对于虚报的过程和金额等知情吗？

以上重重疑问对应的客观证据在案卷中均未呈现。《中华人民共和国刑事诉讼法》第五十五条规定:"只有被告人供述,没有其他证据的,不能认定被告人有罪和处以刑罚。"辩护人在阅卷中产生的诸多疑问,可能正是此案辩护的突破口。

律师出击:多方调查取证,终于发现辩点

收集到有利于当事人的客观证据才是推翻指控的关键所在。为此,辩护人除了细致分析公诉案卷外,还积极主动调查取证。

辩护人通过对法律法规的重点检索,查阅到与此案相关的国家部委文件《生猪定点屠宰厂(场)病害猪无害化处理管理办法》,了解到国家规定,对屠宰环节病害猪无害化处理后,应当按照800元每头的标准予以补贴,但并未查到被处理的猪只单头达到一定重量标准才可享有补贴的规定。

为了弄清事实,辩护人亲自深入涉事肉联厂内进行实地走访,向兽医了解生猪进场屠宰、检验检疫、无害化处理和申领补贴的工作流程,对该行业及其运作流程有了较为清晰的认识。

同时,辩护人还指导当事人家属整理统计了黎某在案发期间与上游养猪户和下游猪肉商的购销数据,向相关合作商户收集了多份证人证言,拟证实黎某每年实际销售生猪头数从2016年的10多万头逐步增长到2018年的30多万头。由于销售猪只数量巨大,按照行业公认的0.2%~0.5%的正常死亡率计算,黎某申报病害猪补贴的猪只数量大大低于实际死亡的猪只数量,间接印证了黎某不存在虚报甚至少报的情况。

但是,以上证据只是间接证据,缺乏针对性和权威性,不足以否定指控的罪名。于是,辩护人又亲自前往G省农业厅现场查询,终于了解到G省有关部门发布的《关于进一步加强生猪定点屠宰厂病害猪无害化处理管理工作的通知》《2018—2022年屠宰环节病害猪无害化处理补贴实施方案》等专门文件与本案有直接的关联性。根据以上文件规定,只有对"生猪产品"才需按累计90公斤折算一头生猪的标准予以补贴;而对于病害活猪做无害化处理的,只按头数予以补贴。这是G省发布的规定,按理F市也应当遵照执行。果真如此的话,辩护人就有可能从根本上推翻公诉机关关于黎某将不足90公斤的病害猪只通过虚报骗领国家补贴的指控。为此,辩护

人立刻向F市农业农村局申请了信息公开，调取了该市执行生猪无害化处理补贴的标准文件，以及当事人黎某申领补贴的有关档案资料。F市农业农村局有关文件的规定与G省农业厅的规定一致。辩护人获得了对黎某非常有利的证据资料。

同时，查询到的黎某补贴档案数据显示：2016年黎某申报的补贴病害猪数量是246头，2017年数量是398头，2018年数量是464头，即2017年、2018年黎某共计申报862头；而公诉机关指控黎某2017年虚报300头，2018年虚报700头，共虚报1 000头！指控虚报数量竟然比实际申报数量还高。很显然，指控的数量与事实严重不符。

经过积极的全面调查取证，辩护人厘清了事实疑点，核实了案件细节，形成了"指控黎某诈骗不能成立"的内心确信。

明确思路：坚持为被告人做无罪辩护

本案先后经历了三次开庭。辩护人分别从证据、依据以及事实等几个维度分析黎某的行为不构成诈骗罪。

一是证据之辩。本案客观证据严重缺失，控罪证据明显不足。公诉机关指控被告人黎某伙同黄某虚报以骗领补贴的事实，仅有黄某、黎某和多名肉检员的口供证明，除此之外没有客观证据予以佐证。根据规定，病害猪的无害化处理及申领补贴需要逐级申报审核，且相关档案资料在肉联厂及省市农业和财政部门均应完整存档5年以上，但公诉机关没有提交相关证据材料。

二是依据之辩。确认虚报的重量标准错误，认定骗领补贴也缺乏依据。根据指控，本案所涉骗领国家补贴的情形是指将重量达不到90公斤的病害猪数量虚报为重量达标的数量，即"以小报大"，并非无中生有式的"以少报多"。而国家相关部委和G省农业农村部门发布的文件明确规定补贴标准为：①屠宰环节病害猪无害化处理的补贴标准为800元每头；②经检疫检验确认为不可食用的生猪产品，按90公斤折算1头的标准享受补贴。文件还进一步明确规定，所谓"不可食用的生猪产品"包括经屠宰检疫或肉品品质检验不合格的肉、脏器及病变组织、甲状腺、肾上腺、病变淋巴结和修整后不可食用的部分。这显然不包括经无害化处理的整只生猪。因此，由于黎某所获得补贴的对象均系整只病害猪,而非生猪产品,故黎某不存在虚报以骗领补贴。

实际上,黄某和黎某等被告人在侦查阶段的口供中均提到,申领补贴需要达到每头猪只90公斤的重量标准,这系肉联厂对政策宣传缺乏统一培训,错误理解和误读误传造成的。

三是事实之辩。数据严重矛盾,推理也不合逻辑。起诉书指控:黎某向黄某分两次送的辛苦费为4.5万元和10.5万元,分别除以150元每头的好处费,从而算出虚报重量未达标的死猪头数分别为300头和700头,再乘以800元每头的补贴标准,最终倒推算出骗领补贴的金额分别是24万元和56万元,合计80万元。但根据F市农业农村局出具的黎某病害猪申报记录,其实际申报补贴的猪只数量竟然低于指控的虚报数量(表1)。指控错误显而易见。

表1 2016—2018年猪只指控虚报数量与实际申报数量

年份	2016年	2017年	2018年
指控虚报数量	0头	300头	700头
实际申报数量	246头	398头	464头

在庭审中,辩护人除了认为黎某的行为不构成诈骗罪外,还进一步发表了黎某的行为不构成对非国家工作人员行贿罪的意见。

虽然黎某确实向黄某给予过所谓辛苦费(好处费),但依照《中华人民共和国刑法》第一百六十四条规定,对非国家工作人员行贿罪是指"为谋取不正当利益,给予公司、企业或者其他单位的工作人员以财物,数额较大的"行为。黎某的行为是否构成该罪,主要辩点在于:① 黎某到底有无谋取不正当利益;② 本案是否存在索贿。

其一,黎某即使被认定为给过黄某辛苦费,也没有为自己谋取过不正当利益。《关于办理商业贿赂刑事案件适用法律若干问题的意见》第九条规定:"在行贿犯罪中,'谋取不正当利益',是指行贿人谋取违反法律、法规、规章或者政策规定的利益……"而黎某所"谋取"的病害猪无害化处理损失引起的补贴款利益,本身就属于国家规定的应得利益,不具有违法性,并非不正当利益。

其二,本案存在索贿情节。根据黎某的供述,其向黄某支付辛苦费系黄某主动提出的,且所谓违规申领的事实也系黄某编造的。黎某系基于黄某作为主管人员具有申报补贴的审核权及黄某的欺骗而被动行贿。《中华人民共和国刑法》第三百八十九条第三款规定:"因被勒索给予国家工作人员以财物,没有获得不正当利益的,不是行贿。"虽然对非国家工作人员行贿罪与行贿罪,二者在客体和法益保护程度上有所不同,但法理一致。根据罪刑法定原则,黎某的行为不构成对非国家工作人员行贿罪。

骑墙式辩护:不能忽略黎某主动交代给予辛苦费的情节

案件材料显示:2019年12月14日,侦查机关以涉嫌生产、销售不符合安全标准的食品为由将黎某抓获到案。归案当日,黎某在首次讯问时就主动、明确地供述了其曾经向黄某支付好处费,并详细交代了黄某索贿及自己支付好处费的过程和金额等主要事实。

为了最大限度地维护黎某的权益,辩护人在量刑辩论阶段提出:如果黎某的行为不构成犯罪的辩护意见完全或者部分不被采纳,法庭应当考虑黎某具有自首的情节。黎某因其涉嫌生产、销售不符合安全标准的食品被抓后,主动如实供述司法机关尚未掌握的对非国家工作人员行贿的行为,依照《最高人民法院关于处理自首和立功具体应用法律若干问题的解释》第二条"被采取强制措施的犯罪嫌疑人、被告人和已宣判的罪犯,如实供述司法机关尚未掌握的罪行,与司法机关已掌握的或者判决确定的罪行属不同种罪行的,以自首论"规定,应被认定为自首。同时,辩护人请求法院依据《中华人民共和国刑法》第一百六十四条"行贿人在被追诉前主动交代行贿行为的,可以减轻处罚或者免除处罚"的规定,对黎某免除处罚。

一审判决结果:变更罪名,认定自首轻罚

最终,一审法院采纳了辩护人关于黎某的行为不构成诈骗罪的辩护意见,但判决黎某犯对非国家工作人员行贿罪,因其具有自首情节,对其从轻处罚,判处其有期徒刑一年六个月,而受贿人黄某被判处三年有期徒刑。

本案经过开庭、审委会讨论等诉讼程序,且由于系媒体曝光的敏感案件,检法部门高度重视。至宣判时,黎某已被羁押一年四个月之久。相比

起诉时可能被判处十年以上重刑的指控,这样的结果,当事人黎某及其家属十分满意,对辩护人表示衷心的感谢。

承办律师或团队

任忠孙律师,资深刑辩律师,全国刑事律师机构"庭立方"认证严选律师,第十届广东省律师协会法律职业共同体工作委员会秘书长,第九届深圳律师协会刑事法律专业委员会副主任,广东卓建律师事务所高级合伙人、刑事法律部主任。

周洪律师,专业刑辩律师,广东卓建律师事务所合伙人、刑事法律专业委员会秘书长,深圳卫视《法治时空》《举案说法》栏目特邀嘉宾。

出口回流烟
——杨某非法经营获缓刑案

广州进货

杨某,江苏南通人,初中毕业后学习裁缝,后改行卖鱼、开出租车,在商场中摸索与打拼,5年前进入烟酒经销行业,基于多年的经商与原始积累,生意做得风生水起,在南通、上海开了3家烟酒店。

同一品牌的香烟在不同区域有不同的价格。精明的杨某发现了商机,决定赴广州批发香烟。

A县检察院的起诉书显示,2017年5月至11月,杨某在广州市某路段购买黄鹤楼香烟,第一起购买了10箱,共500条香烟,运回南通后以142元/条的价格销售,获利71 000元;第二起购买了30箱,共1 500条(软装出口),在运回南通途中被公安机关查获。经鉴定,第二起购买的香烟价值为213 300元。检察院认为,杨某违反国家烟草专卖管理相关法律法规,未经烟草专卖行政主管部门许可,非法经营烟草专卖品,扰乱市场秩序,经营数额超过25万元,情节特别严重,司法机关应当以非法经营罪追究其刑事责任。

这里介绍一个香烟行业常识:回流卷烟指在中国境内查获的免税出口卷烟或境外生产卷烟。

无罪辩护

2019年2月底,杨某通过朋友,委托我为其辩护。会见时,杨某表示:他是无辜的,坚决不认罪;他本想买些略低价香烟多赚点,且买的都是正品烟，不是出口烟；起诉书认定的两起香烟数量错误。我反问他："你在讯问笔录里多次承认指控事实，怎么解释？"他强调，这些笔录是在公安人员的威逼利诱下做的。

一切需要用证据材料说话，这是律师的基本职业素养。作为律师，我要保持客观、理性。

其实，我在阅卷时就发现本案有无罪辩护的空间。起诉书指控的第一起犯罪事实指控不能成立。从证据角度分析，指控的10箱黄鹤楼香烟并没有被查获，检察院无法证明这些是回流卷烟，更无法证明香烟是正品还是次品。从法律适用角度分析，2011年5月6日，《最高人民法院关于被告人李明华非法经营请示一案的批复》提道："被告人李明华持有烟草专卖零售许可证，但多次实施批发业务，而且从非指定烟草专卖部门进货的行为，属于超范围和地域经营的情形，不宜按照非法经营罪处理，应由相关主管部门进行处理。"杨某持有烟草专卖零售许可证，没有在指定的烟草公司进货，而是去外地进货，违反了超地域经营规定，属于行政违法，根据上述批复内容，其行为不能被认定为非法经营罪。

至于起诉书的第二起犯罪事实，因公安查获了实物，并对相关人员多次固定证据，故无罪辩护难度明显大于第一起。经过研判杨某的无罪辩解，我决定对指控逐一攻击。第一，在证人证言方面，找出两位证人证言与被告人供述的矛盾点，向法庭申请通知证人出庭；第二，在客观证据收集方面，申请调取杨某与卖烟人、运输司机等案发经过关联人的通话记录及相关监控视频；第三，在证明无作案时间方面，建议杨某收集2017年11月7日在上海的活动轨迹；第四，在主观明知方面，指导杨某在湖北、南通购买同品牌的香烟，证明涉案香烟价格与市场正规销售的香烟价格相差不大，不足以推定其明知购买的是回流卷烟；第五，在法律适用方面，系统研究烟草专卖相关法律法规，解释销售进口香烟的合法性。

基于以上思路，我与团队伙伴开始了周密的辩护工作。

证人出庭

由于言辞证据具有天然的不真实性，根据直接言辞原则，法官必须在法庭上亲自听取当事人、证人及其他诉讼参与人的口头陈述，而案件事实和证据必须由控辩双方当庭口头提出并以口头辩论和质证的方式进行调查。同时，根据《人民法院办理刑事案件第一审普通程序法庭调查规程（试行）》第十三条第一款规定："控辩双方对证人证言、被害人陈述有异议，申请证人、被害人出庭，人民法院经审查认为证人证言、被害人陈述对案件定罪量刑有重大影响的，应当通知证人、被害人出庭。"所以，当证人证言的真实性可能存疑，且关系到定罪量刑时，辩护人应当极力申请证人出庭。

  2019年3月，我来到A县法院找到主办本案的肖法官，提交了证人出庭申请书。我的申请理由：证人杨某波、徐某某是被告人杨某犯非法经营罪一案的重要证人。2018年1月15日至19日，杨某在A县公安局经侦大队接受讯问，前四份笔录对如何去广州、购买香烟过程、如何送货到徐某某车上、接货、付运费等细节的供述反复。为了"印证"证据，杨某在民警的指示下联系徐某某问其笔录内容，清楚后再去公安局做笔录，直到18日笔录（第5次）才"过关"。在第6次笔录中，杨某翻供，只承认5箱。总之，杨某购买和委托运输香烟的次数和数量有异议，笔录前后矛盾。肖庭长听完我的陈述后说："曾律师打算做无罪辩护吗？""对，是做无罪辩护。""好吧，那就通知证人出庭。"短暂交流后，证人出庭的事情解决了。

  2019年4月17日是本案一审开庭的日子。两位证人如期来到法庭。第一位证人杨某波系介绍司机徐某某给杨某运输香烟的人。我问："杨某找你带货时，是否告诉了你是什么货？"杨某波答："没有，公安查出来后我才知道是香烟。"我追问："那你在笔录中说杨某告诉你要带的货是香烟？"杨某波答："这不是真的。我不这样说，公安就不让回家。以这次法庭说的为准。"第二位证人徐某某系运输司机。关于知不知道运输的是香烟的问题，其与杨某波的回答一致。可见，两位证人不知道运输的货物是香烟，揭露了笔录的不真实性。因此，法庭交叉询问是发现事实真相的有效方法。

  事后了解，杨某恳请两位证人出庭，花了不少工夫。证人出庭难是刑事审判的难点，这既有法律制度不足的原因，也有诉讼理念的原因。有的法官认为没有出庭必要，有的证人则因害怕被找麻烦而不愿出庭。为了降低执业风险，律师申请控方证人出庭后，在开庭前不要与证人接触，可提醒当事人或家属通过合法手段说服证人出庭，说出事实真相。

合理怀疑

排除合理怀疑作为我国刑事诉讼的证明标准,是证据辩护的有效辩点。排除合理怀疑是指对事实的认定,已没有符合常理的、有根据的怀疑,实际上达到确信的程度。樊崇义教授认为,要从以下几个方面来理解和把握这一标准的含义:首先,排除合理怀疑重在排除"合理"的怀疑,强调怀疑的合理性。所谓合理怀疑,是指一个普通的理性人凭借日常生活经验对被告人的犯罪事实明智而审慎地产生的怀疑。其次,排除合理怀疑是要排除有正当理由的怀疑,而非任意妄想的怀疑。再次,排除合理怀疑要求法官确信指控的犯罪事实存在。最后,排除合理怀疑不要求达到绝对确定的程度,不要求百分之百的确定无疑。

在本案中,杨某辩解称,查获的香烟被调包了,故我们不排除广州送货男子换货的合理怀疑。除此之外,我还认为:

1. 购买香烟价格未明显低于市场价格。杨某购买的涉案香烟118元/条,同规格内销香烟,在江苏零售价格为130元/条,在湖北零售价格为120元/条。可见,三者的进货价格差不多。故我们不能从价格上认定杨某购买的为回流卷烟。

2. 委托物流车运输香烟不属于隐蔽方式或特种车辆运输。杨某委托徐某某带货回南通,是怕无证运输香烟或异地买烟被行政处罚,并不是怕被查到购买回流卷烟。运输的方式和车辆正常,并未违背常理。

3. 没有法律规定可通过客观行为推定杨某对回流卷烟主观明知。

4. 回流卷烟价格比内销香烟价格低。卖家黄某明为了更大的经济利益,利用送货无人监督的空档调换价格更低的回流卷烟的可能性存在。

法院逮捕

开庭后,我提交了详细的书面辩护意见,并附上质证意见、参考案例,再次来到法院与肖法官交流,指出本案事实不清,证据不足,不能定罪。肖法官认为案件存在一定问题,为查明案情,决定延期审理3个月,便通知杨某来法院办理取保候审的续保手续。

案发至一审开庭经历了1年多的时间,案件仍没有结果。杨某认为法院在拖延时间，不愿配合签字，要求法官早日结案。双方僵持不下，于是法官立即决定逮捕杨某，送往看守所关押。

杨某之所以不配合签字，是因为心中焦急。他是家里的主心骨，有几个店面在经营，还有一大堆家务事。

杨某被逮捕后的第四天，我在看守所见到了他，其精神状态明显没有在外面好。他说了一些后悔的话，愿意认错，让我去求法官法外开恩，放他一马。会见完毕后，我来到肖法官的办公室。肖法官说案件已经退回检察院了。我只能无功而返。

找新证据

之前杨某说过起诉书指控的第二起犯罪时间错误，他有证据证明2017年11月7日他在上海，并非在广州。经过系统的整理，杨某的妻子唐某某找出了杨某的手机，以及家里的监控视频和照片。肖法官看了证据后表示，这些是无罪证据，是否真实法院需要核实。

等待过程是难熬的。唐某某隔三岔五来问我法院什么时候能放人，什么时候判决，说家里乱成一团，不断向我倾诉，心急如焚。刑辩行业流行一句话："你办的不是案子，而是别人的人生。"换位思考，假设我是唐某某，带着两个孩子，眼看一摊子生意不知道怎么打理，家庭经济收入突然中断，确实很着急。作为刑辩律师，提供专业的法律帮助是本职工作，安抚当事人及其家属也必不可少。我必须在心理上给他们信心与力量，团结他们，一起"战斗"。

取保候审

帮杨某获得取保候审的关键在于说服法官认同律师的无罪辩护意见。回归到案件本身，第一起指控的证据不能证明杨某购买的是回流卷烟，杨某的行为不属于非法经营，法官基本认同。重点在于第二起指控。杨某的口供反复不定，两位证人不知道带的货为香烟，查获的香烟不排除被他人调包的可能。另外，杨某持证经营正品进口香烟，符合最新的法律规定，不具有刑事违法性。经过数次与肖法官沟通，功夫不负有心人，杨某在被逮捕3个月后，法院再次决定对其采取取保候审。

判处缓刑

2019年12月23日，法院宣判，被告人杨某犯非法经营罪，判处有期徒刑两年，缓刑三年，并处罚金十八万元。

根据《中华人民共和国刑法》第七十二条规定："判处三年以下有期徒刑的犯罪分子，同时符合下列条件的，可以宣告缓刑……（一）犯罪情节较轻；（二）有悔罪表现；（三）没有再犯罪的危险；（四）宣告缓刑对所居住社区没有重大不良影响。"本案的杨某拒不认罪，当庭翻供，证人也翻证，显然不符合缓刑规定。为什么法院适用缓刑呢？

为解开谜团，对照法院的裁判说理，我再给大家梳理一下案件情况。

第一，关于第一起10箱黄鹤楼香烟的指控。法院认为，因无证据证实查获的香烟系专供出口的国产卷烟，不宜按照非法经营罪处理，对辩护人的相关意见予以采纳。那么，犯罪数额核减了71 000元，全案仅剩第二起的21万多元。根据非法经营罪的量刑档次，销售烟草专卖品数额未超过25万元，属于第一档量刑幅度，即处五年以下有期徒刑。

第二，关于第二起30箱黄鹤楼香烟（软装出口）的指控。证人杨某波、徐某某出庭作证，当庭翻证。杨某波当庭陈述，其不知道杨某带的是香烟，被公安查获后才知道是香烟，第二次杨某没有说是带香烟，就说带几箱货回南通。徐某某当庭陈述，其不知道带的货是香烟，第二次杨某打电话说有几箱货要带回南通，没有说数量。辩护人认为，杨某波是运货介绍人，不参与运输，也未获利，不知道要带什么货的辩解符合常理。证人徐某某的庭前第一份笔录和庭审证言证实在货物被查扣前其不知道是香烟，只知道要带货。A县烟草专卖局的说明中关于货物套了纸箱进行伪装的内容与两位证人当庭证言互相印证，故庭审证言可以采信。法院则认为，证人杨某波、徐某某当庭作出的证言与其庭前证言矛盾，二人却不能作出合理解释，而其庭前证言有相关证据印证，故法院对证人杨某波、徐某某的庭前证言予以采信。

第三，关于被告人杨某口供的采信。被告人杨某当庭对其在公安机关供述的第一次购买了10箱香烟、第二次购买了30箱香烟予以否认，辩解其第一次只购买了1箱香烟、第二次只购买了5箱香烟，且这些都不是出口烟。辩护人以为，在只有被告人供述的情况下，若没有其他合格证据证明指控事实，根据存疑时有利于被告人的原则，法院可以采信杨某的只购买了5箱香烟的辩解。法院认为，被告人杨某庭前供述其于2017年5月、11月两次到广州市分别购买了10箱、30箱黄鹤楼香烟。其供述与证人杨某波、徐某某的证言等证据相互印证，且被告人当庭否认公安机关有非法收集证据的行为，在庭审中翻供，但不能合理说明翻供原因，故法院对被告人的庭前供述予以采信。

第四，关于作案时间的认定。辩护人主张，2017年11月5日至7日杨某在上海，有监控视频、签约合同、转账凭证、证人证言等证据证明其无作案时间。有关杨某进出上海某智能系统工程有限公司大门的监控视频，需要法院调查。法院认为，视听资料显示被告人杨某2017年11月5日上午11时31分许在店里，2017年11月7日19时许在家，但该视听资料未显示在2017年11月5日上午11时31分许至2017年11月7日19时许期间杨某一直在家，杨某完全有可能在这50多个小时的时间里从上海到广东购买香烟后返回家里，这个时间段也能与杨某2018年1月15日第一次供述其于2017年11月5日从上海坐物流车到广州购买香烟的时间相符，也与徐某某陈述杨某波2017年11月5日打电话叫其帮朋友带货回南通的时间相符，且杨某一直供述两次均是其亲自到广州购买香烟的。租赁合同没有签订时间，而装修合同的签订时间为2017年11月8日。虽然上海某智能系统工程有限公司出具的证明显示施工合同是在2017年11月7日签订的，但该合同仅有上海某贸易有限公司的公章，并没有杨某的签名，且付款凭证也无法证实付款人及付款地，故上述证据无法证实杨某2017年11月7日在上海，杨某提出其2017年11月7日在上海的事实无法确认。

第五，关于被告人主观明知的问题。辩护人认为，在主观上，杨某未供述购买的香烟系回流卷烟，而在客观上，扣押的涉案香烟未经杨某辨认，故广州送货男子换货（把国产烟换成价格低的出口烟）的可能性不能被排除。法院认为：被告人杨某经营香烟制品多年，应当知道专供出口的国产卷烟在外观等方面有明显的不同；杨某亲自到广州，通过非正常渠道洽谈、购买香烟，验货后将香烟交给他人运回；香烟在运回的途中被当场缴获，经检查、勘验、鉴别被认定为专供出口的国产卷烟。认定被告人应当明知是专供出口的国产卷烟而予以购买,故没有采纳被告人及辩护人的意见。

第六,持有烟草专卖零售许可证是否可以经营外国香烟的问题。修改后的《中华人民共和国烟草专卖法实施条例》取消了特种烟草专卖经营许可。《烟草专卖许可证管理办法》第二十九条规定:"取得烟草专卖零售许可证的公民、法人或者其他组织,可以依法从事国产或者外国卷烟的零售业务,并在烟草专卖零售许可证标明的当地烟草批发企业进货。"故,杨某持有烟草专卖零售许可证经营专供出口的卷烟属于有证经营,并不是非法经营。法院认为:印有"专供出口"字样的国产卷烟必须通过合法的经营渠道销往国外;凡未经国家烟草专卖局及其他有权单位特殊批准,在国内市场上经营此类卷烟的可视为经营走私烟,应根据国家烟草专卖局2号令的规定,按无证运输或无特种专卖经营企业许可证经营处理;即使修改后的《中华人民共和国烟草专卖法实施条例》取消了特种烟草专卖经营许可,经营印有"专供出口"字样的国产卷烟也需要特殊批准。故对辩护人提出的杨某的行为属有证经营、不构成犯罪的意见不予采纳。

综上所述,尽管法院作出有罪判决,二审法院也维持了原判,但从判决结果看,辩护人的意见肯定影响了法官的内心确信度,因为由于控方缺乏完整的客观性证据链,被告人所称的他人调包的合理怀疑不能被排除。根据疑罪从无原则,在理论上法院应按照无罪处理,但在实务中往往是做疑罪从轻处理。

承办律师或团队

曾庆鸿律师,江西赣中律师事务所律师,江西省律师协会刑事专业委员会委员,吉安市政协委员,吉安市"五型"政府建设监督员。

邹龙律师,江西赣中律师事务所律师。

闯祸的玩具枪
——李某某非法买卖枪支获二审改判

案情综述

2017年4月21日，李某某因犯非法买卖枪支罪被A县人民法院一审判处有期徒刑十年。李某某不服，遂向B市中级人民法院提起上诉。我与林洁律师经李某某妻子委托，担任其二审辩护人，以期为他争取较轻刑罚。

接受委托——"求您帮帮我"

2017年5月初，李某某的妻子给我打电话，称其丈夫因在网上卖玩具枪被A县人民法院判了十年刑。她觉得疑惑不解，她的丈夫在微信朋友圈发图片卖玩具枪，还没摸过枪呢，法院为何判这么重！在电话中我还了解到，他们一家生活在沂蒙山区，就靠丈夫做微商在朋友圈卖些杂货贴补家用，平时也没有其他收入，而且孩子还小，所以日子过得紧巴巴的。这次涉案的玩具枪只是丈夫平时出售的生活百货中的普通物品。谁也不曾想，卖几把玩具枪居然要坐十年牢，真是祸从天降，百口莫辩。本着对案件负责的态度，我约她到律所详谈，毕竟十年刑期绝非儿戏。几次电话沟通后，她最终决定前往律所和我会面并商谈委托事宜。

见面之后，她愁云惨淡。家里的顶梁柱折断了，就剩她自己苦苦支撑，其中困苦不是三言两语能够说尽道明的。最终，基于我们双方建立的信任关系，她决定委托我为其丈夫辩护。为了加强本案的辩护力量，我提出让同是专业刑辩律师的好友林洁一同参与案件，为我助力献策。这一提议得到了她的同意，也让她对二审的辩护工作加强了信心。看着她纤弱的背影，我暗自下定决心,要尽全力为这个风雨飘摇的家庭做些什么。

制定辩护策略——"四管"齐下,立体突围

接受委托后,经李某某的妻子确认,李某某本人已经提起上诉,于是我第一时间向B市中级人民法院确认案件二审立案情况,并且安排时间前往C地看守所会见李某某。第一次见面时李某某很激动,他对一审判决的异议极大,最让他感到疑惑的是在案件中与他做对手生意的下家田某才被判处七年有期徒刑。我给李某某做了心理疏导,也告诉他二审案件的程序规定,让他先平复好情绪,再配合我做好辩护工作。告别李某某后我回到上海,根据李某某的陈述梳理了大致的案件情况:李某某平时在微信朋友圈发布售卖各式生活杂物的小广告。有需要的顾客会通过私信与他联系下单,他再与货主联络,让货主直接将顾客需要的物品通过物流寄出。在整个过程中,李某某从不直接囤货、发货,只是在双方之间传递信息,赚取差价。这次"闯祸"的玩具枪,原本也只是李某某"朋友圈小摊"的普通货品,一共24件,每件挣50元,一共也才挣了1200元,并没有什么特别之处。他更想不到,这笔和平时无异的单子,会改变他的人生。几天之后我得知案件已经在二审法院立案,可以前往B市中级人民法院阅卷了。

打印好的卷宗有千余页,摞起来还挺沉。阅卷时,我与林洁律师仔细审查了案卷在一审时被忽略的辩护要点,并对案件进行了综合分析:第一,各地法院二审改判率普遍很低,因此,只有等到二审开庭,案件才可能有转机。第二,涉枪罪名因天津摆摊老太太被治罪而成为社会热点,有关枪支的新规也呼之欲出。要是能够等到新规发布,对本案的辩护工作会有极大帮助。第三,二审改判的关键在于一审判决"先天不足"——事实不清、法律适用错误、量刑不当,因此二审辩护也应当以此为抓手。为此,我与林洁律师达成了一致的辩护方向:首先,尽力促成二审法院开庭;其次,争取让二审判决来得迟一点,等待有关枪支的新规出台;再次,从事实认定、证据分析、法律评价、量刑均衡四个维度进行立体辩护,在重点突出的前提下帮助二审法院作出公平正义的判决。

有序进行——落到实处的辩护工作

争取二审法院开庭审理是本案攻坚的第一战。基于此,我与林洁律师共同撰写了《开庭审理申请书》,依据《中华人民共和国刑事诉讼法》第一百八十七条的规定,以一审判决认定事实不清、证据不足、严重影响定罪量刑三个关键点为支点,撬动二审法院开庭的杠杆:首先,本案事实不清、证据不足,涉案枪形物的同一性无法保证;其次,鉴定的程序、方法、过程严重违法,《鉴定意见》不具有合法性,无法保证真实性;再次,基于本案一审判决认定的事实、证据问题严重影响一审量刑的公平性,二审法院有必要开庭审理,以查清事实真相,彰显公平正义。《开庭审理申请书》寄出后,庭前工作并没有结束。

为防止二审法院"不管不顾",坚持书面"速决",我们在二审法院未明确开庭事宜时即向其递交了《二审庭前辩护意见》,详尽阐述了涉案枪形物组件同一性无法确定、《鉴定意见》严重违法、见证人不符合程序要求,以及李某某在案件中应属犯罪未遂、是买卖关系中的居间方等重要辩护观点。为了更加清晰明了地向法官呈现以上辩护意见,我们专门制作了辩护意见思维导图,全景式地展示了辩护观点。法官收到思维导图后对我们赞赏有加,肯定了我们对案件高度负责、深入研究的工作态度。

涉枪案件入罪门槛低、量刑重,在被社会各界广泛讨论的同时,国家针对此类案件要出新规的"信风"也吹得猛烈。如果新规发布,"从旧兼从轻"的法律适用原则必定是此类案件能够取得理想结果的一柄利器。考虑到二审以书面审理为主的客观现实,也考虑到二审审限一般为两个月,在新规发布前案件就有可能审结,我与林洁律师商议后,向二审法院递交了《延期审理申请书》。我们收集整理了由主流媒体报道的新规发布预告和多家法院已中止审理并等待新规的新闻稿件,向法官详尽陈述这一社会动态,希望二审法院能够多一些耐心,审慎对待本案。

漫长的等待中充满了未知。新规究竟何时发布,二审法官如何看待我们的辩护意见,二审法院是否会开庭审理、何时才会判决……一个个悬而未决的问题时常成为我们工作小组讨论的重要内容,我也一次又一次地赶赴C地看守所会见同样忐忑的李某某。在会见的过程中,这个清瘦的山东汉子不止一次地感到无奈、自责、悔恨。他为自己不能承担起家庭的责任而默默流泪，也因害怕耽误妻小而苦痛不已。十年刑期是一座压在他头顶的大山，让他喘不过气来。这样可怕的劫难，他那大山深处的小家承受不起。"姜律师，您转告我老婆，让她跟我离婚吧。十年啊！我对不起她。"隔着看守所的栅栏，李某某低着头轻轻地说道。我理解他内心的纠结与不舍，也理解他的自责与愤恨，但我还是尽力疏导他，希望重燃他对生活的信心，同时传达了妻子对他的思念与慰问。承办刑事案件总要面对很多泪水与叹息。作为律师，我不仅要做治疗顽疾的"特效药"，也要做疼痛来临时的"止痛药"。

终于，二审法院传来消息，新规确实有发布的动向，法院已经报请Z省高级人民法院批准，延长审理期限两个月。这说明我们的《延期审理申请书》起作用了，二审法院愿意等待新规发布。这个案件终于迎来了转机。

漫长的两个月时光悄悄溜走了。看守所里的李某某满心期待，但新规出台依旧雷声大雨点小，还没有正式的通知。我们希望能够再等一等，于是与二审法官沟通是否能够取得最高人民法院批准，再延长三个月审限。经过反复沟通，案件又被延期三个月。我们松了口气。之后，经过各方努力，最高人民法院又两次批准延长审理期限，每次三个月。虽然等待的时光漫长，但我们知道，在新规发布前，每一秒钟的等待都有意义。我们深深理解身陷囹圄的李某某多么渴望回家，也充分感受到他的妻子对他的深切思念。还能为他做点什么呢？虽然知道在这个阶段申请变更强制措施为取保候审的成功率微乎其微，但我们还是想试一试。李某某没有任何前科，且本案证据早已固定，将李某某释放并不会引发社会危险，他的家人也愿意担任他的保证人为他提供担保。李某某已经被羁押了近17个月。在新规未定的情况下继续羁押很有可能导致"刑期倒挂"，让李某某得不到公平对待。我们向二审法院递交《取保候审申请书》后，三天内就得到了答复。不出所料，申请并未获得法院的准许，但值得庆幸的是，我们得到了一个好消息：二审法院决定开庭审理。

开庭审理——分工协作，默契配合

二审法院开庭审理是机遇也是挑战。为了抓住这来之不易的机会，我和林洁律师制订了周密的开庭计划，分工协作，共同面对。开庭前，我们约定好时间，一同前往C地看守所会见李某某。C地当日雷雨大作。前往看守所的小路满是积水。我们蹚着水深一脚浅一脚地前行。会见时，我们向李某某详尽介绍了开庭审理的程序，交代他在庭上表达时要尽量突出重点，语言简练，围绕对一审判决的异议展开陈述。李某某被羁押的时间已逾一年半，他对案件的诸多细节早已模糊不清，因此我们和他一起将案件从头至尾细致温习，明确各项关键细节，保证庭审能够高效、准确地认定案件事实。会见结束，我和林洁律师从C地看守所赶往B地。又是一路阴雨，但步履依旧不停。当晚，我们再次翻看已经查阅过数次的千页案卷，再次温习、提炼辩护观点，也查漏补缺，希望做到万无一失。夜晚掌灯，希望这灯火能够照亮李某某未来的人生旅途，也为他风雨飘摇的小家真正带来温暖。

第二天，B地一扫连日阴雨，全面放晴。我和林洁律师提早到达法院门口，和早已等候在此的李某某的妻子及其他家属简要介绍了庭审秩序，并安抚他妻子的情绪，帮助他们做好旁听准备。庭审如期开始。我主要负责庭审发问与法庭辩论，举证、质证则交由林洁律师负责。在庭上，我们与出庭检察官就鉴定意见的合法性，关键证言的真实性，枪支及组件的同一性，上诉人是否犯罪未遂、是否枪支买卖的居间方，本案是否造成了严重危害后果等争议焦点进行了激烈交锋。

我们在证据方面的意见主要围绕两个基本点展开，即涉案枪形物的同一性问题及鉴定意见的合法性问题。

涉案枪形物系在田某取件的物流站点被查获的。根据现场照片，当时涉案物品的状态为尚未组装的枪形物组件，共计8箱。侦查人员在物流站工作人员闫某某面前打开一箱给她辨认。她当场断定，这就是一把拆解的狙击步枪，并且可以击发BB弹，其余7箱情况一致。不具备枪支相关专业知识的闫某某能够一眼看出眼前的组件由一把狙击步枪拆解而来，并且在尚未装弹击发的情况下就断定组装后可以击发BB弹，她的军事"天才"引起了我们的警觉。没有对其余7箱物品逐一核对，就断言其余7箱物品内容物与第一箱一致，闫某某这番推定十分蹊跷。作为本批次货物收件人的田某，并未在现场对相关物品进行逐一指认，故我们无法确认涉案物品就是田某意欲购买的枪形物。在物流快递箱尚未拆除、组件尚未拼装的情况下，侦查人员就在现场照片中注明8个箱子中共有24支枪支，这明显不符合常理。侦查人员提取涉案疑似枪支组件时既没有根据《法庭科学枪支物证的提取、包装和送检规则》,对涉案物品的原始状态和所处的环境进行拍照固定,也没有做必要的文字记录,更没有分别编号,将编码摄入画面。整个过程无法还原,其真实性也无法被证明。涉案物品出现在案卷中时,就已经是完整的24支长枪状物品了。从疑似枪支组件到完整的长枪状物品,中间的组装过程既没有通过录音录像、照片等方式呈现,也没有任何文字记录,故疑似枪支组件与枪状物品之间的关联性无法确定。

涉案枪状物的鉴定过程及结论亦有严重问题。在送检之前,涉案疑似枪支组件既已拼装完成,因此鉴定的检材系24支外表完整的可疑枪支。从本案《枪支检验报告》所记录的过程来看,检测时发射的弹丸是单发平均质量为0.26克的6毫米塑料实验弹丸,而检验意见中的结论是"可疑枪形物符合枪支结构,以压缩气体为动力发射金属弹丸,认定为枪支"。使用塑料弹丸对可疑枪形物进行击发实验,却得出可以击发金属弹丸的结论,并且将击发塑料弹丸的比动能直接认定为击发金属弹丸的比动能,这样的测算不科学、不准确。根据《公安机关涉案枪支弹药性能鉴定工作规定》,对枪支弹药的鉴定需要鉴定、复核两个步骤,并且应当由不同的人员分别进行。而本案《枪支检验报告》中既没有记录复核过程,也没有复核人签字、盖章。由此可以推知,本次枪支鉴定并未进行复核,无法对检验过程是否合法、检验结论是否准确作出评价。

我们在法律评价方面的主要意见:

第一,依据最高人民法院、最高人民检察院《关于涉以压缩气体为动力的枪支、气枪铅弹刑事案件定罪量刑问题的批复》(以下简称《批复》),法院应当对本案李某某涉嫌枪支犯罪的情节予以重新评价。

《批复》规定:"对于非法制造、买卖、运输、邮寄、储存、持有、私藏、走私以压缩气体为动力且枪口比动能较低的枪支的行为,在决定是否追究刑事责任以及如何裁量刑罚时,不仅应当考虑涉案枪支的数量,而且应当充分考虑涉案枪支的外观、材质、发射物、购买场所和渠道、价格、用途、致伤力大小、是否易于通过改制提升致伤力,以及行为人的主观认知、动机目的、一贯表现、违法所得、是否规避调查等情节,综合评估社会危害性,坚持主客观相统一,确保罪责刑相适应。"

(1)在本案《鉴定意见》作为定案根据的前提下,涉案枪形物系以压缩气体为动力且枪口比动能较低的枪支。

涉案枪形物的枪口比动能大多在 6 焦耳/平方厘米左右，与具有强大杀伤力的制式枪支的威力相比，危害性十分有限。

(2) 涉案枪形物的发射物为塑料 BB 弹，击发致伤性小。

买家田某求购的是"直接手拉的，不用充气的，打 BB 弹的"枪形物；检测时发射的弹丸是单发平均质量为 0.26 克的 6 毫米塑料实验弹丸。从以上情况知悉，涉案枪形物的发射物系塑料 BB 弹丸，并无证据材料证明涉案枪形物具备发射其他具有强大杀伤力发射物的能力。

(3) 涉案枪形物的购买场所、渠道公开，与枪支隐蔽的交易习惯明显不同。

李某某系在朋友圈公开贩卖生活杂物的小工商户，本次涉案的枪形物出售的过程、方法与其他已售物品出售的过程、方法无异，李某某也从未隐藏或试图隐藏本次交易活动，这与枪支交易的交易习惯具有显著差异。

(4) 涉案枪支价格不高，李某某获利微薄。

从李某某与买方田某的联系记录可以得知，每支涉案枪形物的单价为 400 元左右，与一般精致玩具枪价格相当，对于没有枪支知识的普通人来说并不会引起警觉。在本次事件中，每件货品李某某的获利仅为 50 元，并未超出贩卖一般物品的预期获利数额。

(5) 李某某并无出售枪支的主观目的，其行为的动机也只是为了赚取交易差额。

众所周知，贩卖枪支是严重的犯罪行为。如果李某某明知自己参与买卖枪支，就不可能为了赚取千余元的利润让自己陷于巨大风险之中。李某某平时本就是出售各类生活杂物的"二道贩子"。这次的枪形物交易与他经营的其他物品的交易并无二质。他没有犯罪或帮助他人犯罪的主观目的。

(6) 李某某一贯表现良好，并无涉枪违法犯罪行为。

李某某只有小学文化水平，并不具备枪支相关专业知识，平时也没有把玩、研究枪支的爱好与习惯；李某某有较稳定的工作和清贫却幸福的家庭，其没有故意严重犯罪的动机。

第二，即便李某某的行为构成犯罪，从行为上、作用上、地位上看其也均是本案从犯，因此法院应当对其从轻、减轻处罚。

根据案卷中李某的讯问笔录，李某某系在其请托下留意需要购买涉案枪形物的买家,在得知田某意欲购入涉案枪形物后,在双方之间传递交易信息,让李某直接将货物寄送给田某。从以上行为可以得知:李某某本人并未实际收到涉案枪形物,对这批货物是不是枪支并不能明确知悉;李某某在交易过程中只是双方信息的提供者,并没有对涉案物品进行加工、改装以提高其附加值,作用并不显著;李某某在地位上只是居间人,赚取的利润从交易总价上看也只是居间费用。从以上情况可以看出,李某某并不是本案主犯,也不应当承担最为严重的刑罚后果。

一审判决在缺乏证据证明的情况下,忽略案卷中对李某某有利的证据材料,草率认定李某某系本案交易主体而非中间介绍人,让李某某承担了过重的刑罚,既不合法,也不公平。

第三,从犯罪形态上看,李某某的行为即便构成犯罪,也属于犯罪未遂,故法院应当比照既遂犯减轻处罚。

从前面的分析可以得知,李某某并不是本次交易的主体,其地位只是居间人。居间人的工作应当在双方完成交易后才告结束,而在本案中,购买方田某并未成功收货,即未完成本次交易,因此李某某亦无法完成居间工作。一审判决认定购买方田某犯罪未遂,却认定居间人李某某犯罪既遂,突破了共犯从属性,不符合公平原则。

第四,从本案的危害后果看,法院没有必要对李某某处以严苛刑罚。

首先,涉案枪形物经鉴定系以压缩气体为动力的气枪,杀伤力小,与普通民众认知的武器有巨大差别。其次,涉案枪形物全部被警方查获,并未落入田某之手,更未流入社会,不可能造成任何潜在社会危害。再次,李某某系因法律意识淡薄而意外涉案,并没有故意犯罪的主观恶性,故法院应当将他的行为与故意贩卖制式枪支的犯罪行为区别对待,以体现刑罚的谦抑性。最后,从量刑均衡的角度出发,田某作为求购方、枪支爱好者和收藏者,枪支数量只比李某某少一支,量刑却比李某某少三年,这明显无法让李某某及其家人感受到公平正义。

第五,从公平正义角度出发,法院应对李某某改判缓刑。

在侦查过程中,李某某全力配合警方调查案件,对已知的案件情况均如实交代。经过20个月的羁押,李某某已然深切感受到了涉嫌犯罪的巨大危害后果,今后必定会增强法律意识,严格审视工作与生活中的各项法律风险,不会再次涉险,更不会故意犯罪。

枪支认定标准过低，相关打击范围过大，"误伤"普通民众，已经造成不小的民怨。《批复》意见旨在正本清源，帮助各级审判机关"把好关"。二审法院应依循立法目的，全面、综合审查本案，还李某某以公平、正义。

一场完整又充实的庭审结束。走出法庭时，李某某的妻子眼中含泪，但神情中饱含希望："要是一审请你们辩护就好了，可能刑期就不会那么长了。谢谢你和林律师的付出。"庭后，我们根据庭审情况再次向法院递交了补充书面质证意见与辩护意见，对庭审时的辩护观点进行补充与重申。

几乎每个案件中都有泪水，有些流不尽，有些看不到，还有些被强忍着不肯流下。作为刑辩律师，我们的人生中浸润了太多泪水，我们也希望以此浇灌出公平、正义的花朵。

二审判决——翘首期盼的改判

接受委托一年后，二审法院终于要宣判了。我怀着激动而忐忑的心情前往 B 市中级人民法院领取判决书。刑期变为六年！一个比李某某预想还要好的结果！我第一时间告知李某某的妻子，并通知林洁律师，与她们分享喜悦。

在本案中，我个人共会见李某某 15 次，与林洁律师一同会见 3 次，提交法律文书 8 份。风雨里的 B 地，再次放晴。

感想与反思——来得太早的生效判决

涉枪案件是近年来舆论的热点。枪支认定标准过低导致许多玩具枪成为涉枪案件的主角。在本案中，李某某既是幸运的，也是不幸的：幸运的是二审法院愿意为他一等再等，等待新规发布；不幸的是在本案二审判决生效的半年之后，Z 省高级人民法院发布了《关于办理涉以压缩气体为动力的枪支刑事案件的会议纪要》，其中规定：对涉案气枪枪口比动能在 5.4 焦耳/平方厘米以上、不足 10.8 焦耳/平方厘米的，应予较大幅度的从宽处罚；对符合条件的，检察机关可以依法不起诉，人民法院可以判处缓刑或者免予刑事处罚。若李某某的案件依据以上会议纪要处理，则可以争取不起诉、缓刑或免予刑事处罚。

承办律师或团队

姜曙滨律师，上海市信本律师事务所高级合伙人、刑事部主任，盐城市亭湖区第九届、十届政协委员，盐城市青年联合会常务委员。办理过很多重大、疑难、复杂案件。主要业务方向为金融犯罪、职务犯罪、走私犯罪的辩护。

林洁律师，北京大成（厦门）律师事务所律师，在"扫黑除恶"专项行动开展期间办理过多起涉黑、涉恶案件，为多名当事人争取到了"脱黑""去恶"的结果。

纠集时间较短不应被认定为恶势力
——被指控恶势力集团案，全案未认定

案件简介

某县检察院指控被告人崔甲在担任某村党支部书记期间，组织成立A旅游公司，纠集被告人李甲、石某、李乙、李丁、窦某等9人形成以崔甲为首的恶势力犯罪集团，多次实施寻衅滋事、强迫交易、聚众扰乱社会秩序等违法犯罪行为，称霸一方，危害乡里，在一定区域内造成恶劣社会影响。同时检察院指控上述被告人的行为构成故意毁坏财物罪、寻衅滋事罪、强迫交易罪、非法占用农用地罪、聚众扰乱社会秩序罪。其中，被告人李甲在案发前因担任A旅游公司法定代表人兼总经理，被指控犯非法占用农用地罪、聚众扰乱社会秩序罪，因此，在起诉书中被列为第二被告人。

2019年2月，本案在C市扫黑除恶专项斗争新闻发布会上被公布为"2018年C市扫黑除恶十大典型案例"之一。C市某县检察院也认定涉案组织为恶势力集团。北京市盈科律师事务所韩冬平、刘红亮律师接受本案第二被告人李甲的委托，在审查起诉阶段后期介入，向法院提出了涉案组织不符合恶势力集团条件的辩护意见。最终，该辩护意见被法院采纳，涉案组织未被认定为恶势力集团。

辩点挖掘与运用

针对检察院在起诉书中的罪名指控，辩护人采取无罪辩护与轻罪辩护相结合的策略，从构成要件出发，重点从纠集方式、案发起因、危害区域、主观恶性、违法犯罪次数等角度论证涉案组织不属于恶势力集团。具体策

略如下：

一、关于是否构成恶势力集团的认定

第一，从涉案组织不符合恶势力集团组织特征的角度，重点强调涉案组织存在合法的组织关系，即共同经营村集体公司的组织关系、村委会与村民之间的组织关系。司法机关不能将村集体公司及村委会与村民之间的组织特征、结构层级"挪用"为恶势力犯罪集团的特征。

第二，从涉案组织不符合恶势力集团行为特征的角度，重点强调本案的起因——邻里纠纷，且本案中各被告人并非经常（三次以上）实施违法犯罪活动，各个案件之间不存在组织联系与关联性。

第三，从涉案组织不符合恶势力集团经济特征的角度，重点强调李甲等人没有谋取非法利益，公司经营亏损，并没有经济来源发展成员。

第四，从涉案组织不符合恶势力集团危害性特征的角度，重点强调李甲涉嫌的聚众扰乱社会秩序是村集体公司与其他个人之间的生意纠纷。崔甲等人在主观上没有以形成非法影响为团伙的阶段性目的，在客观上也没有称霸一方、危害乡里，没有在一定区域内造成恶劣社会影响。

二、关于是否构成聚众扰乱社会秩序犯罪

本案聚众次数直接关系到是否恶势力集团的认定。辩护人从是否有预谋、是否有组织的角度出发论证，认为7月28日这次不应计算在内，还有一次是偶发聚集。根据涉案所在地镇政府和县信访局的说明，2017年8月14日上午，本案多名被告人及其他村民确实去县里上访，路过事发地B景区门口。李甲虽然参与组织其他几名被告人及部分村民上访，但是其目的是去县城，并非到B景区门口聚众。李甲由于偶然事件路过B景区门口，不能因此被认定为到B景区门口聚众。

本案造成的损失直接影响到聚众扰乱社会秩序罪的成立。辩护人从认定损失的证据出发认为，B景区对其遭受的损失没有提供赔偿的转账记录，涉案旅行社出示几张白条，落款时间紧挨着案发前，离事发已经一年多，不具有合理、真实性，证人证言也系B景区经理提供，证明力较弱，且不能与旅游公司导游的证言相互印证。本案缺乏其他客观证据，未能形成证据链条。

辩护人观点

一、根据《关于办理恶势力刑事案件若干问题的意见》（以下简称"《意见》"）规定的恶势力的定义和特征，涉案组织不属于恶势力集团，被告人李甲不属于恶势力成员

《意见》第4条规定："恶势力，是指经常纠集在一起，以暴力、威胁或者其他手段，在一定区域或者行业内多次实施违法犯罪活动，为非作恶，欺压百姓，扰乱经济、社会生活秩序，造成较为恶劣的社会影响，但尚未形成黑社会性质组织的违法犯罪组织。"第11条规定："恶势力犯罪集团，是指符合恶势力全部认定条件，同时又符合犯罪集团法定条件的犯罪组织。"而涉案组织并非恶势力集团，不满足"恶势力"的构成特征。

1. 在组织特征上，本案中各被告人之间并未形成一个犯罪集团。

恶势力集团要求由固定的纠集者经常组织他人共同实施违法犯罪，组织成员一般为三人以上，且纠集者相对固定，并且经常纠集成员在一起实施违法犯罪活动。按照《中华人民共和国刑法》第二十六条的规定，犯罪集团是三人以上为共同实施犯罪而组成的较为固定的犯罪组织。在本案中，涉案组织不具备犯罪集团的固定性特点，不满足犯罪集团的法定条件。

各被告人之间事前没有预谋、策划，事中没有组织。有的是到现场围观，有的是因好奇而来。虽然被告人李甲出现在现场，但并没有任何行为。第一被告人、第二被告人出现在现场也是事出有因，他们并没有多次组织实施违法犯罪的计划。

本案各被告人没有在第一被告人的组织和领导下，在一个较长的时期内，统一地实施各种有组织的犯罪活动。被指控的所谓恶势力集团并不存在。本案的事件起因多为偶发性、突发性，再次发生类似案件的可能性极小，组织成员的固定性也就谈不上了。

在本案中，崔甲与各被告人之间存在共同经营村集体公司的组织关系，存在村委会与村民之间的组织关系。司法机关不能把合法公司组织形式及村委会组织关系视为恶势力集团的组织特征。本案不具有纠和性及聚合性，也不存在组织纪律、行为准则、利益分配等成文或不成文的规定。因此，涉案组织不符合恶势力集团的组织特征。

2. 在行为特征上，本案中各被告人并非经常（三次以上）实施违法犯罪活动。

恶势力集团会以暴力、威胁或者其他手段，有组织地多次实施违法犯罪活动，包括惯常实施的违法犯罪和伴随实施的违法犯罪。但本案被告人没有组织多次违法犯罪活动。

需要注意的是，"群众"依据字面意思，指的是普通大众，不包括债务纠纷的特定主体。在多起指控的违法犯罪活动中，被害人均有不同程度的过错。这类被害人不应被类推为被欺压、残害的群众，不具有群众代表性。

起诉书中的多起起诉事实，不是被告人李甲直接组织、策划、指挥或参与实施的，而且也不是以所谓组织名义实施的，具有偶发性、突然性。

本案不存在有组织的多次违法犯罪活动，也不符合有组织的多次的情形。

起诉书中提到的行为目的——"称霸一方，严重扰乱经济、社会秩序"并不存在。本案中系列行为并未造成人员严重伤亡或财产严重损失，甚至连轻微伤都没有。对各被害人的殴打行为没有造成被害人轻微伤以上后果，也没有严重扰乱社会秩序。从行为目的、行为起因看，涉案组织均不符合恶势力集团的特征。

本案的各案件之间不存在组织联系与关联性。例如，本案涉及的寻衅滋事罪、故意毁损财物罪、非法占用农用地罪、聚众扰乱社会秩序罪等都属于孤立的罪行，与几名被告人所实施的违法犯罪活动并没有直接关联性，其中故意毁坏财物罪、强迫交易罪、寻衅滋事罪与李甲和其他几名被告人无关。而寻衅滋事罪、强迫交易罪属于崔甲个人犯罪。

3. 在经济性特征上，本案团伙并没有固定的经济来源发展成员。

恶势力集团为谋取不法利益或形成非法影响，有组织地违法犯罪，已具有黑社会性质组织雏形的特征，或者具有演化、渐变为黑社会性质组织的极大可能性。恶势力集团需要具备经济性，以维系、巩固、发展该组织；需要有组织地通过违法犯罪或其他手段，以获取经济利益，并且使用该经济利益，支持组织的活动。认定恶势力集团具备经济特征的重要依据是，无论获利后的利益分配与使用形式如何变化，在客观上都能够起到豢养组织成员、维护组织稳定、壮大组织势力的作用。

在本案中，没有证据证明涉案公司的正常生产经营的获利用于发展恶势力集团。各被告人只是正常上班、领取工资。退一步讲，即使各被告人做了"起诉书指控的事实"，也没有任何额外的获利。那么，第一被告人用什么来拉拢成员、维系组织呢？

本案的各被告人通过合法手段获取的经济利益应当受到法律保护。他们在经济活动中与他人发生冲突系偶发事件，是为了维护自身合法权益不得已而为之，并非通过有组织地实施违法犯罪活动来获取经济利益。而且事后对被害人进行赔偿也系法律允许的调解行为。

4. 在危害性特征上，本案并未达到扰乱经济、社会秩序和造成较为恶劣社会影响的严重程度。

恶势力形成非法影响、谋求强势地位，其表征于外便是实施违法犯罪活动，必然带有"为非作恶，欺压百姓"的特征。所谓"为非作恶，欺压百姓"，从字面上来理解，是指做坏事、施恶行、欺负、压迫群众。而本案的行为是出于某种特定的违法犯罪目的而聚集，造成的危害后果通常具有单一性。

辩护人认为，被告人李甲在主观上没有最终实现其对一定区域或者行业的非法控制的犯罪意图，在客观上也明显缺乏达到目的的能力。

在主观上，被告人李甲没有干扰、破坏正常的经济、社会秩序的意图，被指控的犯罪均不能体现为了追求对经济、社会生活的非法控制。

在客观上，被告人李甲没有能力干扰、破坏正常的经济、社会秩序，并未在该县及旅游领域形成非法控制，其行为未严重破坏当地经济、社会生活秩序。起诉书指控的"在某县及旅游领域长期实施聚众扰乱社会秩序、寻衅滋事等违法犯罪活动"旨在说明被告人李甲在某县及旅游领域形成非法控制，但是被告人李甲在旅游业所占份额不足十分之一，不可能在行业内形成非法控制。

从时间维度上看，被告人的行为所带来的"危害性"远远达不到刑法意义上的标准。控制与影响不是一种偶然的、短暂的现象，而必然是持久的、长期的现象。本案中被告人没有控制和影响群众，即使有也是极其短暂的，根本达不到刑法意义上的要求。

起诉书指控的事实，辩护人不认可构成犯罪。所谓"行为影响"尚达不到恶势力集团所侵害对象的广度甚至深度。

本案中并没有欺压百姓、称霸一方的行为，发生的多次案件均是事出有因，没有造成恶劣影响。成立公司也是为了壮大村集体经济，带领村民致富。崔甲带领村民致富，曾多次得到镇领导、县委领导表扬，县委领导也多次到村里进行视察。起诉书指控崔甲等人称霸一方，危害乡里，在一定区域内造成恶劣社会影响，是没有事实依据的。

二、关于聚众扰乱社会秩序罪

1. 李甲并没有以聚众的方式扰乱 B 景区的正常活动，致使其营业无法进行的严重情节。

根据镇政府和某县信访局的说明，2017 年 8 月 14 日上午，某村村民确实去上访。李甲虽然参与组织部分村民上访，但是其目的是去县城，并不是在 B 景区门口聚众。李甲因偶然事件到了 B 景区门口，司法机关不应认定其到 B 景区门口聚众。

2. B 景区损失严重的事实不清，证据不足。

（1）本案没有造成 B 景区长时间无法正常经营。根据 B 景区现场视频录像及被告人供述、证人证言，崔甲在上午 7 点半左右去找 B 景区的李丙，要求给小屋送电，后小屋通电。到 8 点半人员散去，B 景区刚营业仅半个小时，且当时游客人数不多，聚众行为不可能造成 B 景区经营无法进行。

（2）B 景区对其遭受的损失没有提供赔偿的转账记录。两家旅行社居然只出示几张白条，一家仅凭证言，没有其他证据佐证，证人出庭作证对现金交易细节也描述不清，故这些证据不能证实真实发生实际损失。

鉴于上述情况，法院应认真审查各被告人在指控各罪中的作用，以及恶势力犯罪集团的构成条件，给被告人李甲一个公平、合理的判决。

裁判结果

一审法院认定涉案组织不属于恶势力集团，采纳了辩护人的相关辩护意见。

法院认为：公诉机关对崔甲、李甲等人构成恶势力集团的指控无法满足三次以上有预谋的实施犯罪活动的基本特征，本案中只有两起犯罪是有预谋实施的犯罪活动，因此，对被告人崔甲、李甲等人构成恶势力集团的指控不成立。在非法占用农用地罪中，被告人李甲犯罪情节轻微，不需要判处刑罚，故法院依法对其免予刑事处罚。被告人崔甲、李甲等人的行为，不符合聚众扰乱社会秩序罪的构成要件，故指控不成立。

一审法院判决：被告人李甲犯寻衅滋事罪，判处有期徒刑一年零五个月；犯非法占用农用地罪，免予刑事处罚；数罪并罚，决定执行有期徒刑一年零五个月。

本案意义

本案在当地具有一定影响力。某县法院严格遵守黑恶势力案件"不人为拔高、不随意降低"的办案原则，精准判定"非黑非恶"犯罪，对涉黑涉恶案件的认定具有借鉴和指导意义。

在司法实践中，违法犯罪意图往往较为抽象和复杂，不易判断和把握，这就需要司法机关根据犯罪嫌疑人、被告人的客观行为，特别是违法犯罪活动的动机、起因、手段等情节来认定。就恶势力"形成非法影响、谋求强势地位"的意图而言，其表征于外便是实施违法犯罪活动，必然带有"为非作恶，欺压百姓"的特征。本案中被指控的犯罪，无论在目的上还是在行为动机上，均不是针对"普通村民或者不特定对象"，是"事出有因""邻里纠纷"。根据《意见》第5条，"不具有为非作恶、欺压百姓特征的，或者因邻里纠纷而引发以及其他确属事出有因的违法犯罪活动"，不应作为恶势力案件处理。

在本案中，各被告人并未经常纠集在一起实施违法犯罪活动，也未共同故意实施三次以上的违法犯罪活动。崔甲、李甲等9人涉及的聚众扰乱社会秩序行为第一次发生于2017年7月17日，最后一次发生于2017年8月14日，前后还不到一个月的时间，属于《意见》第7条指出的"对于'纠集在一起'时间明显较短……且尚不足以造成较为恶劣影响的，一般不应认定为恶势力"的情形。

承办律师或团队

韩冬平律师，北京市律师协会商事犯罪预防与辩护专业委员会委员，北京市盈科律师事务所股权高级合伙人、刑事事务部（一部）副主任，现主要业务领域为刑事辩护。

待宰的羔羊
——韩某举运输毒品案

2018年12月17日，Y省高级人民法院的一封EMS快递送到了河南森合律师事务所。前台核对信息后，签收并转交给孙瑞红律师。打开快递后，孙瑞红律师直接看最后一页。一丝不易察觉的喜悦掠过眉梢：韩某举运输毒品案件获改判了！回想这个案件的前前后后，很不容易。回想韩某举的这次人生转折，更是血淋淋的教训！

"高薪"的诱惑

1994年7月，韩某举出生于河南方城县。韩某举幼时，父母离异，他就跟随母亲生活，后来跟着母亲来到洛阳。韩某举的学习不是很好，最终就读于一所中专学校，学到了一定的文化知识。

韩某举从小就知道自己要老老实实的，不能在外面闯祸，因为他知道自己没有很好的条件，任何祸事都将给自己的母亲带来很大的麻烦。在这一点上，韩某举是一个懂事的好孩子。他中专毕业后，做过快递员、饮水机销售员等零工。尽管他很努力，想着要通过自己的努力挣到钱，养活自己，不给母亲丢脸，可生活依然没有多大改变。他梦想着自己有一天能够找一份好工作，让自己的生活好起来，为母亲分担些生活压力！

2017年11月的一天，有一个叫"诸葛普洱"的人主动在QQ上添加了韩某举为好友。二人成为"好友"后，过了几天，"诸葛普洱"给韩某举发信息，称自己在云南省普洱市做普洱茶生意，想找一个帮手，月薪6 000元，看韩某举是否有意。

虽然韩某举和"诸葛普洱"只是在QQ上认识，且认识时间并不长，虽然他和"诸葛普洱"从未谋面,虽然工作地点是在千里之外的云南省普洱市,虽然工作到底是什么样的,他并不十分清楚,但是6 000元的月薪待遇是他之前从没有得到过的。这个薪资还是深深地吸引了韩某举!和母亲商量后,韩某举决定去云南找"诸葛普洱"。

危险的逼近

原本"诸葛普洱"打算给韩某举购买火车票,让其坐火车过去,但韩某举觉得坐火车有点慢,时间长。在查了航班信息后,韩某举决定坐飞机到云南。"诸葛普洱"在电话里满口答应,说他会安排接机。

2017年12月19日,韩某举从洛阳乘坐飞机前往昆明长水国际机场,于当晚11点左右到达。下飞机之后,韩某举立刻联系"诸葛普洱"。"诸葛普洱"称自己临时有事,不能亲自来接机,给了韩某举一个电话号码,让其联系,称这是一个接机人的号码。

韩某举依约联系了接机人,但接机人称,其并不在机场出口等待,而是在停车场等候,让韩某举到停车场见面。

事情有些诡异,危险正在逼近,但韩某举丝毫没有察觉。

韩某举在停车场找到了接机人,上了一辆商务车。

从这一刻起,韩某举的人生开始在毁灭的路上一路狂奔。

韩某举上车后,看到车上已经有两个人,以为司机还接了其他人。车缓缓开出了机场。在路上,两个人突然抓住韩某举的肩膀,死死地按住他,并低声恶狠狠地警告他:"别出声,否则弄死你!"恐惧像外面的黑夜,铺天盖地地向韩某举袭来。

韩某举还是极力让自己平静下来,不敢出声。这时,他的手机、背包已经被收走,眼镜被摘掉,身份证和母亲给的路费也都在包里。"无论如何,现在不能反抗",这是他内心唯一能够作出的决定!他坐在中间位置,没有眼镜,外面的一切都是模糊不清的。看不到外面的路标,也就看不清方向。天还没有亮时,车开到了一条河边。他被带下了车,然后坐船过了河。上岸后,有一辆车已经等在那里。他又被带上车,然后迷迷糊糊地在陌生的道路上驶向可怕的未来……

天亮了,车也终于停下来了,到了一个酒店前。周围没有什么特别的建筑物，辨识度很差。唯一能够确定的是这个酒店的中文名字叫作"A 酒店"。韩某举被安排到一个房间里关起来。这时的韩某举，活脱脱地像一只待宰的羔羊……

噩梦的开始

如果说这是一场噩梦，那么噩梦才刚刚开始。

一夜的紧张让韩某举有些疲惫。在房间里似睡非睡期间，有人把他叫醒。他睁开眼睛看到这个人，皮肤黝黑，个头不高，但挺壮实。这个人告诉他，他得配合他们运送毒品到昆明。听到"毒品"这个词，韩某举脑子里闪过的第一句话就是："完了，这是毒品犯罪啊！"但是他没有吭声，也不敢吭声。这个人说："具体方式就是吞毒。一路上有人接应。你不用担心，很安全。"但是韩某举还是没有应声接话，他知道这事是绝对都不能做的！

见韩某举没有接话，这个人说："你好好想想，到这一步了，由不得你！"然后就走了，同时又把门锁上了。

第二天，这个人又来了，还带了一个人来。进门就问："想得咋样了？！"韩某举说："我是过来给'诸葛普洱'打工，做普洱茶生意的，不是来运送毒品的。"啪！一个人向韩某举的右脸打了一个大耳光，随后抓住他的头发，把他的头往墙上撞了几下，把他的右额头撞破了。鲜血顿时流了出来，模糊了他的右眼。他痛苦地哀号着，但还是没有答应吞毒。

就这样，韩某举在绝望中坚持着，熬过了六天时间。2017 年 12 月 26 日凌晨，韩某举被叫醒。那人说："既然你不愿意做，那你就回去吧。"随后把眼镜、背包和他母亲给他的路费还给了他，但是没有把苹果手机给他，给他的是一个玫瑰金色智能手机。

韩某举好像看到了希望，赶紧跟着那人上了车。车在山区的路上转来转去。他从未到过这里，也不知道在哪里。天亮时，车到了一个小卖部旁边。那人让韩某举下车，并随手给了韩某举一个红色的方便袋，里面装了些饼干和四罐酸角汁易拉罐饮料。临走时还不忘警告韩某举："到昆明了用这个手机回个电话，不要耍花样！你手机还在这里，你妈妈的联系方式我们掌握着！"韩某举没吭声，为了逃离这里，不能逞口舌之快。

韩某举在小卖部前等到一辆开往思茅方向的越野车，车上还有其他三位拼车的人。他从车的右边上车，坐在右后窗户边。

17点40分，车辆被边防武警拦下检查。在边防武警的指示下，车上的人都下了车。边防武警让乘车人员把自己的行李拿下来。韩某举拿下自己的背包，其他的人从后备厢拿下行李箱等，等候检查。

边防武警到车上查看，看到车后排地板上还有一个红色的方便袋，就问："这个袋子是谁的？"韩某举赶紧说："这个袋子是我的。"韩某举就赶紧过去把袋子拎出来放在自己跟前。

边防武警先检查了韩某举的红色方便袋。问韩某举："这是什么？"韩某举说："这是喝的饮料。"边防武警摇了摇，感觉好像有问题，就让韩某举把酸角汁易拉罐打开。在韩某举把酸角汁易拉罐打开的那一瞬间，他的脸凝固了，面如死灰。让他意想不到的是酸角汁易拉罐里面竟然是用避孕套装着的白色可疑固体，并非液体饮料。虽然韩某举不曾接触过毒品，但是他此刻也明显地意识到了这应该就是毒品，至于是什么类型的毒品，已经无关紧要了……

边防武警见状，立马将韩某举控制住，随后打开了其他三个酸角汁易拉罐，发现里面都是一样的。后经检测，该用避孕套装着的白色可疑固体系海洛因，总重量达到701.48克，纯度达到42.6%。这两个数据是会要人命的！

从绝望到放弃

韩某举的母亲收到侦查机关的通知后，得知韩某举涉嫌运输毒品被刑事拘留，顿时犹如五雷轰顶！

他怎么可能去运输毒品？！

他不是去做普洱茶工作吗？！

是不是警察搞错了？！

是不是自己听错了？！

…………

没错，韩某举就是涉嫌运输毒品，被抓起来了！

镇静下来之后，"怎么救他"是韩某举的母亲想到的第一个问题。

虽然L县距离洛阳千里之遥，但这点距离挡不住为母的心！韩某举的母亲找到了河南森合律师事务所的孙瑞红律师，希望孙瑞红律师能够帮助韩某举，尽快搞清楚事情的原委及事情的严重程度。

孙瑞红律师接受委托后，带着同事冯英辉律师，于2018年2月8日，从洛阳乘飞机去昆明，然后在昆明转机到L县，再坐出租车赶到L县边防大队案件侦查队，递交委托手续，随后赶往L县看守所会见韩某举。

在看守所里，孙瑞红律师看到了比较文静的韩某举。为了与韩某举建立起初步的信任，孙瑞红律师用家乡话和他聊了一会。在确认是老家的律师后，韩某举开始比较详细地讲述他是如何认识"诸葛普洱"的，如何到昆明的，又是如何被控制，一步一步走到现在的。

孙瑞红律师问韩某举有没有受到侦查人员的刑讯逼供，有没有伤。他提到受过伤，但不是刑讯逼供造成的，是在A酒店被打的。由于只是皮外伤，不是很严重，伤的情况现在已经看不到了。孙瑞红律师又问他边防武警检查的时候，有没有用执法记录仪，但他讲不太清楚。

然后韩某举讲了看守所里一些河南老乡的事情，也讲到类似案件的审判结果。在讲到自己案件可能的结果时，他沉默了。从他的眼神中可以看出，他没有抱太大希望，甚至是绝望的……

最后，孙瑞红律师让他在委托书上签字时，他拒绝了！理由竟然是请律师会花不少钱，也很可能起不到什么作用，还不如把钱留给母亲。经过详细的讲解，他依然没有同意委托。孙瑞红律师理解他的心情。即使他不同意签字确认，冲着这么懂事的心灵，孙瑞红律师想："我仍然得尽我所能，为他做点事。"

回到洛阳后，孙瑞红律师一方面告知了韩某举的母亲，孩子放弃请律师，另一方面，根据会见时了解到的情况，向侦查机关写了一份法律意见书，为日后案件的转机埋下了重要伏笔。当然，在接下来的审查起诉阶段、法院一审阶段，韩某举的母亲还是尽力在当地请了一位律师为其提供辩护服务。

渺茫的希望

"无期徒刑，没收个人全部财产。"韩某举的母亲在电话里给孙瑞红律师讲了一审法院于 2018 年 7 月 30 日对韩某举作出的判决。孙瑞红律师安慰着她,并提出先上诉,然后看能不能从一审律师处拿到一审判决书复印件。根据我国刑法规定,运输海洛因 50 克以上,法定刑为死刑、无期徒刑或者十五年有期徒刑。如果事实和量刑情节认定没什么问题,一审法院的判罚是在法律允许的范围之内的。获得二审改判的难度通常非常大!

一周后,孙瑞红律师看到了一审刑事判决书。根据侦查阶段会见韩某举了解到的情况及法律意见书提出的问题,比对一审判决书的认定,孙瑞红律师看到一审判决书对侦查阶段法律意见书中的问题基本都予以了核实和回应,譬如:

1. 关于韩某举是否具有运输毒品的主观故意问题。

孙瑞红律师在侦查阶段提出的法律意见表示,韩某举到云南找工作的目的、被非法控制的情况、被查获时的表现等能够体现出其不具有运输毒品的主观故意。

一审判决书认定"被告人韩某举为谋取非法利益,违反国家对毒品的管理规定,明知是毒品还故意实施运输行为,已触犯国家刑法,构成运输毒品罪",但依据什么认定韩某举具有"谋取非法利益"的目的,又依据什么认定韩某举"明知是毒品还故意实施运输行为",判决书中没有明确。这应当是一个重要问题。

2. 关于对韩某举有利的证据提取问题。

孙瑞红律师在侦查阶段提出的法律意见表示,韩某举称与"诸葛普洱"是通过 QQ 联系的。那么,司法机关应当提取 QQ 聊天记录,看韩某举到云南来的真实目的到底是找工作还是运输毒品。

一审判决书显示,侦查机关出具《情况说明》:"被告人韩某举供述中提到使用 QQ 号××××××××××,但其提供的密码不能登录,无法调取其聊天记录。"这是一个谎言。一方面,最高人民法院、最高人民检察院、公安部《关于办理刑事案件收集提取和审查判断电子数据若干问题的规定》第三条规定:"人民法院、人民检察院和公安机关有权依法向有关单位和个人收集、调取电子数据。有关单位和个人应当如实提供。"QQ 系腾讯公司的产品,相关电子数据信息在其服务器内存储。侦查机关依法向腾讯公司调取,腾讯公司岂能不配合?!另一方面,侦查机关掌握着刑事侦查权力和技术,获取该 QQ 聊天内容,根本不需要密码就能够完成。所以,该《情况说明》露出了重大破绽。

3. 关于韩某举被扇耳光、殴打及执法记录仪的问题。

孙瑞红律师在侦查阶段提出的法律意见表示，韩某举在被非法控制期间被扇耳光、殴打，以及在被查获现场的表现等，应能够证明韩某举没有意识到自己携带的是毒品。执法记录仪所录视频应当作为重要证据附卷。

一审判决书显示，侦查机关的确将执法记录仪所录视频作为视听资料提交，并且对韩某举的右额头上的伤情进行了说明："韩某举被抓获时，执勤人员将被告人韩某举压倒在地上上手铐，因为地上有沙子，上完手铐后发现被告人韩某举右额头被沙子磨破。"这是一个更大的谎言，因为韩某举右额头的伤不是在抓获过程中形成的！

还有其他的细小问题存在，但孙瑞红律师认为，以上三个部分反映出来的问题，应当是韩某举的希望所在，应当能够促使二审法院作出改判。

孙瑞红律师与韩某举的妈妈沟通后，双方办了二审委托手续。

全新的观点

2018 年 8 月 24 日，孙瑞红律师接受韩某举母亲的委托，再次赶赴云南。

8 月 27 日，孙瑞红律师第二次在 L 县看守所见到了韩某举。时隔半年，双方再次相见，不用客套，孙瑞红律师直接讲了一审判决书认定事实的一些问题，从 QQ 聊天记录、电话清单到现场执法记录仪视频，再到一审法官以往作出的判决等方面，征求了韩某举的意见。

韩某举胆怯地说："我怕提了，法官不理会。"

孙瑞红律师耐心地给他讲："我们把自己要做的事情做了，其他的事情不要担心。如果我们不做，则其他人很难主动帮我们做。什么都需要争取，而不是坐等！这是最后的机会，我们得抓住，争取一个好一点的结果！所以，这一次，你得签同意委托，方便我到法院办手续。"

韩某举答应了，在委托书空白位置签了"同意委托"和姓名，并按指纹确认。

9 月 10 日，孙瑞红律师赶到 Y 省高级人民法院复制了全部卷宗材料，包括视听资料。

经过对案卷的详细分析，孙瑞红律师分别从程序部分和实体部分提出了不同于一审律师的辩护意见：

在程序上，针对QQ聊天记录问题，孙瑞红律师提出侦查机关没有全面收集证据，违反《中华人民共和国刑事诉讼法》第五十条的规定，即"审判人员、检察人员、侦查人员必须依照法定程序，收集能够证实犯罪嫌疑人、被告人有罪或者无罪、犯罪情节轻重的各种证据"。且侦查机关2018年7月17日的《情况说明》中因为没有QQ密码而不能获取聊天记录的说法明显不实。该未被调取的聊天记录对韩某举有利的可能性不能被排除，这对证明韩某举到云南的主观目的、不具有运输毒品的主观故意等情况很关键。

在实体上，针对韩某举右额头的伤的问题，孙瑞红律师提出侦查机关的执法记录仪视频显示，当时韩某举坐在车的右后车窗位置，未下车时，就已经有伤了，并且在随后的检查、控制过程中，执勤人员并未把韩某举按倒在地上上铐。令人不可思议的是，韩某举笔录中关于其右额头伤情的供述，也说其右额头是在被边防武警控制的过程中，被按在地上时擦破的。右额头的伤明明不是在被边防武警控制的过程中形成的，为什么韩某举的供述和《情况说明》出奇地一致，却都与事实不符？！

孙瑞红律师认为，既然韩某举右额头的伤是在被查获之前形成的，韩某举自称被非法控制和殴打的情况就具有一定的可信度，那么，法院即使认定韩某举的行为构成运输毒品罪，也不能排除韩某举系被胁迫运输毒品的可能，即应当认定其属于胁从犯。《中华人民共和国刑法》第二十八条规定："对于被胁迫参加犯罪的，应当按照他的犯罪情节减轻处罚或者免除处罚。"

在事关生死、事关人生的刑事案件中，能够调取而不调取、能够进一步查实而不进一步查实，却以说谎的形式出具证明材料，这是非常令人吃惊的事情！这也从另一个侧面表明，除了现场查获毒品之外，韩某举的主观目的、其是否被胁迫等情况侦查机关均没有认真地进行查证。如此证据链条显然达不到事实清楚，证据确实、充分的证明标准，更达不到综合全案证据排除合理怀疑的程度。

就这样，在与韩某举沟通后，孙瑞红律师于2018年10月11日将完整的辩护意见当面递交给了Y省高级人民法院的杨法官，并对辩护意见详细地予以说明。杨法官充分听取了孙瑞红律师的意见,并表示会充分考虑。

最后的结果

经过两个月的等待,12月17日,孙瑞红律师收到了Y省高级人民法院的EMS快递。Y省高级人民法院采纳了孙瑞红律师"不排除韩某举受他人胁迫实施运输毒品行为的可能"的意见,因此对韩某举从轻处罚:判处有期徒刑十五年,并处没收个人财产人民币3万元。

结　语

本案判决已经生效执行。相关的问题还是值得深思。

首先,风险防范。害人之心不可有,防人之心不可无。越来越多的案件表明,找工作也是一件风险巨大的事情。刚入社会的年轻人,要特别注意。

其次,辩护方向选择。律师应当具有侦查思维,对一个问题的查证应当根据现在的条件和能力做到最后一步,不留下空间。根据这样的思维来考察侦查人员收集的证据是否存在进一步查证的空间,如果是,则意味着证据收集并没有最终完成,意味着还有其他可能存在,案件证据有可能还不能够排除合理怀疑。这就是辩护空间所在。

再次,卷宗复制问题。律师在复印卷宗材料的时候,只要是能够复制的材料,就要尽可能地全面复制,不要做选择性复制。任何一份材料都可能存在着对当事人有利的信息!

承办律师或团队

孙瑞红律师,河南森合律师事务所主任律师,河南省律师协会刑事法律专业委员会执行委员,洛阳市律师协会刑事法律专业委员会副秘书长,洛阳师范学院法学与社会学院兼职讲师,洛阳市法学会刑法学研究会理事,2017年度、2018年度洛阳市优秀律师。长期专注于刑事犯罪辩护业务,具备深厚的理论功底和丰富的实战经验。

事故责任认定书不是必然的定罪证据
——嵇某某涉嫌交通肇事终被判无罪并获国家赔偿

神秘的午夜

2016年11月11日子夜，只有路灯在静静地照耀道路，为夜行人指明方向。

十字路口的交通灯不停地读秒，在三色之间轮流有序地变换着。

0时6分许，在L市H区某交叉路口，一辆别克商务车缓缓地开到停止线前。司机嵇某某听着车载音乐，静静地等候绿灯通行。

就在这时，随着"嘭"的一声，车身受到很大震动。随手关掉音乐后，嵇某某开门下车查看情况。

刚下车，嵇某某就看到车后右侧有一辆电瓶车和一人倒在地上。嵇某某走近时，地上躺着的人已经慢慢抬起头，用手撑着路面坐了起来，看起来没有生命危险。嵇某某考虑到自己没有驾驶证，就回到车上，悄无声息地驾车扬长而去……

交通肇事祸降两家

嵇某某驾车离开后，把自己的车子停在一小区门口，坐出租车来事故现场打探消息。此时，那个人已经不在现场了，电瓶车也不见踪影，路面空荡荡的。嵇某某松了口气，心里想，终究人还是得救了。

受伤人唐某某被救护车送到医院急救，但终因伤重，抢救无效而亡。L市公安局物证鉴定所的法医检验鉴定报告定性为"符合颅脑损伤死亡"。死者唐某某32岁，和妻子育有一女一子，女儿9岁，儿子3岁，尚有母亲一人，家庭生活全靠唐某某一人支撑。唐某某的死导致家庭生活失去了依靠。灾难就这样降临在这个不幸的家庭。

司机嵇某某没有驾驶证，当场开车逃逸。被害人唐某某经抢救无效死亡。L市公安局交警支队事故处理大队依据以上事实，于2016年11月29日作出司机嵇某某负事故主要责任的事故认定书。2016年11月30日，嵇某某被依法刑事拘留，2016年12月9日被依法逮捕。嵇某某有三个子女，全靠其一人开货车挣钱养家。嵇某某被羁押，一家人失去了生活来源。

一起交通事故，使得两家人都陷入了悲痛之中。

复核受阻

辩护人依据现有事实经过，认为交通事故认定书认定犯罪嫌疑人嵇某某负事故的主要责任不当，被害人唐某某在整个事故中存在重大过错。辩护人在第一时间代理犯罪嫌疑人嵇某某向L市公安局交警支队提起复核申请。在收到复核申请后，L市公安局H分局同时提请批捕嵇某某，当日获批并逮捕。交警支队当日出具《道路交通事故符合不予受理通知书》，驳回复核申请。

律师意见被搁置

交通肇事案件并不复杂。案件很快就被移送人民检察院进行审查起诉。辩护人即时与承办检察官沟通案件情况，对案件事实进行了全面分析。嫌疑人嵇某某的车辆在停止线前等绿灯放行，而被害人唐某某酒后骑电瓶车在机动车道追尾，发生交通事故后经抢救无效死亡。虽然嫌疑人嵇某某没有驾驶证但是具有驾驶能力，并且有无驾驶证不是造成本起交通事故的原因。辩护人认为嫌疑人嵇某某不应当负事故的主要责任，其行为不构成犯罪，并明确将为嵇某某做无罪辩护。检察官答应会将辩护人的意见汇报给主管领导讨论。

但就在辩护人等待答复的时候，本案于2017年2月被移送人民法院审理。

辩护人没有等到答复，律师意见也直接被搁置。

驾驶证被吊销

依据卷宗材料，辩护人决定依法取证。辩护人两次南下H市交通警察支队查档，查明被告人嵇某某在1996年11月23日就取得了A2驾驶证，2015年10月27日因其他事由其驾驶证被依法注销。在本次事故中，被告人嵇某某确属无证驾驶。

庭审中的控辩较量

庭审前辩护人会见被告人嵇某某，告知其庭审程序，并强调其在庭审中必须如实陈述案情，具体辩护工作由辩护人负责。

与嵇某某同监室的一人为北京某知名大学法学专业毕业生，毕业后其没有从事法律职业，现因涉嫌其他罪名被羁押。其在与嵇某某讨论本案案情时，直接判断为逃逸致人死亡，判七年以上有期徒刑。被告人嵇某某听说后特别激动，认为辩护人的观点有误，导致后续庭审程序出现不该有的状况。

在庭审中，被告人出于自我保护的目的，直接推翻全部案件事实经过，不能自圆其说，一度造成庭审陷入困境。

得到法庭允许后，辩护人和被告人嵇某某进行对话，语气肯定地要求被告人必须实事求是地陈述案件事实，法律的问题由公诉人、法庭和辩护人来衡量。

经过短暂的冷静，被告人嵇某某重新陈述的案件事实与卷宗中的笔录内容基本一致。

辩护人和公诉人就被告人嵇某某的行为是否构成交通肇事罪展开了激烈的辩论……公诉人就起诉指控的交通肇事罪进行举证，辩护人则就其举证证据进行了有力的质证。

公诉人从被告人嵇某某无证驾驶、逃逸、致被害人死亡等角度证明被告人嵇某某有罪。辩护人从交通肇事罪法律规定及解释、事故认定书效力、法律和理论依据、行为责任原则、因果关系原则、直接原因原则、路权原则、被告人嵇某某具有驾驶能力、车辆处于静止状态、被动型事故，以及被告人嵇某某、被害人行为在事故中的作用等方面进行分析，认为事故认定书没有事实和法律依据，被告人嵇某某不应负事故主要责任，从而认定被告人嵇某某无罪。

五份辩护词

庭审结束，但辩护并没有终止。

辩护词是刑事案件庭审结束后，律师根据案件卷宗材料和庭审情况而作出的完整而最有力的辩护论文。

为了强化自己的辩护观点，2017年3月18日辩护人将辩护词打印五份递交法庭。

辩护人认为嵇某某的行为不构成交通肇事罪。

一、交通肇事罪分析

1.《中华人民共和国刑法》第一百三十三条规定："违反交通运输管理法规，因而发生重大事故，致人重伤、死亡或者使公私财产遭受重大损失的，处三年以下有期徒刑或者拘役；交通运输肇事后逃逸或者有其他特别恶劣情节的，处三年以上七年以下有期徒刑；因逃逸致人死亡的，处七年以上有期徒刑。"

2.《最高人民法院关于审理交通肇事刑事案件具体应用法律若干问题的解释》规定，事故责任大小是是否处以刑罚的必要要件：

第一条规定："从事交通运输人员或者非交通运输人员，违反交通运输管理法规发生重大交通事故，在分清事故责任的基础上，对于构成犯罪的，依照刑法第一百三十三条的规定定罪处罚。"

第二条规定："交通肇事具有下列情形之一的，处三年以下有期徒刑或者拘役：

（一）死亡一人或者重伤三人以上，负事故全部或者主要责任的；

（二）死亡三人以上，负事故同等责任的；

（三）造成公共财产或者他人财产直接损失，负事故全部或者主要责任，无能力赔偿数额在三十万元以上的。

交通肇事致一人以上重伤，负事故全部或者主要责任，并具有下列情形之一的，以交通肇事罪定罪处罚：

（一）酒后、吸食毒品后驾驶机动车辆的；

（二）无驾驶资格驾驶机动车辆的；

（三）明知是安全装置不全或者安全机件失灵的机动车辆而驾驶的；

（四）明知是无牌证或者已报废的机动车辆而驾驶的；

（五）严重超载驾驶的；

（六）为逃避法律追究逃离事故现场的。"

第三条规定："'交通运输肇事后逃逸'，是指行为人具有本解释第二条第一款规定和第二款第（一）至（五）项规定的情形之一，在发生交通事故后，为逃避法律追究而逃跑的行为。"

根据上述规定，对于判断是否构成交通肇事罪，我们一是要分清事故责任，二是要看是否符合上述司法解释的具体标准。

当事人在交通事故中应当承担的事故责任的大小是决定当事人行为是否构成交通肇事罪的最重要的依据。如果行为人只有违章行为，在交通事故中不起作用或作用较小，那么司法机关不应以犯罪论处，只应按照行政法规规定处以行政处罚。

二、本案中事故责任认定书效力待定

本案中L市公安局交警支队事故处理大队出具的事故认定书认定被告人嵇某某负事故的主要责任，唐某某负次要责任。被告人嵇某某对事故责任划分不服，在法定期限内提出书面复核申请，交警支队却有意违背相关规定，在当事人提出复核申请后向检察机关提出批捕申请，并及时得到批捕手续而堂而皇之地对申请人的申请不予受理。故本案中的事故认定书的效力未定，不能作为定罪证据使用。

同时，令辩护人非常不理解的是，被害人亲属在收到事故认定书的当日即提起民事诉讼。之后在诉讼中辩护人请求中止审理。同日作出批捕和不予受理的两个决定与同日的民事起诉行为应该不是巧合。

三、交通事故责任认定的法律规定和理论依据

（一）关于交通事故责任认定的法律规定

1.《中华人民共和国道路交通安全法》第三十六条规定："根据道路条件和通行需要，道路划分为机动车道、非机动车道和人行道的，机动车、非机动车、行人实行分道通行。"第五十七条规定："驾驶非机动车在道路上行驶应当遵守有关交通安全的规定。非机动车应当在非机动车道内行驶；在没有非机动车道的道路上，应当靠车行道的右侧行驶。"

2.《中华人民共和国道路交通安全法实施条例》第九十一条规定:"公安机关交通管理部门应当根据交通事故当事人的行为对发生交通事故所起的作用以及过错的严重程度,确定当事人的责任。"

3.《J省道路交通事故当事人责任确定规则》的相关规定如下:

第二条规定:"因当事人过错行为造成的交通事故,公安机关交通管理部门应当根据当事人的过错行为对发生交通事故所起作用以及过错的严重程度,按照本规则确定当事人的责任。判定交通事故当事人过错行为对发生交通事故所起作用以及过错的严重程度,应当以当事人过错行为引发交通事故的危险性和对方避让的可能性作为依据。"

第三条规定:"对当事人的过错行为,根据其在交通事故中的形态特征和所起作用,分为主动型、被动型、缺失型三类:

(一)主动型行为是与对方临近时突然改变运动状态,或者主动逼近对方,造成对方难以避让的严重过错行为,在交通事故中起主要以上作用。

(二)被动型行为是处于持续稳定运动或者静止状态,对方能够采取措施避让的一般过错行为,在交通事故中起次要作用或者不起作用。但是静止状态的被动型行为难以被对方及时发现的,起主要以上作用。

(三)缺失型行为是不具有安全驾驶能力或者存在安全隐患的过错行为。缺失型行为对于应当避免的交通事故未能避免的,起主要以上作用;难以避免的,起次要作用或者不起作用。

评判缺失型行为对于交通事故的发生是否应当避免、静止状态的被动型行为能否被对方及时发现,应当以法律法规对安全驾驶的要求和一般驾驶人的安全驾驶能力作为依据。"

第五条规定:"因一方当事人的过错行为导致交通事故的,确定为全部责任。

因两方当事人的过错行为导致交通事故的,依照下列规则确定当事人责任:

(一)当事人在交通事故中有主动型过错行为的,负主要责任。

(二)当事人在交通事故中有被动型过错行为的,负次要责任。但是静止状态的被动型过错行为难以被对方及时发现的,负主要责任。

(三)当事人在交通事故中有缺失型过错行为,该行为对于应当避免的交通事故未能避免的,负主要责任;难以避免的,负次要责任。

(四)两方当事人均有起主要作用过错行为的,各负同等责任。

因三方以上当事人的过错行为导致交通事故的,比照前款规则确定当事人责任。"

(二)关于交通事故责任认定的理论依据

认定交通事故责任,必须依法确认事故中各方当事人的法定义务,确认各方当事人的行为在交通事故中的作用和过错的严重性。

1. 行为责任原则。

认定交通事故责任时,应实事求是地表述当事人行为在事故中所起作用的程度。

《中华人民共和国道路交通安全法实施条例》规定,公安机关交通管理部门应当根据交通事故当事人的行为对发生交通事故所起的作用及过错的严重程度,确定当事人的责任。

当事人的行为对发生交通事故所起的作用,即指有因果关系的行为在事故中所起的作用及过错的严重程度,其中,"过错的严重程度"是以"当事人的行为"为前提的。认定交通事故责任时应先看"当事人的行为对发生交通事故所起的作用",然后确定"过错的严重程度"。

如果当事人对某一起交通事故负有责任,则事故必定因其行为引起。没有实施行为的当事人不负事故责任。

2. 因果关系原则。

当事人的违法行为是否一定在事故中起作用?违法的严重程度与在事故中的作用并不成"正比"。有些行为并不违法,但在事故中起到了作用;有些违法行为很严重,但在事故中并未起作用。

交通事故当事人的某些违法行为不一定是导致事故的原因。交通事故认定是技术认定。确定行为与事故因果关系时,只需要确定行为人的行为是否在事实上属于事故的原因即可。事实上原因的检验方法可以借鉴侵权行为法中的因果关系理论,遵循必要条件规则。

3. 直接原因原则。

行为人的行为是实实在在地足以引起交通事故及损害后果发生的因素,它就构成事实上原因,即直接原因。交通事故认定作为技术认定,应载明事故发生的直接原因。交通事故认定只是证据之一。认定交通事故责任时,应从技术角度出发认定直接行为人的责任,而无须考虑应承担相关法律责任人的事故责任。

4. 路权原则。

《中华人民共和国道路交通安全法》第三十六条规定:"根据道路条件和通行需要,道路划分为机动车道、非机动车道和人行道的,机动车、非机动车、行人实行分道通行。没有划分机动车道、非机动车道和人行道的,机动车在道路中间通行,非机动车和行人在道路两侧通行。"

各行其道原则是交通安全的重要保证,是交通参与者参与交通的基本原则。

四、本案中唐某某、被告人嵇某某的责任承担比例分析

(一)本案交通事故中当事人唐某某行为的性质及作用分析

1. 唐某某的故意违法及过错行为是造成本次交通事故的直接原因。其驾驶非机动车撞到停在机动车道路口等待放行的静止未动的车辆导致本次事故的发生,其本人才是肇事人。

(1)唐某某酒驾行为违法。

公安机关委托检测结果显示,唐某某当时近于醉酒状态。在此情况下驾车违法。

(2)唐某某故意驾驶非机动车驶入机动车道的行为违法。

《中华人民共和国道路交通安全法》第五十七条规定:"驾驶非机动车在道路上行驶应当遵守有关交通安全的规定。非机动车应当在非机动车道内行驶;在没有非机动车道的道路上,应当靠车行道的右侧行驶。"唐某某驾驶非机动车,依法应当在非机动车道内行驶,但是唐某某还是将非机动车驾驶入机动车道,其故意行为严重违法。

(3)唐某某没有依法按照信号灯指示行驶违法。

《中华人民共和国道路交通安全法》第三十八条规定:"车辆、行人应当按照交通信号通行;遇有交通警察现场指挥时,应当按照交通警察的指挥通行;在没有交通信号的道路上,应当在确保安全、畅通的原则下通行。"事故当时前方的交通信号灯是红灯,所有车辆及行人应当停止前行,等待放行。唐某某没有依法按照信号灯指示行驶,其行为违法。

(4)唐某某追尾行为违法。

唐某某基于上述过错行为追尾前方静止不动、等待放行的嵇某某的车辆,直接导致事故的发生。

2. 唐某某的过错为主动型行为。唐某某不仅是事故的肇事人，而且是事故的主动肇事人，其追尾静止车辆的行为是造成对方难以避让的严重过错行为。

3. 当事人唐某某应当对本起交通事故负全部责任。

基于上述分析，因为唐某某的过错、违法行为是导致本次交通事故发生的直接原因，其应当承担本次事故的全部责任。

(二) 本案交通事故中当事人嵇某某行为的性质及作用分析

嵇某某被吊销驾驶证而驾车的违章行为不是造成事故的原因，与本起事故的发生没有任何因果关系。其在本次事故中不起作用，而是被动加入事故中，其不应当承担任何事故责任。

嵇某某的行为没有造成交通事故的发生，也没有加重事故后果。

1. 机动车行驶在机动车道合法。

2. 按照交通信号灯指示行驶合法。

3. 无证驾驶违法，但与本次交通事故的发生没有因果关系，也不是造成本次事故的直接原因。

4. 嵇某某的行为是被动型行为。嵇某某是按照交通信号灯的指示，驻车等待放行。车辆处于静止不动的状态。嵇某某的行为对事故的发生不起任何作用。

5. 也许有人会考虑嵇某某存在缺失型行为。缺失型行为是不具有安全驾驶能力或者存在安全隐患的过错行为。如前所述，嵇某某有驾驶A2车型的能力，其缺失型行为对事故的发生不起作用。

6. 嵇某某在本次事故中没有责任。

基于前面的分析，该起事故是唐某某一方的过错、违法行为造成的，其应当承担事故的全部责任，嵇某某没有责任。

五、事故认定书不能作为本案证据

综合当事人各方的行为在事故中的作用和相关规定，L市公安局交警支队事故处理大队作出的事故认定书对事故责任的认定没有法律和事实依据，认定结果错误，不能作为本案定案证据使用。

六、起诉书依据的两条法条不是判定嵇某某的行为构成交通肇事罪的法定理由

公诉机关的起诉书中提道："经审查认定，被告人嵇某某的行为违反了

《中华人民共和国道路交通安全法》第十九条第二款、第七十条第一款的规定，负事故的主要责任。"公诉机关没有综合分析当事人各方的行为在事故中所起的作用，没有事实行为依据，两个条款不是认定事故主要责任的充分要件，更不是判定嵇某某的行为构成交通肇事罪的理由。

综上所述，辩护人认为当事人唐某某一方的过错、违法行为导致事故发生，是直接原因，故唐某某应当承担事故的全部责任；嵇某某驾驶证是否被注销不是事故发生的原因，与事故发生没有因果关系，故嵇某某对事故没有责任；被注销驾驶证却驾车违反行政法规，应当受到行政处罚，但不是应处以刑罚的要件和理由。

辩护人认为事故认定书认定结果错误，被告人嵇某某的行为不符合《中华人民共和国刑法》和最高人民法院有关解释中关于交通肇事罪处罚的要件，不构成交通肇事罪，故请求法院依法判决嵇某某无罪。

辩护的结果

经过有效辩护，被告人嵇某某2017年5月8日被依法取保候审，最终公诉机关向人民法院申请撤回起诉。H区人民法院于2017年8月2日出具刑事裁定书，准许H区人民检察院撤回对被告人嵇某某的起诉。

圆满的结局

案件结束后，辩护人代理被告人嵇某某依法向L市H区人民法院提起国家赔偿申请，经与该院协商，最终以赔偿金额70 480元达成协议。

国家赔偿数额虽小，却完全能够彰显中国法治建设在不断进步、完善。有法可依、有法必依、执法必严、违法必究、公正司法是法律人追求的目标。

承办律师或团队

薛尚美，江苏云台山律师事务所专职律师、合伙人、副主任、刑辩组负责人，中国民主建国会会员，代理过多起案件，其中很多案件获得了较好的辩护结果。

提供皇冠网会员账号并赌博的行为定性
——王发涉嫌开设赌场罪

案情简介

2016年,李木(化名)请求王发(化名)提供赌球账号。王发便向张游(化名)索要了一个皇冠网账号和密码给李木。同时,王发与李木约定1:10的输赢比例,即李木在皇冠网上投注1万元,根据球赛结果,若李木赌输了,就赔付10万元现金给王发;若李木赌赢了,李木就从王发处收取10万元现金。王发、刘强(化名)与张游内部之间按照3:3:4的比例共同分担与李木赌球的输赢款。2016年至2017年期间,王发、刘强通过现金或转账的方式共收取李木赌球投注款约人民币60万元。

2018年6月中旬至7月中旬世界杯期间,王发、刘强和张游以上述方式,再次与李木赌球。李木通过王发提供的账号投注人民币190多万元。根据球赛结果,李木输掉了赌局。之后,王发、刘强通过现金或转账的方式共收取李木投注款约人民币40万元。经三人协商,王发将40万元中的30万元先交付给张游。

2020年5月29日,检察院以王发、刘强犯开设赌场罪向一审法院提起公诉,并提出对王发判处3~5年有期徒刑的量刑建议。

2020年8月25日,一审法院认为:王发、刘强与赌博网站存在实质代理关系,其行为构成开设赌场罪;鉴于王发是从犯,依法应当对其减轻处罚。故不采纳检察院的量刑建议,判处王发两年两个月有期徒刑。

检察院以王发、刘强与张游是上下家关系,不构成共同犯罪,王发不是从犯,量刑在三年以下并不妥当为由提起抗诉。

二审法院审理后采纳辩护人主张的王发是从犯的意见,驳回抗诉,维持原判。

律师对策

在本案中,没有争议的是,王发、刘强、张游和李木以赢取对方财物为目的,以张游经营的赌博网站为工具从事赌球活动的行为是符合聚众赌博犯罪构成的。但是,将王发的行为定为网上开设赌场是存疑的。

(一)被告人王发的行为是聚众赌博,不是网上开设赌场

首先,判断王发的行为是否符合网上开设赌场的行为模式,必须要证实王发具有皇冠网代理的身份。王发从张游处获得皇冠网的会员账号,将账号给李木在皇冠网投注,约定根据输赢交割10倍赌资的行为是否能证明王发为皇冠网的代理是本案的一大争议。

一方面,涉案账号是会员账号,不是代理账号。是否有下级账号是认定是否"赌博网站代理"的一个重要指标。根据皇冠网的规则,只有会员账号才能直接在皇冠网上投注,代理账号不能直接投注赌博。涉案账号可直接参赌,亦无下线会员,故该账号属于会员账号,不是代理账号。

另一方面,王发未接受网络投注。在本案中,李木利用会员账号直接在皇冠网投注赌博,即直接投注到皇冠网,然后在线下与张游、刘强和王发按照1:10的比例进行结算。李木投注到网站的赌资由掌控该参赌会员账号的三级代理和会员直接交收,王发并未接受网络投注,所以,王发的行为不符合《关于办理网络赌博犯罪案件适用法律若干问题的意见》(以下简称"《意见》")中关于为赌博网站担任代理并接受投注的规定。

其次,王发未参与赌博网站利润分成,只是与张游、刘强三人约定了分成比例。

王发是否参与赌博网站利润分成及与赌博网站的联系是否紧密,是判断其行为是否为网络型开设赌场的重要指标。赌博网站利润分成是指,行为人出资或者直接参与赌博网站的建立、经营并进行利润分配。在实践中,参与赌博网站利润分成的主要人员是赌博网站的股东、经营者、地区总代理人等。在本案中,王发与张游、刘强之间约定的3:3:4的分成仅仅是依据李木个人参与赌博盈亏数额的分成,不是建立、经营皇冠网的分成,他们的行为与《意见》中组织赌博活动并参与赌博网站利润分成存在本质

区别。本案约定的分成实际上是张游、刘强、王发三人与李木的对赌输赢责任的分担,本质上是聚众赌博输赢的分担。

再次,王发的行为未达到组织、控制赌博活动的程度。

对网络赌博活动具有明显的组织、控制和管理能力,是开设赌场的行为模式之一。王发对赌博网站、赌博网站内部组织架构、赌博网站经营是否有控制权决定着其行为是否符合开设赌场的行为模式。在本案中,王发将账号和密码提供给李木使用,但对李木是否下注、下注多少,返水比例,赌博规则均无法控制,因此,王发并没有掌握对网站的控制权。

综上所述,王发提供的账号是会员账号,其不是皇冠网的代理人,也没有接受李木在皇冠网上的投注。同时,王发对皇冠网的赌博活动没有明显的组织、控制和管理能力。因此,王发的行为并不构成开设赌场罪。

(二)即使将王发的行为定性为开设赌场,也应当认定为普通开设赌场而非网上开设赌场

第一,在本案中,王发仅为李木一人提供会员账号参赌。实质上是张游、刘强、王发三人与李木一人对赌,是普通的开设赌场行为。

网上开设赌场的本质在于通过对网站账号和密码的不断分层管理,实现对参赌人员、赌资流转及各层级的管理和控制。王发仅有会员账号和密码,并且仅提供给李木一人使用,亦未通过会员的身份吸引不特定对象参与赌博。我们可以认为,是王发个人的行为发挥了重要的作用,而非王发通过网站的功能发挥作用。

王发将皇冠网会员账号提供给李木进行赌博,张游、王发和刘强三人依据李木输赢情况进行分成。虽然从形式上来看,其中有赌博网站因素的存在,他们的行为可能涉嫌网络赌博,但实质上仍然是四个人之间的相互对赌。一方面,这种对赌是封闭性的,不具有网络赌博的开放性。另一方面,在整个赌博活动中,是张游、刘强和王发个人的行为在发挥作用,而非他们通过互联网或赌博网站的功能发挥作用。因此,他们的行为宜被评价为普通开设赌场行为。

第二,王发并未利用互联网、移动通信终端的传输功能进行赌博活动。

根据《意见》,网上开设赌场犯罪定罪量刑标准是"利用互联网、移动通信终端等传输赌博视频、数据,组织赌博活动"。王发的行为并不符合该规定。王发将会员账号提供给李木进行赌博,张游、王发和刘强三人依

据李木输赢情况进行分成。在整个赌博活动中,王发并非通过互联网或赌博网站的功能发挥作用。他们的赌金交割都是在线下进行的,用现金或者微信转账方式完成。这些资金的交流并没有涉及皇冠网。

第三,王发的行为被评价为网上开设赌场会导致罪责刑不相适应。

相关司法解释之所以针对网上开设赌场明确"情节严重"的具体情节,是因为网上开设赌场行为相对于普通的开设赌场行为,更加开放,社会危害性更大。公诉机关指控构成网上开设赌场行为的意见并不成立。因为,从实质上看,涉案活动只是张游、刘强、王发三人与李木一人的对赌行为,而皇冠网在本案中只是充当了计量"赌博合约"输赢的工具。涉案行为具有封闭性,与普通的开设赌场行为相比,社会危害性相当。此外,在司法实践中,普通的开设赌场行为,涉案赌资达200多万元的,量刑一般均在三年以下。如果将涉案行为评价为网上开设赌场行为,那么若认定本案涉案赌资在30万元以上,则量刑要在三年以上。显然,这一量刑结果与本案社会危害性不相当,有违罪刑相适应原则。

总而言之,本案涉及的赌博行为具有封闭性,应当被认定为普通开设赌场而非网上开设赌场。

(三)王发在共同犯罪过程中起次要作用,是从犯

在二审阶段,辩护人针对抗诉机关提出的王发、刘强与张游不构成共同犯罪及量刑不当的抗诉理由,在一审阶段的辩护意见上进一步论证王发在共同犯罪过程中起次要作用,是从犯。

1. 涉案行为是开设赌场的共同犯罪行为。

在本案中,王发、刘强和张游共同利用皇冠网的相关赌博规则,对共同犯罪活动进行分工,分担犯罪成本,并按一定比例分配犯罪所得。具体来说,张游提供赌博网站会员账号,刘强负责资金保障,王发则负责赌博款的交收。虽然王发、刘强和张游三人的资金流动在外观上存在上下家关系,但三人基于共同与参赌人员李木赌博的意思,已经形成了犯罪共同体,形成了共同利用皇冠网供李木赌博的共同犯罪故意。

2. 王发应当被认定为从犯。

第一,在本案中,王发发挥的作用最小。皇冠网会员账号是本案赌博活动能够顺利进行的关键。本案赌博活动的输赢均是依据皇冠网的规则判断,张游对皇冠网的运营有一定的管理、控制作用,并且承担的输赢赔付

比例最大。刘强为本次赌博活动提供了强有力的资金保障，使得王发参与本次赌博活动成为可能。王发的行为只是帮助李木与皇冠网建立联系，是一种典型的帮助行为。因此，在本案中，张游作为皇冠网的管理者、运营者，发挥的作用最大，刘强次之，王发发挥的作用最小。

第二，司法机关不应当以到案被告人为范围区分主从犯，应当将王发的行为放置于整个赌博活动中进行评价。认定被告人在共同犯罪过程中发挥的作用大小，必须要回到具体案件中，结合具体的案情进行。王发在本案赌博活动过程中的地位和作用，必须与张游、刘强及皇冠网的相关人员的地位和作用进行比较才能准确评价。仅仅在王发和刘强之间进行比较并不公平。若将被告人王发的行为定性为网上开设赌场，就应当将其置于整个开设赌场活动链条中进行地位和作用评价。

第三，司法机关不应当以Z市司法实践没有认定下级代理为从犯来指导本案主从犯的认定，而应当以全国类似案例作为参考。以"本市司法实践没有认定下级代理为从犯"为依据本身就存在比对范围过小的问题。根据辩护人的类案检索，在Z市周边地市，绝大多数法院都将单独被抓获的代理或层级关系明确的多人在案的下级代理认定为从犯。根据代理层级来区分主从犯是靠不住的。代理相对于赌场老板而言，只是起次要或辅助作用。佛山中院对全部代理认定为从犯的做法也是有道理的，只把既是赌场管理核心员工，参与管理层分红，同时又具有代理身份的该部分人，认定为主犯。或者按照珠海法院的做法，只把总代理认定为主犯。总的原则是限制主犯的数量，降低该罪名的自由刑。①

（四）本案赌资的认定事实不清，根据存疑时有利于被告人原则，本案赌资金额应当被认定为25万元

2010年关于网络赌博的司法解释出台前，我国并没有关于这方面情节严重的具体规定，司法实践中对于情节严重通常把握在接受投注金额过亿元。司法实践做如此处理也是因为充分考虑到网络赌博中接受投注金额与实际投入赌资存在相当大的差距。

虽然在赌博网站代理型开设赌场罪中，代理接受投注的金额通常有较

---

① 广州市中级人民法院课题组. 网络开设赌场犯罪审理难点及建议 [J]. 法治论坛, 2018 (2): 69.

为清晰的证据，但通过考察以往的司法审判实践、其他情节严重的规定、相关罪名入罪标准的规定，将"赌资数额累计"理解为实际投入的赌资更为合适，更能准确地通过"赌资"这一事实反映情节严重的程度。

具体到本案的赌资认定问题，由于李木交付给刘强或王发的赌资大多是通过现金方式交付的，因此司法机关主要依靠言辞证据来确定本案的赌资。这里需要注意的问题是，本案是否存在实际投入赌资和接受投注金额的问题。

根据李木的陈述可知，其是按照1∶10的赔率来赌博的，即以皇冠网内显示的输赢数据再乘以10结算。这也就是本案所认定的250万元赌资的来源。换句话说，实际投入的赌资只有250万元的十分之一，即25万元。

1∶10赔率的问题，刘强的供述中并未谈及，王发否认，也就是说没有其他证据印证该待证事实的真实性。根据存疑时有利于被告人的原则，在1∶10的赔率问题存疑的情况下，司法机关应当作出有利于被告人的推论，即认定存在该事实，从而认定本案的赌资为25万元。

案件结果

辩护人在侦查、审查起诉、审判阶段多次提交书面辩护意见，明确指出王发只是把皇冠网作为赌博工具，其行为是传统的聚众赌博行为，即使被认定为开设赌场，也不是网上开设赌场行为。而且，由于本案的赌注数额认定事实不清，证据不足，根据存疑时有利于被告人原则，赌资应被认定为25万元，未达到情节严重的程度。

一审法院认为，王发与皇冠网存在实质代理关系，违法所得远超3万元，情节严重，是从犯，判决王发犯开设赌场罪，判处两年两个月有期徒刑。

检察院以王发与其他几人不构成共同犯罪，量刑过轻为由提起抗诉。

二审法院采纳辩护人的主张王发是从犯的辩护意见，认为王发、刘强"与上级代理虽然有上下家的关系，但同时也对涉案的赌款按比例共担输赢，显然是共同犯罪关系；王发、刘强层级较低，在输赢中占比也较少，原审判决认定其二人为从犯并减轻处罚无不当之处"，驳回抗诉，维持原判。

律师点评

（一）准确定性王发的行为是网上开设赌场还是聚众赌博，关键在于判定其是否皇冠网的代理人及提供皇冠网账号、密码在整个赌博活动中的作用

赌博网站的代理人都以赌博网站这一赌场为行为中心，吸收、接受下级代理或者赌徒们的投注。所以，只要是为赌博网站担任代理，接受投注，其行为的原因力就在于整个赌博网站的赌博活动，就是"开设赌场"。但这并不意味着"担任代理，接受投注"就一律被认定为开设赌场。聚众赌博行为与开设赌场行为的区别在于行为人是否发展了下级代理人。如果行为人只是充当赌博网站地区代理人的下级代理人，通过提供赌博网站的账户和密码招引赌博客户，没有再发展下级代理人，其行为就应当被认定为聚众赌博行为，否则，网络赌博中就没有"聚众赌博"存在的余地了。

在本案中，王发从张游处获取的账号是会员账号。根据赌博网站的规则，会员账号仅具有投注功能，没有代理功能。从这个意义上看，王发并不是皇冠网的代理人，当然就不具备网上开设赌场的行为属性。但一审法院认为，王发的行为"实现了赌博网站和参赌人员李木之间的资讯与资金的联系，构成实质代理关系，并非一般传统的开设赌场或聚众赌博行为"。实际上，王发和李木均是以对赌的意思利用皇冠网的账号，皇冠网在本案中仅充当了赌博工具作用，对赌的支付结算也都是在线下用现金或转账完成的，因此，辩护人认为，将王发认定为代理人的观点有待商榷。

（二）王发、刘强和张游具有共同犯罪故意和犯罪行为的分担，构成共同犯罪

在客观方面，被告人之间具有明确的分工，对赌博具有相应的行为分担。具体情况是，王发负责完成与参赌人员李木的资讯和资金联系，张游提供赌博网站会员账号给参赌人员李木投注。在主观方面，被告人之间具有共同开设赌场的故意。被告人的意思联络内容为，王发、刘强和张游共同利用皇冠网的相关赌博规则，按照一定比例共同承担李木投注的输赢，基于此意思联络而形成了一起利用皇冠网与李木赌博的共同犯罪决意。因此，王发、刘强和张游基于共同利用赌博网站与李木赌博的共同犯罪故意，分工保证赌博活动的进行，已经构成共同犯罪。

（三）王发主从犯地位之判断

1. 不应当以本市司法实践没有认定下级代理为从犯来指导本案的主从犯的认定。

根据我国刑法的相关规定，被告人在共同犯罪中所起的作用是认定主从犯的唯一标准。以"同案不同判"主张罪刑不均衡的观点本身就存在错误。在具体案件中，相同的法律情节对不同的时空及不同的社会关系具有不同的影响，这当然会影响被告人刑事责任的大小。认定被告人在犯罪过程中发挥的作用必须要回到具体案件中。

2. 不应当以到案被告人为范围区分主从犯。

评价被告人在共同犯罪过程中的作用，必须将被告人的行为放在整个共同犯罪活动中。如果仅以到案人员为范围评价主从犯，将回答不了以下问题：若仅有开设赌场的头目一人到案，显而易见，该开设赌场的头目不仅应当被评价为主犯，还是犯罪集团的首要分子。开设赌场的头目在整个犯罪活动中处于支配控制地位，掌控着整个开设赌场犯罪流程。如果不将其评价为主犯，就会与《中华人民共和国刑法》第二十六条规定冲突。那么，在该头目一人到案的情况下，他的首要分子作用是同谁比较出来的呢？由此可知，仅以到案人员为评价范围区分主从犯并不妥当。

3. 应当将王发的行为放置于整个开设赌场活动中来评价其作用大小。

如果将王发的行为定性为网上开设赌场罪，就必然要将王发的行为置于整个开设赌场活动链条中进行评价。同时，王发的行为性质为开设赌场罪意味着王发的行为的原因力作用于整个开设赌场活动。判断王发在开设赌场活动中所起的作用大小应当将王发置于整个开设赌场活动链条中。虽然王发积极促成本案赌博活动的发生，但是其只是从张游处拿会员账号给参赌人员李木，并收取赌注，因此，相较于皇冠网的设立者、网站技术的提供者、一级代理人等骨干成员，王发在整个开设赌场活动链条中的作用显然是比较小的，应当被认定为从犯。

承办律师或团队

彭磊，广东保信律师事务所合伙人、刑事部主任，中山市律师协会刑事专业委员会副主任，中南财经政法大学刑法学硕士，具有深厚的法学理论功底和实务经验。业务领域为刑事辩护和刑事风险防控,擅长办理复杂经济犯罪和职务犯罪案件。彭磊律师本着"用心做好每一次辩护"的执业理念,倡导精细化辩护、团队化辩护、流程化辩护、参与式辩护。多次荣获中山市律师协会颁发的"优秀青年律师""理论成果奖""优秀委员奖""爱心公益奖"等奖项。

一波多折的系列"药神案"

背景介绍

2018年《我不是药神》这部电影将癌症病人的艰难展现给了大众,也展现了穷人患病求药的困顿。电影的结局比较完美,但现实是,虽然有部分抗癌药被纳入医保范畴了,但报销有比例、周期等限制,所以吃不起药的老百姓大多还是吃不起,且还有很多药国内根本没有。而仿制药和正版药的药效完全相同,价格却往往是正版药的零头。

也许是受到了电影的影响,仿制药的市场似乎更加蓬勃了,代购仿制药的案件也越来越多。同时随着法律界、媒体等的呼吁,国家立法也在不断调整。原先拟制类药品一律被认定为假药,"药神"的销售金额在50万元以上的,量刑标准在10年以上;2019年《中华人民共和国药品管理法》修订并施行后,有疗效的真药不再被认定为法律上的假药,但很多"药神"案件被以非法经营罪进行起诉和判决,量刑还是很重,销售金额在50万元以上的,量刑标准在5~15年。2021年3月1日起施行的《中华人民共和国刑法修正案(十一)》又新设了妨害药品管理罪。这类行为的刑法规制更轻了,甚至可以做无罪处理。但是立法两次变更之后,目前国家尚没有出台司法解释,实践中的理解很不一致,结果也大相径庭。在这样的立法调整的背景下,我们正在办理一系列很典型的"药神案",颇有感悟。

案情介绍

赵三喜的案件情况

赵三喜（化名）患有乙肝，需要长期服药和定期检查。在病友的推荐下，赵三喜选择了药效相同，价格却便宜了数倍的 Y 国乙肝药。之后，赵三喜发现 Y 国是仿制药大国，药品质量、产量都有一定的保障。为帮助病友，当然也为了赚钱，赵三喜开了网店，经营 Y 国药品，其中以抗癌药为主。

钱四旺的案件情况

钱四旺（化名）的父亲在 M 国经营快递跨境运输生意。钱四旺经常受到一些亲友的委托，帮忙代购 M 国的仿制药。诸如此类的委托越来越多，钱四旺就将代购抗癌药作为自己的一个副业，并在国内囤一小部分药品来供给患者。

李六顺、周七祥的案件情况

李六顺（化名）和周七祥（化名）是夫妻。李六顺是领导干部，工作不错，社会地位较高。李六顺的岳父患癌已久。夫妻二人倾尽全力为岳父治疗，家中经济凋敝。李六顺意外获得一盒抗癌仿制药后，与妻子多番进行了解，之后决定用仿制药来给岳父治疗。药效与国内正版药的一样，但是价格有天壤之别。从此，为了帮助其他家庭，夫妻二人就做起了仿制药代购的生意。因为工作繁忙，李六顺主要都是下班之后帮妻子寄快递。

钱四旺、李六顺、周七祥案件的关联

仿制药卖的范围很广，买的患者也多。药虽然是真的，但是不是神药。很多病重的用药患者经抢救还是会去世，这是很正常的。但有部分患者家属会怀疑买的药是假的，然后去举报。J 省 B 市的某买药人投诉所购药品是假药后，B 市公安机关进行立案侦查，并将钱四旺、周七祥抓获。与此同时，S 省 C 市的买药人投诉所购药品是假药后，C 市公安机关进行立案侦查，并将李六顺抓获。

案件进展

赵三喜案

会见赵三喜后,我们得知其所销售的药品有治疗癌症一类的仿制药、精神类药物和"伟哥",涉案数额较大。其中,抗癌药占大多数,占95%以上,而且都是真药。赵三喜还为近20名患癌人士提供免费药品。

会见之后,我们和承办警官进行了积极的沟通,也向警官表示了取保候审的请求,详细说明了赵三喜的行为实际与电影中程勇的代购行为性质相同,无实际的社会危害和现实危害,而且还有多名癌症患者主动写求情信,希望司法机关能够对其宽大处理。但是,由于本案比较复杂且可能涉及其他共同犯罪,需要进一步查证,办案机关对于取保候审的申请并未同意。

如果以销售假药罪来认定,量刑就太重了。《我不是药神》让很多人同情这个群体,所以,一方面我们和承办检察官积极沟通,希望案件办理能缓一缓;另一方面,我发挥民主党派参政议政的职能,把实践中"药神"案办理存在的不合理之处撰写成了建言,前期写了建议修改"假药"定义,在《中华人民共和国药品管理法》修订之后,还提出了"药神"案件急需从宽的刑事处罚标准的建言。

赵三喜案很幸运,快被移送法院时,《中华人民共和国药品管理法》修订了。新法不再将具有真实疗效但是未经批准进口的药品认定为假药。第一百二十四条还明确提出:"未经批准进口少量境外已合法上市的药品,情节较轻的,可以依法减轻或者免予处罚。"

赵三喜案的涉案金额很高,若按照销售假药罪定性,量刑标准在十年以上,现在一下子有了很大转机。我们当即根据新法规定,整理了一套新的取保候审申请材料。几位办案律师和检察官当面沟通的效果非常好。很快,赵三喜就走出了A市看守所。目前案件虽然没有结案,但一年取保候审期限到了之后,检察院解除了取保候审措施。

钱四旺案

由于《中华人民共和国药品管理法》修改,办案机关将原本给钱四旺

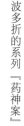

定的销售假药罪改为非法经营罪。但是,非法经营罪的依据是2014年最高人民法院、最高人民检察院《关于办理危害药品安全刑事案件适用法律若干问题的解释》(以下简称"《解释》")。根据该《解释》,经营数额在50万元以上,或者违法所得数额在25万元以上的,属于"情节特别严重"。而"药神"案件的金额基本都是超过50万元的,所以当事人如果没有减轻处罚情节,最少要被判5年有期徒刑,这依然偏重,公众依然会觉得很难接受。而且,2019年《中华人民共和国药品管理法》修订,案件却适用2014年的司法解释,这明显不合理。

钱四旺的案子两次被退回补充侦查之后在2020年3月2日又被移送检察院。检察官和我们通电话时表示,案件这两天就送到法院,问我们要不要让当事人认罪认罚,还说若当事人认罪认罚的话,可建议量刑标准为5年(金额超过50万元)。

钱四旺涉及两个抗癌药品种(奥西替尼和乐伐替尼),卖了六七十万元,总获利只有三万元左右(八九百元一盒的药就挣二三十元)。有病人为他写求情信。

我们和检察官进行了深入、理性的沟通。这个案件的检察官和赵三喜案的检察官一样有同理心,很诚恳地说会将律师意见再向上反映。我们非常赞赏主办检察官在办案中注重情理法相融合,考虑常情常理,感谢她的公正和努力。

钱四旺在审查起诉阶段被取保候审了。

李六顺案

我们对李六顺案的管辖权是有异议的。当然很多"药神"案的管辖依据都比较牵强。当地人买了一盒药,药是真的,但是他认为是假的,报警之后,当地作为被害人所在地就有管辖权。但是药品卖的范围很广,所以差不多全国各地公安机关都有管辖权。这类案件的管辖泛化问题比较突出。李六顺案的管辖权就更有问题了,因为是不是有当地的人买了李六顺的药都很难证明。

李六顺和妻子周七祥一起代购并邮寄这些药品,如果构成犯罪那一定是共同犯罪,但是因为是两个不同省的公安机关办案,J省B市公安机关头天抓了周七祥,S省的C市公安机关第二天抓了李六顺,于是这夫妻两人同一件事情的案件就分别在两个省办理了。这个案件反映了不同省之间办案的差异。妻子周七祥在审查起诉阶段就被取保候审了，但丈夫李六顺就一直被羁押；妻子周七祥的案件一直没有进展，因为修法在即，但S省C市的法院对李六顺的案件很快就开庭了。

在庭审中，我们首先就李六顺案的程序方面提出了很多问题。在程序性意见发表后，我们分别就以下几个方面发表了案件事实和法律适用意见：① 李六顺的行为实质上属于代购行为，不是非法经营罪所规制的经营行为，不存在非法经营罪的行为要件；② 涉案药品为真抗癌药，没有侵犯本罪的核心法益，未有实质危害性，故李六顺的行为不构成犯罪；③ 李六顺的行为就算属于犯罪，也应当从轻、减轻处罚，且不存在判处缓刑的障碍；④ 药品管理法修改及刑法修正案（十一）即将出台的背景和司法的人文关怀。我们不仅仅从案件本身出发，更将医药行业的药品经营销售利润与快递行业利润进行对比，分析本案行为的实质。

庭审后，我们也一再与案件承办法官沟通，因为《中华人民共和国刑法修正案（十一）》即将出台，希望法院不要马上判决，法官也接受了建议。《中华人民共和国刑法修正案（十一）》出台后，我们也提交了补充辩护意见。但是《中华人民共和国刑法修正案（十一）》实施之后，S省C市法院依然认为李六顺的行为构成非法经营罪。夫妻两人同一件事情的案件在不同的省份获得不同的结果，很值得思考。

律师点评

很少有案件在处理过程中会像"药神案"一样遇到两次法律的重大变更。这对于当事人来说既是幸运的，也是煎熬的。对我们辩护律师来说，这也是非常重要的、必须紧紧抓住的重要辩点。两次法律变更都会对罪名适用和量刑产生重大影响。我们必须全力以赴，让当事人享受到修法带来的利益。"药神案"的案情都比较相似。用正在办理的其他同类案件的处理意见去说服承办人员是很有说服力的。

所以，在办案过程中，和司法机关的良好沟通很重要。作为法律职业共同体，不管是法官、检察官、警察，还是律师，其实都有着一样的同理心和法治信仰。我们在办一系列"药神案"时，基本和承办人员进行了良好的工作沟通，案件办理大多也取得了比较好的阶段效果。

承办律师或团队

周小羊律师，北京盈科（上海）律师事务所股权高级合伙人、管委会委员，扬子鳄刑辩创始人，扬子鳄刑辩联盟主席，盈科长三角刑辩中心主任，上海市律师协会刑事合规委员会委员，民革上海市委民主监督委员会委员、主任助理，静安区委统战部特约专家，静安区政协特约专家，静安区新的社会阶层人士联谊会理事，苏州大学王健法学院实践导师，苏州大学文正学院兼职教授。

吴正红，北京盈科（上海）律师事务所执业律师，扬子鳄刑辩团队核心成员。

新冠肺炎流行时期的缓刑

一个家庭，可能一辈子也碰不到一次刑事案件，或者就碰到一次刑事案件。李达（化名）的家庭就碰到了。

经过律师的努力和专业的辩护，2020年4月，在新冠肺炎流行的特殊时期，李达终于被宣告缓刑，可以回家了。

一、是盗窃罪还是侵犯公民个人信息罪

2019年1月初的一天傍晚，李达的父亲通过老乡介绍，愁容满面地来律所找到我。李达的父亲说，李达可能是因为盗卖京东商城优惠券被抓了，罪名是盗窃罪。我和同事韩磊律师接受委托后，决定第二天一大早就去看守所会见李达。

李达是个20多岁的年轻人。在会见过程中，李达的陈述和他父亲的说法不同。李达说，他在2018年10月左右，从QQ群里网友处购买苹果ID和密码，再转手卖给下家，充当中介角色。其买卖的上万个账号中，绝大部分是无用的假号，真实的账号大约有2 400个，卖给下家的价格为每个5元，其销售额约为12 000元，扣除给上家的进货款9 000元，其仅获利3 000元左右。

李达说，他不认识上家，也不认识下家。这些人均是通过网络偶然联系的。贩卖苹果ID和密码只是他的一份兼职。下家告诉他购买苹果ID是用于"养号""充值""退款"。他并不知道下家利用这些账号实施盗窃行为。

和李达初步沟通后，我认为李达的行为不构成诈骗罪，有可能涉嫌侵犯公民个人信息罪。他的主要行为是非法出售公民个人信息。

在刑事拘留20天的时候，我向公安机关提交了《取保候审申请书》。我认为：李达没有盗窃犯罪的主观故意，他和下家没有共同犯罪的意思联络，没有共同实施盗窃的客观行为；他完全不知道盗窃金额有多少，也没有任何提成。

2019年2月，公安机关没有同意取保候审，报请检察院批准逮捕李达。于是，我和韩磊律师去找检察官沟通，递交了《关于建议对李达不予批准逮捕的法律意见书》。检察官是个年轻的法律人，听取我们的意见后，认为本案罪名有争议，李达的行为可能涉嫌非法获取计算机信息系统数据罪或者侵犯公民个人信息罪，而不是盗窃罪。检察官也认为犯罪情节较轻，可以考虑不批捕。我们松了口气，事情在往好的方向发展。

但是，到了傍晚，情况发生重大变化。检察官打电话和我说，除了目前查明的事实外，李达可能还在山东涉嫌其他犯罪行为，因此检察院要批准逮捕，继续侦查，但是罪名从盗窃罪变更为非法获取计算机信息系统数据罪。

批准逮捕满一个月的时候，我向检察院提交了《李达非法获取计算机信息系统数据案羁押必要性审查申请书》。

虽然申请未果，但我继续保持和公安机关、检察院的沟通。

二、根据数量还是违法所得来定罪量刑

2019年4月，李达案被公安机关移送检察院审查起诉。关于罪名，我和检察官多次沟通，认为是侵犯公民个人信息罪。检察官予以认同。

经过研究案卷，我再次和检察官当面沟通，提出虽然李达本人供述买卖了上万条个人信息，但是没有其他充分的证据予以证明，因此检察院不能按出售的公民个人信息数量来定罪量刑，而是应当按照违法所得约12 000元来定罪量刑。

按照司法解释，非法获取、出售或者提供住宿信息、通信记录、健康生理信息、交易信息等其他可能影响人身、财产安全的公民个人信息五百条以上的，属"情节严重"，处三年以下有期徒刑或者拘役，并处或者单处罚金；五千条以上的，属"情节特别严重"，处三年以上七年以下有期徒刑，并处罚金。违法所得达五千元以上的，属"情节严重"；五万元以上的，属"情节特别严重"。

因此，如果按照出售的一万多条公民个人信息数量来定罪量刑，李达可能被判处3年以上7年以下有期徒刑；而如果按照违法所得约12 000元来定罪量刑，李达可能只被判处3年以下有期徒刑。孰轻孰重，一目了然。

经过沟通，检察官也认同在数量难以查清的情况下，应按照违法所得来定罪量刑。

其间，山东其他案件及可能涉及国外大量账户的犯罪导致情势一度较为严峻。我们认为在事实不清楚、证据不充分的情况下，不宜随意扩大认定李达的犯罪事实。最终，检察院也认可仅以南京的案件起诉。

三、法因时而立而进而变

这个案子的卷宗我看了好几遍，平时有空就琢磨怎么辩护更有效，还在中国裁判文书网上下载南京近三年类似案件判决书来研究。

有一天，我突然想到一个新的辩护角度。

人类进入互联网时代后，信息越来越泛滥。一方面用户为了生活便利可能无意中暴露了大量个人信息，另一方面非法获取、出售或者提供公民个人信息的情况也越来越多。你去一趟售楼处，今后可能就会接到无数次房产中介的电话。你参加一次商场活动，今后可能就会接到无数次销售人员的电话……

侵犯公民个人信息行为越来越多，涉案的信息数量也越来越多，同时侵犯公民个人信息犯罪的入罪门槛极低，简而言之，出售50条或者500条以上公民个人信息就可能被判刑。

我想到贪污贿赂犯罪。2016年4月18日之前，贪污或受贿10万元以上，就可能被判处10年以上有期徒刑。随着社会的发展，这样的规定已经不适合实际，罪责刑变得不相适应。法因时而立，而进，而变。正因为社会发生了变化，相关的规定也需要与时俱进。2016年4月18日起新的贪污贿赂案件司法解释施行，数额特别巨大的标准一下子从10万元提升到300万元。

我想，随着社会发展，侵犯公民个人信息犯罪的入罪门槛以后有可能提高，甚至是大幅度提高，关于侵犯公民个人信息犯罪数量或者数额的定罪量刑也有可能发生变化。

这样的视角，既是法律的视角，也是社会学的视角。法律从来不是孤立的，是与社会同频共振的。

我把上述观点和检察官沟通，希望检察官能够在法律范围内建议缓刑。检察官虽然在一定程度上赞同我的观点，但不同意建议缓刑。经过多次沟通，检察官建议判一年半到两年有期徒刑。

四、从法律视角和社会学视角综合辩护

2019年11月,法院开庭审理本案。李达家人提前一天就来到了南京。

在法庭上,我提了一些常规的辩护观点:李达如实供述,系坦白,可以从轻处罚;李达系主观恶性较小的初犯,没有再犯罪的危险;李达愿意退出全部赃款,认罪悔罪态度好;宣告缓刑对所居住社区没有重大不良影响。此前,我已经让李达父亲去村委会出具相关证明。

李达违法所得约为12 000元,违法所得较少,犯罪情节较轻,不属于"情节特别严重"的情形,法定刑为3年以下有期徒刑或者拘役,并处或者单处罚金。

《最高人民法院、最高人民检察院关于办理侵犯公民个人信息刑事案件适用法律若干问题的解释》第十条指出:"实施侵犯公民个人信息犯罪,不属于'情节特别严重',行为人系初犯,全部退赃,并确有悔罪表现的,可以认定为情节轻微,不起诉或免予刑事处罚;确有必要判处刑罚的,应当从宽处罚。"

李达符合上述规定的情形,因此我建议法院宣告缓刑。

我还增加了一些新的辩护观点:随着信息化网络时代的来临,公民个人信息主动或被动泄露的情况越来越多,在某种程度上这是人们享受网络便利的一些必要或不必要的代价。办理侵犯公民个人信息刑事案件一方面要遵守法律法规的规定,另一方面要与时俱进。正如贪污贿赂犯罪,以前贪污或受贿十万元以上,就可能面临十年以上有期徒刑,后来随着社会的发展,这种量刑标准已经不适应社会形势,立法机关就把十万元修改为三百万元了。辩护人认为,随着社会的飞速发展,侵犯公民个人信息刑事案件的入罪门槛也可能会适当地提高。因此,司法机关对此类案件量刑时,一方面要遵守法律法规的规定,另一方面不妨从一些前瞻性的视角来审视案件。

此外,李达家庭情况特殊,父母都是农民工。其系独生子女,是家里的经济支柱,案发前也已经准备和女朋友结婚,如果被判处实刑,家庭会陷入更大的困境,因此,我恳请法院查清事实,对其适用缓刑,给他一个改过自新的机会。

在第二轮法庭辩论阶段,公诉人提出:第一,李达还涉及山东案件,其电脑里还有国外的大量涉嫌犯罪账户,因此其行为不仅仅是本次指控的

犯罪，其犯罪情节严重。第二，侵犯公民个人信息犯罪越来越多，社会危害性大，要严厉打击。

我边听边梳理思路，提出：第一，山东案件和国外大量账户问题与本案无关，不在起诉书指控范围内，也不在本案审理范围内，公诉人不能因此说李达犯罪情节严重。第二，辩护人不否认侵犯公民个人信息犯罪具有一定的社会危害性，但认为，现代社会中个人信息越来越开放，从某种程度上来说个人信息也在贬值。以后大家生活在更开放、更透明，甚至可能更加没有隐私的社会，这是一种趋势。人们享受包括网络在内的便利，要付出一些必要或者不必要的代价。我们应该更谨慎地评价侵犯公民个人信息犯罪，保证罪责刑相适应。

我在发表辩护意见的时候，看到台下李达的父母哽咽抽泣。可怜天下父母心。

开完庭之后，我再次提出退赃12 000元。此前，我曾经和公安机关办案人员、检察官都提出过退赃，但他们的意思是开庭后再退。法官说："你们要想清楚，退赃不能保证缓刑。"我说："李达和家属的退赃意愿非常强烈，不管法院能不能判缓刑，他们都愿意退赃。希望法院在量刑的时候，慎重考虑能否适用缓刑。"法官说会慎重考虑。

退赃之后，每隔一段时间我就主动联系法官，询问进展。

五、保持良性沟通，努力没有白费

2020年春节，新冠肺炎席卷中国。

春节前后，我多次联系法官。2020年3月，法官终于同意在原则上适用缓刑。

下一步就是确定社区矫正机构，找到同意接收李达的司法局。在新冠肺炎流行的特殊时期，这件事增加了不确定性，很多单位认为多一事不如少一事。

李达的父母希望李达能够在长沙的社区矫正，因为他的房子买在长沙，而且长沙是湖南省会，在各方面都比较方便。

我给李达的父母分析说：李达的经常居住地是湖南长沙，户籍所在地是湖南M县，也就是说湖南长沙和M县都可能接收，而老家M县的社区接收的可能性很大。因为新冠肺炎的影响，长沙的社区接收的难度较大。

李达的父亲去了长沙的司法局和司法所，得到的回答是会按照相关规定办理。

于是，我和法院联系，请法院发函给长沙相关单位。

李达的父亲告诉我，长沙的司法所和街道办找过他了，接收李达一事应该没问题。

然而，过了几天，法官联系我说，长沙相关单位的回复是在新冠肺炎流行的特殊时期，不方便接收李达。

我马上恳请法官再次发函给 M 县相关单位，随后让李达的父亲赶紧回老家配合联系。

经过一次又一次的沟通，努力没有白费。2020 年 4 月，法院宣判，被告人李达犯侵犯公民个人信息罪，判处有期徒刑 1 年 6 个月，缓刑 1 年 6 个月，并处罚金 2 万元。

李达的父亲给我和韩磊律师送了一面锦旗——"正义的守护者，人民的好律师"。锦旗上这几个字有点抬高我了。我还是会踏踏实实办好每个案子，兢兢业业维护当事人权益。

承办律师或团队

蓝天彬，江苏法德东恒律师事务所律师、党委委员，南京市律师协会刑事法律风险防控委员会委员，毕业于厦门大学，专注于刑事辩护。

一词之争,数年之隔
——张晖涉嫌非法经营二审成功改变定性一案

不太顺利的前半生

张晖(化名)自幼家庭条件就十分困难。为了能够减轻家中的经济负担,他自小学毕业后便外出打工,但因为文化水平太低,一时找不到合适的工作,四处碰壁。好不容易找到工作后却发现是传销。幸亏有好心人的提醒,张晖才未深陷其中。

后来,张晖又陆续到服装厂、饭店打工。但因工资太低,加班十分频繁,非常辛苦又难以支撑家里的日常开支,张晖便想通过创业来寻找新的谋生之路。25岁时,他向亲戚借了一些钱,在街上摆摊,但半年后就亏空了。后来他又跟着朋友到山上养鸡,但一年后鸡全都病死了。经历过生活中的种种困难,张晖越来越觉得生活对自己不公。

步入正轨的生活突然被打破

在张晖的情绪越来越低落的时候,他的姐姐张凤(化名)注意到了张晖的无助。她对张晖说:"你要不来帮帮我吧。我最近正在做废品回收的生意,刚好缺人手。"此时,心灰意冷的张晖决定抓住眼前出现的这根稻草,回到家乡帮助张凤从事废品回收生意。在张晖开始帮姐姐张凤做生意之后,他才了解到张凤所说的"废品回收"主要指的是锌灰买卖的生意。刚开始,出售锌灰的上家与收锌灰的下家都是由张晖姐姐一人联系,张晖则负责拉货。后来慢慢地,张晖能自己独立做生意了。张晖等人收集过来的锌灰就放在家后山的半山腰上。

正当张晖的生活逐渐步入正轨之际，2018年6月7日，环保局在张晖家后山半山腰的空地上查获锌灰200多吨，并对空地存放点的三处渗坑采集水样送检。检测结果显示，废水样品中锌金属含量超出国家排放标准的10倍以上。2018年6月14日，公安机关对该案进行刑事立案侦查。后张晖因涉嫌污染环境被公安机关刑事拘留。此时的张晖很迷茫，为什么当自己的生活逐渐开始好转的时候，又突然发生了这样的情况？

再生"事端"

2018年12月26日，公安机关以张晖等人涉嫌污染环境为由将本案移送人民检察院审查起诉。但检察院在审查过程中发现，在2017年至2018年期间，张晖等人在未取得危险废物经营许可证的情况下，从各地多家未经环保审批的锌块加工厂收购再生锌生产过程中产生的粉尘"锌灰"，并运输至其家后山半山腰的空地上贮存，后再销往其他省份多家氧化锌加工厂用于再加工，赚取买卖差价。于是，检察院便更改了罪名，以张晖等人涉嫌非法经营为由，依法向人民法院提起公诉。

事情发展到这里，可以说是变得更加糟糕了。若法院按照非法经营罪对张晖进行定罪处罚，对他的量刑一定是重于以污染环境罪量刑的。

在一审审判阶段，虽然张晖的辩护人据理力争，但最终还是没能够改变该案的定性。2019年12月4日，一审法院判决："被告人张晖在未取得危险废物经营许可证的情况下，从锌块加工厂收购再生锌生产过程中产生的粉尘锌灰，贮存在其家后山的半山腰上，后销往省外多家无资质的氧化锌加工厂赚取差价。其行为已经违反国家规定，扰乱市场秩序，情节特别严重，构成非法经营罪。为严明国法，惩罚犯罪，维护市场经济秩序，依法判决被告人张晖犯非法经营罪，判处有期徒刑二年，并处罚金人民币四万元。"同样经营锌灰生意的姐姐张凤与哥哥张连（化名）也都被判处五年有期徒刑。

一审法院判决后，张晖又开始逐渐丧失了对自己、对生活的信心。他想："我明明只是为了好好地生活下去，为什么要受到这么严厉的处罚。"

转机的出现

心灰意冷的张晖本来打算接受命运，放弃上诉的权利，坦然接受这一切，但其妻子坚持要上诉，因为几个兄弟姐妹的刑期相加有十几年，整个家族已无法承受一审判决之重。于是，张晖的妻子于2020年1月17日来到浙江光正大律师事务所，寻求光正大刑辩中心主任潘晓珍律师的帮助。潘律师在接待了张晖的妻子之后，深深地被张晖妻子的这份坚持打动。在与张晖的妻子进行简短的交流及仔细研究了一审判决书之后，潘律师认为，这个案件的定性可能有问题。她对张晖的家属说："虽然在实践中，二审改判率很低，但是张晖这个案件我愿意倾尽全力。"

接受了张晖妻子委托的潘律师，斗志满满地投入工作之中。2020年1月20日，潘律师前往看守所会见张晖。从张晖的陈述中潘律师了解到案件的大致经过，对整个案件有了一个更加宏观的看法。2020年1月21日，潘律师联系了二审法院申请阅卷。由于潘律师是在二审阶段接受的委托，二审法院没有提供电子卷宗。潘律师就前往法院对这数十卷上千页的卷宗进行拍照阅卷。冬天的法院大厅虽然开了暖气，但依旧寒冷。然而，对当事人认真负责的态度使潘律师忘记了温度的考验。

"锌灰"辩护，大放光彩

在拿到案卷后，潘律师立即投入阅卷与研究案件的工作之中。很快她便发现，本案存在着一个重大的问题：一审法院对涉案物质锌灰做了缩小解释，并将张晖等人暂时堆放在半山腰的锌灰完全等同于"集（除）尘装置收集的粉尘"。涉案锌灰是工厂利用废锌渣原料进行锌再生工艺过程中产生的物质，有重灰与轻灰之分。重灰会直接掉落在熔炉中，但轻灰比较轻，是利用除尘装置把它收集到布袋中保管存放的。而依据专家意见与《国家危险废物名录》（2016年）：只有集（除）尘装置收集的粉尘才属于危险废物，即轻灰而非重灰。一审法院在审理时一刀切地将涉案物质锌灰全部定性为危险废物，该认定明显错误。

此时，潘律师敏锐地察觉到，"锌灰"这个辩点将可能成为改变本案定性的关键点，成为改变张晖命运的救命稻草。于是，在查阅了更多的相关资料,对案件进行了更加深刻的分析之后,潘律师于2020年2月27日向二审法院递交了二审辩护词,从三个大方向——本案的定性、本案的事实、本案的量刑展开了辩护,不仅详细论述了涉案物质锌灰不能被一刀切地认定为危险物质,还就张晖的销售金额与量刑情节展开了全面的辩护,据理力争,力求面面俱到。辩护意见摘要如下。

第一部分 本案的定性

一审法院认定上诉人在未取得危险废物经营许可证的情况下,收购、贮存、销售锌灰,违反国家规定、扰乱市场秩序,构成非法经营罪。辩护人认为一审法院认定上诉人收购、贮存、销售的锌灰属于"危险废物"存在错误,判决上诉人犯非法经营罪的事实不清、证据不足、适用法律不当。

一、上诉人销售锌灰的行为不属于必须取得危险废物经营许可证的情形

1. 一审法院认定涉案锌灰属于《国家危险废物名录》(2016年)中收录的危险废物,该认定有误。

首先,《国家危险废物名录》(2016年)中并未收录锌灰这一物质。根据最高人民法院、最高人民检察院《关于办理环境污染刑事案件适用法律若干问题的解释》,危险废物是指列入《国家危险废物名录》的废物,但《国家危险废物名录》(2016年)中并没有锌灰对应的名词及编号。

其次,一审法院将本案锌灰与热镀锌过程中除尘装置收集的粉尘混同,对涉案物质锌灰进行了缩小解释,此外还将涉案锌灰完全等同于"集(除)尘装置收集的粉尘",混淆了该两种物质。本案的锌灰有重灰与轻灰之分。轻灰是指通过除尘装置收集到布袋中,然后自由掉落在布袋下面的水泥池中保管存放的锌灰;重灰是指在熔炼过程中,掉落在熔炉里,用勺子打捞出来的锌灰。显然,只有轻灰才符合用除尘装置收集这一特点,而重灰的收集方式是用勺子打捞,明显不属于"集(除)尘装置收集的粉尘"。

再次,一审法院对锌灰危害性的认定有误,从而导致一审判决决定性的错误。环保部《关于明确热镀锌渣危险废物管理属性的复函》中明确规定无论是锌灰还是锌渣,均不属于《国家危险废物名录》(2016年)中的危险废物。那么提炼热镀锌渣后产生的锌含量更低、环境危险指数也更低的废弃物质,即本案的锌灰,显然不属于《国家危险废物名录》(2016年)

中的危险废物。

2. 一审法院认定上诉人张晖收购、贮存、销售的锌灰属于危险废物的证据不足。

（1）没有直接证据证明上诉人收购、贮存、销售的锌灰为危险废物。在案证据显示上诉人收购、贮存、销售的锌灰来源于上诉人的上家的工厂作业产生的锌灰。没有证据证实一审办案机关已对该物质进行现场勘察并进行鉴定，没有直接证据证实上诉人的上家的工厂作业产生的锌灰就是危险废物，一审判决中也没有记载证实上诉人张晖堆放在半山腰空地上的锌灰属于危险废物的直接证据材料。

（2）一审法院未将上诉人张晖堆放在半山腰空地的锌灰样本送检，仅仅依据专家组意见直接将张晖堆放的锌灰认定为危险废物。但该专家组的意见所指向的对象为锌加工环节产生的锌灰而非张晖堆放的锌灰。二者是否同一物，没有证据证实。

（3）即便一审法院认为专家组意见及环保局出具的说明可以作为本案的证据使用，该意见和说明也仅能证明轻灰属于危险废物，无法证明重灰属于危险废物。案卷中的多份说明均只说明了集（除）尘装置收集的粉尘，即轻灰而非重灰，属于危险废物。因此，一审法院用专家组的意见及环保局的说明便认定上诉人的锌灰系危险废物的做法明显有误。

综上所述，一审法院认定本案上诉人张晖堆放在半山腰空地上的锌灰属于危险废物的做法有误，上诉人销售锌灰的行为不属于必须取得危险废物经营许可证的情形。

二、上诉人张晖的行为情节显著轻微、危害不大，依法不应被认定为犯罪，一审法院判决上诉人犯非法经营罪属适用法律不当

1. 最高人民法院、最高人民检察院《关于办理环境污染刑事案件适用法律若干问题的解释》第一条规定了"严重污染环境"的十八种情形。上诉人张晖的行为不符合其中任何一种，且其已对锌灰采取了一定的保护措施。

（1）上诉人张晖没有实施非法排放、倾倒危险废物的行为。行为人在实施排放、倾倒这两个行为时，对污染物是不再有占有的意思的。而锌灰是张晖花了钱收购来准备出售的商品，其显然是出于一种小心保管的目的将锌灰存放于半山腰空地上，因此上诉人张晖没有实施排放、倾倒的行为。

（2）上诉人张晖没有实施处置危险废物的行为。《危险废物经营许可证管理办法》对"处置"一词的含义作出了明确的规定。从实施目的来看，上诉人张晖的行为完全不符合"处置"的规定，因此张晖没有实施处置的行为。

（3）除了上述行为外，张晖的行为显然不属于规定中的其余如"致使森林或者其他林木死亡五十立方米以上，或者幼树死亡二千五百株以上的""致使三十人以上中毒的"等情形。

2. 有证据证实上诉人张晖的行为不会对饮用水源造成污染，但一审法院并未予以采纳。2019年5月6日环保局曾出具一份《关于张晖等人环境犯罪案件的情况说明》。该说明中记载：上诉人张晖堆放锌灰的地点与乡镇的水源地的直线距离有2公里，且水源地位于锌灰堆放点的上游，故锌灰不会对饮用水源造成污染。该说明具有证据的三性，证实上诉人张晖的行为不会对饮用水源造成污染，但一审法院并未予以采纳。

3. 一审法院错误地采纳了环保局出具的《监测报告》，从而作出了错误的认定。该报告存在采集程序违法、与本案无关联性等问题。

综上所述，辩护人认为本案的锌灰中包含重灰与轻灰，司法机关在无法查清张晖收购的重灰的具体数量的情况下，难以查明非法经营的金额，因此一审法院把上诉人的行为定性为非法经营罪，并以情节特别严重的五年以上的基准刑扣减自首情节的减轻处罚后对上诉人进行量刑，明显是错误的。

第二部分　本案的事实

一审法院认定："被告人张晖向被告人姜某等人共计收集锌灰130多吨，金额共计58.751万元。其中向被告人姜某收购锌灰70多吨，金额为35.776万元；向被告人黄某收购锌灰约50吨，金额为18.445万元；向被告人吴某收购锌灰约10吨，金额为4.530万元。被告人张晖销售锌灰金额为70多万元。"辩护人认为该认定存在错误。

1. 张晖汇给姜某的款项中有部分系借款，一审判决未予以扣除。

2. 一审法院认定的销售金额存在错误。

（1）一审法院认定上诉人张晖销售锌灰金额为70多万元。该金额主要由三部分组成：张晖销售锌灰给李某的销售金额34.63万元，张凤转账给张晖的 20.00 万元以及张连转账给张晖的 21.78 万元。而除了张晖销售锌灰给李某的销售金额 34.63 万元有张晖的供述印证外，张凤与张连转账部分仅有银行账单而无其余证据印证，故证据无法达到确实充分的证明标准。

首先，张凤帮张晖销售的事实确实存在，但具体销售金额存疑。辩护人认为银行账单仅能证明张晖与张凤、张连等人有资金往来，并不能直接证明这些资金就是销售锌灰的款项。在案证据仅能证实张凤有帮张晖销售锌灰，但无法反映具体金额，因此具体金额是存疑的。

其次，张连转账给张晖的 21.78 万元应当予以剔除。张连并没有帮助张晖销售锌灰的行为。

（2）一审法院认定的事实与客观事实存在明显矛盾。根据上述事实可以推定：上诉人张晖共计收购锌灰 130 多吨（姜某 70 多吨、黄某约 50 吨、吴某约 10 吨），销售 140 吨（销售金额共计 70 多万元，以 5 000 元每吨计算，销售的数量为 140 多吨）。销售的吨数大于收购的吨数，二者相减后是负数，明显不符合逻辑。更何况被查获时空地上至少还留有 60 吨锌灰，因此一审法院的认定与事实明显存在矛盾之处，张晖实际销售锌灰数量远远低于 140 吨，销售金额也根本没有 70 多万元。

综上所述，一审判决认定涉案锌灰全部属于危险废物不正确，认定的销售金额有误，认定上诉人行为构成非法经营罪的事实不清、证据不足。此外，上诉人张晖的行为并未造成环境污染，属于情节显著轻微、危害不大的情形，依法不应被认定为犯罪。因此，辩护人认为一审法院判决上诉人犯非法经营罪不当，请二审法院予以纠正。

第三部分　本案的量刑

若二审法院认为应对上诉人定罪处罚，也应考虑上诉人具有的以下量刑情节，对上诉人改判缓刑或减轻处罚：

1. 一审法院判处上诉人张晖两年有期徒刑，故张晖属于"被判处三年以下有期徒刑的犯罪分子"，符合宣告缓刑的前提条件。

2. 上诉人张晖具有自首情节。

3. 上诉人张晖家境贫困，其仅有小学文化水平，因法律意识淡薄才会涉案，主观恶性非常小。

4. 上诉人张晖系初犯，一贯表现良好，遵纪守法，诚实本分，其姐弟三人平时在村里十分好相处,为人善良,因此对张晖适用缓刑没有社会危险性。

5. 上诉人张晖患有精神疾病,其身体状况不适合长时间羁押。

由于二审法院决定不开庭审理本案,潘律师在认真起草辩护词之余,还与二审经办法官进行了反反复复的沟通,解释锌灰是什么物质,分析本案的锌灰有重灰与轻灰之分,论证重灰不属于危险废物、重灰的具体数量目前无法查明等案件内容,竭尽全力说服法官采纳其辩护意见。

终于,好消息传来了!

A市中级人民法院于2020年4月2日作出终审判决,采纳了潘律师的辩护意见:"根据被告人等人的供述,锌灰分为重灰和轻灰,重灰直接掉落在熔炉中,轻灰利用除尘装置收集到布袋中。再结合《国家危险废物名录》、专家组意见,可以证实涉案企业生产工艺属于锌再生。锌再生过程中集(除)尘装置收集的粉尘属于危险废物。可见涉案锌灰包含重灰和轻灰,其中重灰不属于危险废物。一审判决未做区分,将全部涉案锌灰认定为危险废物不当,本院予以纠正。……虽然张晖等人无危险废物经营许可证,仍从事收集、贮存危险废物的经营活动,严重污染环境,其行为同时构成了污染环境罪和非法经营罪,依照相关规定,应择一重罪处罚,但鉴于被告人等收购的锌灰包含了重灰,现有证据又难以查清重灰的具体数量,在非法经营金额难以明确的情况下,应认定张晖等人行为构成污染环境罪。原判定性不当,本院予以纠正。故张晖及其辩护人提出原判构成非法经营罪定性不当的意见,本院予以采纳。"

收到终审判决后,张晖的整个家族沸腾了。张晖及姐姐张凤、哥哥张连的罪名与刑期均被终审判决改变了:张凤的刑期从原来的五年改为两年八个月,张连的刑期从原来的五年改为两年,而张晖的刑期从原来的两年直接减为一年。

再回首

回顾本案,二审法院之所以能够成功改变定性,原因在于找准了本案的争议点:对涉案物质锌灰是否危险物质的定性,以及在对锌灰定性不明确的情况下,如何选择罪名,即在同一行为可能同时触犯污染环境罪和非法经营罪的情况下，应当以哪个罪名进行定罪量刑。潘律师从该辩点出发，从被告人张晖等人的行为不应当被定性为非法经营罪的角度进行辩护，成为本案的突破口。

本案涵盖了污染环境罪与非法经营罪的竞合问题。在各被告人的行为可能同时触犯污染环境罪和非法经营罪的情况下，一审法院在认定证据不充分的情况下便择一重罪，认定张晖等人的行为违反国家规定，扰乱市场秩序，构成非法经营罪，显然属于定性不准确。

潘律师接受委托后提出，由于无法查清张晖收购的重灰的具体数量，难以查明非法经营的金额，因此，一审法院将张晖的行为定性为非法经营罪情节特别严重的情形是错误的。二审法院也认为确实无法确定重灰的具体数量，便采纳了辩护人的意见，对上诉人进行改判，并大幅度减轻处罚。

在实务中，非法经营罪仿佛成了其他罪名的兜底罪名。各级法院可能会因为被告人的行为符合非法经营罪的标准，而忽视了行为所触犯的其他罪名，最终判决被告人犯非法经营罪。刑法是维护社会秩序的最严厉的法律规范，因此，为了真正做到惩罚犯罪与保障人权的统一，司法机关不能在事实不清、证据不足的情况下对被告人择一重罪判决。

辩护人的工作是为了维护刑法应有的尊严。一份二审辩护词虽然只有薄薄十几页纸，但承载着辩护人无数个夜晚的心血与汗水。法学家布鲁纳说道："法律提供保护以对抗专断，它给人们一种安全感和可靠感，并使人们不致在未来处于不祥的黑暗之中。"法律是保护人们在黑暗之海上行驶时免受波涛拍打的船只，而律师是扬帆的人。

承办律师或团队

潘晓珍律师，同济大学法律硕士，浙江光正大律师事务所一级合伙人、刑辩中心主任，浙江省律师协会刑事专业委员会委员，浙江省刑事专业律师，温州市律师协会刑事委员会副主任，温州市律师协会考核员、职业道德和纪律工作委员会调查员、婚姻家事与家族财富管理专业委员会委员，温州市鹿城政协法律服务团成员，温州市妇联"巾帼维权志愿者"律师团队成员。

一起离奇的强奸案
——郑某涉嫌强奸一案获撤案处理

引 言

性侵类案件一直是刑事辩护律师的痛点。首先，辩护难度大。出于对被害人的保护，办案机关容易陷入被害人不会报案毁自己清白的思维定式。性侵类案件证据证明标准往往比较低。很多案件辩护律师提出了有力的质证，但往往不被采纳。其次，此类案件的辩护律师受到的舆论压力很大。真相往往被各种愤怒和情绪淹没，而辩护律师很容易成为道德攻击的靶心。再次，辩护律师自身刑事法律风险相当大。由于此类案件被告人、被害人的主观故意至关重要，而各种主观说辞经常扑朔迷离、反复无常，一些辩护律师易陷入迷局，比如某案件律师相信单方说法并进行取证，结果背上伪造证据、妨碍作证的罪名。这里分享的是我代理过的一起离奇的强奸案，从刚接手时的迷雾重重，到办案过程中各种神秘的视频、流言蜚语干扰案件辩护，再到最后案件终于拨云见日，司法机关终还当事人清白。

冤情？隐秘的角落

2019年4月的一个午后，我在面朝大海、春暖花开的办公室磨着咖啡豆。郑总带着他姐姐、母亲赶到律所，一进我办公室就说："我父亲被人冤枉了！"

三小时长谈后得知，郑总的父亲郑大强（化名）已经67岁了，突然因涉嫌强奸被警察带走。郑大强多年前染上了艾滋病，且精神状况不太好，曾因双相情感障碍多次入院治疗。

根据郑总的说法，其父亲一直在家，闲时种种菜，较少与人接触，而艾滋病是以前因交友不慎，被带到风月场所染上的。父亲平时身体情况和精神状况都不太好，以其现有的身体情况不可能会性侵犯罪。

事不宜迟，我们接受委托，马上先安排会见。第一次会见，郑大强满头白发，精神萎靡，看到律师后泣不成声，反复说自己是冤枉的。他因巨大的心理压力，精神处于崩溃状态，根本无法说明案情，唯一透露的信息是侦查机关查的是发生在三年前的事情。看到眼前这虚弱的老人，我们实在很难相信他会涉及强奸这样的暴力犯罪。经过几番会见，老人仍处于崩溃中，难以交流，我们只能先向侦查机关、看守所告知郑大强病情，申请取保候审。

但很快侦查机关就以医院已开具郑大强符合羁押条件证明及他们已提供艾滋病治疗用药为由拒绝取保候审。

出师不利。

接着又发生了一连串情况，让辩护工作陷入更加被动的局势。

如果郑大强所言非虚，那么涉及的应该是三年前的案件。性侵类案件证据要求特殊，但时间间隔这么久，是否留有物证？被害人究竟有没有报案？案情是否还有其他隐情？

我们试着和侦查机关沟通，而侦查机关并不友好。侦查机关从郑大强染病情况推断出其私生活混乱，并多次表示有确凿的证据证明其犯罪。

几天后再会见，郑大强依然处于崩溃中，只告知我们侦查机关将送他去做精神刑事责任能力鉴定。

不久，郑大强的家人收到所谓被害人送来的视频。

视频是在一个隐秘的角落用手机拍摄的。

被害人是同村的林悦悦（化名），40岁左右，已离异。视频时长大概2分钟。视频中穿着短裙和黑丝袜的林悦悦幽幽地说："阿强，我不怪你，但你要勇于承认。"镜头另一边郑大强低着头，不停地说："我有愧，做出这样的事情，我真的丢脸死了……"

林悦悦表示，材料已经提交侦查机关，郑大强也已承认，铁证如山，让家属好好考虑下。诡异的是，林悦悦未提出要求家属赔偿，不是敲诈勒索，其动机不明。

接着，因郑大强需要做精神刑事责任能力鉴定，鉴定期不计入办案期限，刑事拘留时间超过一个月，案件也未送至检察院处理。郑大强苦不堪言，在数次会见时痛哭流涕，精神崩溃。

辩护工作一度陷入僵局。

破　冰

之后，侦查机关送达刑事责任能力鉴定结果——正常。精神焦虑且有病史的郑大强几度崩溃，甚至数次产生了被害妄想，跟我们说医生想害死他，恳求我们尽快救他的命。经过多次会见，郑大强终于逐渐冷静下来，详细告知我们被指控的那天发生的事：

郑大强和同村的马军（化名）、林悦悦夫妻多年来一直相处得不错。林悦悦是从外村嫁过来的，住在附近，平时经常在附近卖菜。俗话说远亲不如近邻，两家人相处得很好，郑大强也常常帮林悦悦卖菜、喂家禽等。

三年前的一天，马军、林悦悦和郑大强一起开车去漳州游玩，回来已经夜幕降临，马军就留郑大强在家里喝酒。郑大强年纪大，不胜酒力，在客厅里睡着了。半夜醒来，房间门打开了。郑大强在迷糊间，看到马军招呼他进去，就进了房间，然后三个人就发生了不可描述的事情……几天后，林悦悦还来找过郑大强，让他买个手机送给她，郑大强就买了新出的苹果手机给她。

此后三年，此事无人提起。三年后一天，林悦悦找郑大强突然提起此事。郑大强觉得实在羞愧，就说了些抱歉的话，结果被林悦悦隐藏在对面的手机录了视频。

根据郑大强的说法，他承认发生了性关系，但认为只是通奸。但在性侵案件中，如果双方发生了性关系，只要女方说强奸，实际上男方的局势就很被动！难怪侦查机关会一度认为案件证据确实充分。同时，郑大强身染艾滋病和其精神状态不佳的情况虽然与本案无关，但更容易让侦查机关产生反感，导致他的说法不被采信。因此，除非能进一步查明案件的真相，否则仅仅以案件证据不足，不能排除合理怀疑为由，在性侵类案件中仍然很难成功辩护。这也是这类案件容易导致一些辩护律师陷入迷局，一不小心背上伪造证据、妨碍作证的罪名的根本原因。

所以我们没有急着去调查取证，而是根据郑大强的说法，先梳理时间轴和人物关系图，寻找可能的突破口。在整个案件中，除了郑大强、林悦悦，还有一个关键人物就是马军。而向当事人家属了解相关情况后，我们了解了一个惊人的事实——马军和林悦悦已离婚，且两人因村里征地拆迁，有数百万元财产纠纷。

顺着这条线索，我们在网上查到了马军和林悦悦的《离婚判决书》。这份判决书非常离奇，记载着下面这些内容：开庭时马军责怪林悦悦婚内出轨，并提供了一些证据，欲证明林悦悦在2016年10月和第三人姘居；林悦悦则责怪马军曾为诬陷她，制造出轨证据，欲让"阿强"趁她熟睡时对她行不轨之事，后因为她惊醒而未得逞。这段描述被原原本本写在了判决书上，而双方这些说辞在最后的判决书中并未得到确认。

"阿强"指的正是郑大强，而林悦悦在郑大强被调查期间，称其诉求就是要求拘捕共犯马军，让马军承担刑事责任！而且林悦悦在其离婚案开庭时说的是未得逞，和郑大强的说法完全不一致。

梳理完信息后，虽然在侦查阶段我们无法见到案件卷宗，但定罪强奸显然已是破绽百出。

一般在侦查阶段我们不会提太多法律意见，因为辩护人提前指出证据取证瑕疵，将可能导致侦查机关有针对性地进行补证，造成不可逆的后果。但是郑大强身体和精神状态都非常不稳定，侦查机关又不同意取保候审，于是我们决定在批捕前就放手一搏，火力全开。

交　锋

我们尝试和侦查机关沟通案件疑点，不出所料，没有得到任何回应。于是我们就静待材料送交检察院。

案件一移交检察院，我们马上提交了全面的法律意见，理由主要是本案事发多年，侦查机关从立案受理到取证均存在重大瑕疵和疑点，且被害人与案件处理存在利害关系，因此，检察院若批准逮捕郑大强有可能造成冤假错案：

1. 所谓被害人的陈述存在着很多矛盾和疑点，完全不符合常理。

如若所谓强奸事实确实存在，被害人一般会在第一时间报案，或按照常理双方至少会因恶行暴力案件而断绝来往。但在本案中被害人在事件发生当时没有选择报警，相反双方还一直保持着良好的关系。根据会见时郑大强本人陈述，双方相识多年，一直是朋友关系，其间他多次帮助林悦悦解决各类生活问题（包括帮忙卖水果、接孩子放学、喂家禽等），案件发生后，林悦悦依然与郑大强保持着联系，甚至还让郑大强花6 000元帮其购买手机，也多次让郑大强帮忙买羊、卖菜等。强奸是违背妇女的主观意愿，强制与其发生性关系的行为，会给被害人造成强烈的生理和心理伤害，而从案发后双方的表现来看，双方一直保持良好的关系，完全没有任何强奸与被强奸的迹象。如若当时确实存在强奸的事实，一名身受侵害的妇女，就算没有在当下选择报警，也绝不会主动选择与侵害者会面，事后还依然多次热情邀请侵害者前往家中做客。事件本身存在着重大疑点，双方存在通奸的合理怀疑无法被排除。事发多年后被害人才向公安机关提起本案的主张，明显是违背常理及人性的。

2. 案发多年，关键证据已不复存在且无法恢复，批准逮捕可能造成冤假错案。

众所周知，强奸罪的发生具有很大的隐蔽性。由于本案发生时间已过去多年，相关证据已缺失，无法完全恢复，仅依据相关人员单方面的供述进行定案明显是不合适的。案发当晚，被害人主动邀请郑大强到其家中做客，在明知郑大强年事已高、酒量有限的情况下，还不停地劝酒，致使郑大强进入醉酒状态。对于事件的经过，事实上双方表述也不一致，而被害人事后还有索要钱财和邀请郑大强继续去其家里做客的行为，事发多年才突然向公安机关控告郑大强强奸。由于时过境迁，强奸案的关键证据，如体液、生物痕迹样本等已不复存在。辩护人认为，本案定案证据存在重大瑕疵，极有可能造成冤假错案，故对本案进行正确的罪与非罪区分尤其重要，在此情况下检察院批准逮捕可能造成冤假错案。

3. 被害人与其前夫存在纠纷，因自身利益而报案的可能性极大。

本案立案的过程极其蹊跷，是被害人与其前夫的利害冲突的产物。本次事件发生后的第二年，被害人前夫向法院提起离婚诉讼。在诉讼审理过程中，双方因夫妻关系存续期间违法搭建的房屋发生较大争议，最终法院以房屋是违法搭建的建筑物，不属于合法的夫妻共同财产为由，对该项主张不予受理。此后双方因该房屋一直存在纠纷，且愈演愈烈，至今无法对房屋问题达成共识，同时双方还存在大量的琐事纠纷。在纠纷愈演愈烈时，被害人突然向侦查机关提起报案的主张，不排除其主张行为是为了给自身争取到更多的利益。其供述不具有客观性。

最后，我们提交了郑大强艾滋病和精神疾病的病历并进行详细客观描述，请求检察院在核实案件批捕条件的同时予以考虑其年老体衰，不具有社会危害性的情况。

撤 案

不予批准逮捕的法律意见提出后，检察院很重视，秉着客观公正的态度，不予批准逮捕。当事人成功获得了取保候审。

一年后，侦查机关并没有找到其他证据足以支持其主张，更无法排除所谓被害人在有利益冲突的情况下作出不实控告的合理怀疑，只能解除取保候审。至此本案在实质上成功取得无罪结果，当事人的合法权益也得到了维护。

承办律师或团队

张雄飞律师，福建瀛坤律师事务所高级合伙人、刑委会主任，瀛和律师机构刑委会副主任，2017—2018年度福建省优秀律师，福建省律师协会刑事诉讼专业委员会委员，厦门市法学会刑法学研究会常务理事，福州大学法学院法律硕士研究生实践导师，第六届全国大学生模拟法庭大赛评委。擅长刑事辩护、外国及港澳台地区人士刑事辩护、重大刑民交叉疑难案件纠纷解决、企业刑事风险防范，执业至今代理过300多起刑事案件，成功办理过多起无罪、免予刑事处罚案件。

非法占用不等于任意占用
——记吕某某涉嫌"任意占用型"寻衅滋事罪案

刀出鞘，必见血

2019年2月4日，除夕之夜，我收到了吕先生的短信。我和吕先生认识是在七八年前，除了节日问候外，来往较少。吕先生话不多，但待人真诚，是一位礼貌、有教养的先生。这一次，吕先生是有事相求。他的弟弟吕某某涉及一宗"涉恶"刑事案件，案件背景听起来有些复杂，且案件已经移送检察院了。虽然他们已聘请了律师，但还是希望我能介入。

20世纪90年代，A公司在某地开发了一座综合楼。综合楼地理位置优越，商铺预售时卖得不错。A公司陆续将综合楼的几间商铺或出售或通过拍卖程序给了卢某某、李某某、B投资公司等。由于历史原因，商铺长时间无法办证，交付有争议，物业管理有争议，也有一房多卖的现象存在。多年来A公司的官司不断。2018年下旬，多名购房者联名上访，甚至上访至中央某部，举报A公司负责人吕某某一家是黑社会组织，豢养着"河南帮""山东帮"，并有私藏凶器、贩毒等犯罪行为。中央某部高度重视，督促地方查办。该案一开始就被定性为"涉黑恶"案件。除了吕某某被逮捕以外，吕某某年届八十多岁的父母也因涉嫌寻衅滋事、合同诈骗、诈骗被一并立案调查。

长时间的调查证实，购房者的举报大部分子虚乌有。但刀剑出鞘，是要见血的。最终，检察院指控吕某某涉嫌寻衅滋事，犯罪事实有三项。具体指控如下：

第一，2011年6月，被害人李某某与A公司签订租赁合同，被害人李某某将9—10轴商铺出租给A公司，租赁期限为5年，月租为5 000元。租赁期满后,被害人李某某不想继续出租,但吕某某作为A公司的实际负责人,在未能与被害人李某某续签合同的情况下,继续占用商铺。2016年7月,被害人李某某到商铺粘贴公告,告知租户要收回商铺,并要求租户搬离,但吕某某依然拒不归还,并将被害人李某某的其中一间商铺出租给案外人陈某,每月收取陈某租金2 000元,总共收取租金5.2万元。

第二,1991年10月,A公司将11—12轴商铺售予被害人卢某某,并约定于1992年12月30日前将房屋交付,但A公司一直没有依约交付,反而于1998年4月14日与叶某某签订协议,将该商铺出售给叶某某,又于2001年4月1日与其关联企业A酒店恶意串通签订合同,将包括上述商铺在内的A综合楼出租给A酒店。2006年,法院判决A公司与被害人卢某某签订的《房屋销售合同》有效。2012年,法院又判决A公司应将商铺交付给被害人卢某某。在这种情况下,A公司还与叶某某规避事实和法律,在广州仲裁委员会就双方签订的《商品房购销合同》进行仲裁,获得不知情的广州仲裁委员会作出的"A公司应将商铺交付叶某某"裁决,并和叶某某签订和解协议,进一步阻碍被害人卢某某实现应有的合法权益,达到占用被害人卢某某商铺的目的。直至2016年2月,经法院强制执行,被害人卢某某才收回上述商铺。2013年4月至2016年2月期间,吕某某作为A公司的实际负责人,在明知该商铺归属于被害人卢某某的情况下,仍任意占用被害人卢某某的商铺,以每月人民币5 000元的租金出租给罗某某,共收取租金17.5万元。

第三,2012年,被害人B投资公司经公开拍卖拍得A公司名下综合楼六、七、八、十、十二层。法院作出执行裁定,确认上述商铺归被害人B投资公司所有。吕某某在明知上述商铺产权归属被害人B投资公司所有的情况下,在被害人B投资公司负责人江某某前去接收商铺时予以阻挠,并未履行裁定书义务。A公司以其于2001年4月1日与关联企业A酒店恶意串通签订的租赁合同为依据,恶意抗辩,提起诉讼,以达到任意占用商铺的目的。2017年法院判决认定,被害人B投资公司因被A公司占用商铺损失共计300多万元。

据此,检察院认为,被告人吕某某任意占用公私财物,情节严重,破坏社会秩序,其行为已触犯《中华人民共和国刑法》第二百九十三条第一款第(三)项,犯罪事实清楚,证据确实、充分,应当以寻衅滋事罪追究其刑事责任。

寻衅滋事的前世今生

"流氓"现在一般是指不务正业、经常无故闹事、文化素质较低的人。现在说一个人耍流氓，更多是在道德上予以否定，并不涉及刑事问题。但是，在1997年刑法修订之前，流氓是一种罪，如果是流氓集团的首要分子，情节极其严重的还可能被判处死刑。当时的社会对于"流氓"的不可容忍竟然达到了可以剥夺生命的程度。随着社会的发展及法制的进步，1997年刑法修订时，流氓罪从此退出了历史舞台，但流氓罪中也派生出了寻衅滋事罪。从目前的司法适用情况看，寻衅滋事罪和当年的流氓罪一样，常常扮演着"兜底"的角色。当某些严重妨害社会管理秩序的行为无法适用相关法条时，寻衅滋事罪往往被司法机关作为最后适用的法律依据，俗称"口袋罪"。

本案中的吕某某被打上的就是"流氓"的标签。吕某某在法庭上做自我辩解时，审判长多次打断他："你这样侃侃而谈，还觉得自己有理吗？"审判长言外之意是吕某某耍流氓！既然法庭对吕某某是不是流氓这个问题感兴趣，辩护人就需要向法庭说明当事人不是流氓。

犯罪动机

犯罪动机是刺激行为人实施犯罪行为以达到犯罪目的的内心冲动或者起因。人的任何故意实施的行为都是在一定的动机支配下进行的。对寻衅滋事罪的认定不能离开对犯罪动机的考察。

《最高人民法院、最高人民检察院关于办理寻衅滋事刑事案件适用法律若干问题的解释》（以下简称《寻衅滋事罪司法解释》）第一条对"寻衅滋事"做了一般性规定："行为人为寻求刺激、发泄情绪、逞强耍横等，无事生非，实施（刑法）第二百九十三条规定的行为的，应当认定为'寻衅滋事'。"

从司法解释可以看出，寻衅滋事的犯罪动机主要表现在发泄情绪、宣泄不满；逞强耍横、显示威风；寻求刺激，获取某种精神上的满足。

在本案中，检察院指控的事实有多起，其中有共性的地方，也有差异之处。就其共性部分来说，被害人均是以非常低的价格或购买或通过竞拍得到商铺，他们对于综合楼商铺是毛坯房、未经验收的现状是清楚的。因历史原因和商铺现状，综合楼迟迟未能验收合格，多年来处于烂尾状态。为了盘活综合楼的经济，A公司向银行申请巨额贷款用于装修，将所有毛坯房建成可以使用的商铺，使得包括本案被害人在内的所有业主受益。但是，本案的被害人不但经常迟交、不交管理费和装修费，还联合其他业主意图控制综合楼的管理权，意图在违法改变综合楼消防规划的情况下对商铺进行改造，加之长年存在的一些租赁合同纠纷，各方因争议日积月累，纷纷诉诸法院。A公司有的主张获得了法院的支持，有的则被法院否定。但不管诉讼是胜是负，终归都属于民事法律调整的范畴，而且，经过法院的审理，纠纷基本处理完毕。不论本案事实如何曲折复杂，我们都不能否认本案在性质上属于普通租赁合同纠纷。这是我在法庭上掷地有声抛出的第一个观点。

接下来，辩护人再针对各条事实的差异之处，具体说明吕某某没有流氓动机。

对于第一条指控事实中，公诉机关指控A公司拒绝归还、强行占用被害人李某某的商铺，但是，辩护人通过对出庭的被害人李某某发问，得到了不同的答案。租赁期满后，A公司提出愿意将租金从5 000元/月提高到20 000元/月，但因李某某不同意，双方没有谈拢。于是，李某某到商铺门口张贴公告，公告内容是要求租户搬离，但是，租户搬离后，李某某再也没有过来接管商铺，并非A公司拒绝归还。另外，辩护人还提交证据证实，租赁期满后，A公司也发了通知要求被害人李某某过来办理交接手续，但李某某一直没有过来办理交接手续。至于A公司后来将被害人李某某商铺面积的4%，即不足9平方米的地方出租给案外人陈某某的事情，陈某某证实A公司将9平方米出租给他时，有明确告知如果业主来取回商铺，就得马上搬离。从A公司主动提出将租金提高3倍之多，主动要求被害人李某某办理交接手续等行为可以看出，A公司根本不具有发泄情绪、逞强耍横、寻求刺激的犯罪动机。

针对第二条指控事实，辩护人提交了充分的证据证实，A公司之所以未依据法院的判决将房屋交付给被害人卢某某，是因为客观原因导致无法交付。首先，法院虽然判决 A 公司应将商铺交付给被害人卢某某，但广州仲裁委员会裁决应将商铺交付给案外人叶某某，叶某某也申请了强制执行，故 A 公司不能抗拒法院的执行。房产在客观上已经交付给了叶某某，所以无法交付给被害人卢某某，并非 A 公司不愿意交付。其次，A 公司并没有与案外人叶某某恶意串通，达到占用被害人卢某某商铺的目的。理由在于 A 公司没有参与仲裁庭审，也没有提交答辩意见及相关证据，是在收到裁决书以后，才知道叶某某去申请仲裁了。现有证据不足以证实 A 公司与叶某某有存在恶意串通的情形。再次，法院虽然判决 A 公司应将商铺交付给被害人卢某某，但同时在判决书中认为"鉴于涉案商铺至今未通过验收，不具备交付条件，A 公司应在取得涉案房屋验收合格证书后再行交付给卢某某"。本案的综合楼直到 2018 年才综合验收完成，才符合法律规定的交付条件。因此，A 公司无法及时向被害人卢某某交付商铺是事出有因，并不是为了寻求刺激、发泄情绪、逞强耍横。

针对第三条指控事实，辩护人通过充分的举证及说理，摆出了以下三个层面的事实。首先，A 公司与 A 酒店之间的租赁合同发生的时间是 2001 年，而 B 投资公司拍得商铺的时间是在 2012 年，租赁合同签订在前，因此，A 公司根本不存在与 A 酒店恶意串通签订租赁合同，以达到任意占用 B 投资公司商铺的目的。另外，辩护人也提交了证据证实，在 A 公司、A 酒店、B 投资公司的多级多单诉讼中，甚至在最高人民法院的民事裁定中，A 公司与 A 酒店签订的《租赁合同》及补充合同都被认定是合法有效的。其次，A 酒店占用被害人 B 投资公司的商铺有合法依据。根据《中华人民共和国合同法》第二百二十九条规定，租赁物在租赁期间发生所有权变动的，不影响租赁合同的效力，即"买卖不破租赁"。A 酒店基于事实上存在的租赁关系继续占有、使用 B 投资公司的商铺是有合法依据的。再次，需要注意的一点是，不论"买卖不破租赁"的理由在法律上能否成立，但双方关于商铺的争议都是客观存在的。A 酒店基于事实存在的租赁关系继续占用商铺属于事出有因，并非毫无根据地任意占用公私财物，更加不可能具有寻求刺激、发泄情绪、逞强耍横等流氓动机。

依据上述分析，基本上可以判定，检察院指控的三条占用事实均是事出有因，吕某某没有犯罪动机，检察院指控吕某某的行为构成寻衅滋事罪根本不能成立。

何谓"任意占用"

检察院指控吕某某的行为构成寻衅滋事罪,依据的是《中华人民共和国刑法》第二百九十三条第一款第(三)项的规定,即吕某某任意占用公私财物,情节严重。因此,要确定是否构成寻衅滋事罪,势必涉及对该罪中"任意占用"的理解和适用。

首先,应当明确的是"任意占用"并不等同于"非法占用","任意占用"的前提是"非法占用",但"非法占用"并不一定属于"任意占用",因此,"非法占用"不一定构成"寻衅滋事罪"。

其次,对"任意"的理解应结合对寻衅滋事罪的规定来进行。根据《寻衅滋事罪司法解释》第一条第一款规定,行为人的"任意"应当具有"寻求刺激、发泄情绪、逞强耍横""无事生非"等特征。由此,辩护人提出,刑法及司法解释中的"任意占用"指的是毫无根据、没有支付对价、不针对特定人的非法占用。

再次,针对第二条指控事实,"任意占用"的前提是财物已经在权利人的控制和支配之下。这时行为人通过非法手段强行占用权利人的财物才成立寻衅滋事罪的"任意占用"。如果只是应当交付而未交付,没有通过非法手段强行占用的,不属于寻衅滋事罪中的"任意占用"。为了说明这个观点,辩护人举了一个例子。开发商将房屋销售给购房者。购房者支付购房款后,如果开发商不配合办理过户且拒不交付房屋,开发商的行为就只是一种违约行为,并不构成寻衅滋事罪,原因就在于房屋还没有转交给购房者实际控制和支配。如果房屋已经由购房者实际占有,那么开发商再将购房者赶出房屋,强行占用,这种行为才可能构成寻衅滋事罪。

明确了"任意占用"的概念以后,辩护人进一步提出,在这三条指控的事实中,第三条是合法的占用。在第一条指控事实中,双方存在租赁合同关系,而且是被害人拒绝来 A 公司收取租金。A 公司没有拒绝归还商铺,不是毫无根据占用,也不是不愿支付对价,不属于"任意占用"的情形。在第二条指控事实中,《房屋销售合同》签订后,A 公司一直没有将商铺交付给被害人卢某某,直至 2016 年 2 月才完成交付,此时,卢某某才实际占有商铺。2016 年 2 月之前,A 公司有交付商铺义务,应当交付而未交付违反的是合同义务,故被害人卢某某只能要求 A 公司承担违约责任。A 公司并未"任意占用"。

至此，可以得出结论，在全部三条指控事实中，A公司的占用行为均不属于寻衅滋事罪中的"任意占用"，指控没有依据。

有因性寻衅滋事罪

另外，检察院还当庭提出"事出有因不是寻衅滋事罪的犯罪构成要件，有些寻衅滋事是有一定原因性的"，对此，辩护人早有辩护预案。

《寻衅滋事罪司法解释》第一条第二款规定，行为人因婚恋、家庭、邻里、债务等纠纷，实施殴打、辱骂、恐吓他人或者损毁、占用他人财物等行为的，一般不被认定为寻衅滋事，但经有关部门批评制止或者处理处罚后，继续实施前列行为，破坏社会秩序的除外。

该款实际上规定的就是有一定原因性的寻衅滋事罪的构成标准。但是，根据上述司法解释，"有因性寻衅滋事"的构成必须满足两个条件：第一，经有关部门批评制止或者处理处罚后，仍拒不改正；第二，行为人的行为破坏了社会秩序。这两个条件缺一不可。

在公诉机关所指控的三条事实中，A公司的行为均属于因债务纠纷而引发的占用行为；A公司在占用的整个过程中，并没有被任何部门批评制止或者处罚过。即使A公司的行为被认定为"任意占用"，根据《寻衅滋事罪司法解释》第一条第三款的规定，A公司的行为亦不符合"有因性寻衅滋事"的构成要件。

纠纷得以解决，不宜启动刑事追责

除了从法理层面分析本案行为不构成寻衅滋事罪以外，辩护人在最后还提出了一个关键性辩点。在指控的三条事实中，除了被害人李某某的商铺是在刑事立案以后拿回去的以外，被害人卢某某和B投资公司的商铺早在案发前就已被拿回去使用了。现在指控的任意占用卢某某商铺的时间是从2013年4月至2016年2月，指控任意占用B投资公司商铺的时间是从2012年4月至2018年4月，而这两条指控事实都是经过法院审理的，并有了生效的民事判决。本案的纠纷已经得到了解决。如果还将A公司的行为定性为寻衅滋事，将产生不可挽回的恶果。

法律规定，各级法院在审理民事案件过程中，如果认为需要追究刑事责任，应当终止审理，并将案件移送相关的侦查机关。而之前审理的法院从来没有认为 A 公司的行为涉及刑事犯罪。如果现在将 A 公司的行为认定为刑事犯罪，就意味着这些民事判决都是错误的。这样不但使各级法院的生效判决失去效力，严重损害民事审判的公信力及尊严，还违背了国家法律对人民法院、人民检察院、公安机关的职能设置，严重扰乱司法程序。

如果司法机关坚持对本案做刑事处理，就只会激化矛盾，加深仇恨，不但对已存在的物业管理纠纷、装修费纠纷、违反消防规定重新进行装修的纠纷不会有任何帮助，而且很多已生效的民事判决都需要推倒重来。

辩护人认为，对原本已经通过民事诉讼程序得以彻底解决的民事纠纷，重新启动刑事诉讼程序，不但会引发各方当事人及司法的混乱，而且将严重损害司法公正的根基。总之，本案纠纷历经多年诉讼，已通过各级法院生效判决得以解决，不宜启动刑事追责。

一波三折，罪名变更

由于本案受中央高度重视，处理本案的司法机关也面临着一定的压力。对此，辩护人内心非常清楚。本案经过四次庭审，历时一年九个月。最终，检察院提出，可以将寻衅滋事罪变更为拒不执行判决、裁定罪，希望被告人能够认罪认罚，实报实销。将这个消息告诉吕某某以后，吕某某陷入了两难的选择，其间多次反复。最后，吕某某决定认罪认罚。除了吕某某纠结以外，辩护人何尝不是：拒不执行判决、裁定罪能够成立吗？有关人员考虑过追诉时效吗？但是，这些对吕某某真的不重要了。他说："我只想早点出去。只要不说我是一个流氓就可以。"

案后的一点思考

长期以来，不管是学界还是司法实务界，都一直流传着一个"法律职业共同体"的理念：以法官、检察官、律师为核心的法律职业人员组成特殊社会群体。该群体有着共同的法律信仰，对公平正义的追求应当是一致的。多合作、少对抗才是正确的选择。应当说，这是一个良好的愿望和目标，但是，"法律职业共同体"在司法实践中常常受到挑战，特别是控辩关系。这种挑战归根到底并不是检察官、律师的个人问题，而是制度使然。无论检察官有多客观、公正，一旦决定起诉某人时，就产生了给被告人定罪的倾向性立场，而律师在接到案件时，就有为犯罪嫌疑人、被告人脱罪的立场。两者的诉讼目标有着天然冲突，也就必然导致控辩双方所采取的诉讼策略、行为方式有所不同。这是其一。其二，不仅不同的证据可以有不同的解读，相同的证据经过不同的组合以后也可以有不同的解读，甚至，相同的证据经过相同的组合，从不同的角度也可以有完全不同的解读。这不是在歪曲事物本相，而是由事物属性所决定的。事物呈现的往往是一体多面。

身为辩护人，应当清醒地认识到上述两点问题，对控方所构建的指控"大厦"，应当勇于质疑。有时，我们可能没办法摧毁控方构筑的"大厦"，但我们可以利用"砖"和"瓦"重建，让法庭对控方的指控产生疑问，并相信辩方构建的"大厦"才是牢固的，从而实现我们的诉讼目的。当然，并非所有案件的争议焦点都是事实层面的问题，有的案件还有法律适用的问题。只有正确理解和适用法律，事实分析才有意义。

承办律师或团队

陈松创，北京市盈科（珠海）律师事务所股权高级合伙人，管委会委员、刑事部主任、青工委主任，盈科全国刑事法律专业委员会理事，盈科刑辩学院副秘书长。执业十余年来，一直专注于刑事辩护、企业与企业家刑事风险防控。办案认真负责，善于发现辩点，善于制定全面而细致的诉讼策略，能够切实、有效维护当事人的合法权益。

冒充合格产品，不为牟利为哪般？

不速之客

2020年3月17日19:00，尽管受新冠疫情的影响，但浙江靖霖（济南）律师事务所刑辩道场仍在腾讯会议室如期举行。本期道场由我向大家汇报《律师代理刑事控告业务工作方法初探》。其间，赵刚律师发来微信："下课后速来律所，接待当事人。"22时许，与当事人——某医疗用品有限公司实际控制人王某等三人见面。情况介绍比较简单，当事人称，就在当天下午，H省H市某区食品、药品和环境犯罪侦查（以下简称"食药环侦"）大队五位民警在H市公安局食药环侦支队副支队长的带领下，分乘两部车到达该企业，对企业展开调查，其他情况不明。

多年的公安工作经验告诉我，公安此行不仅是调查取证，还有可能要实施抓捕。

制订方案

经过讨论，我们迅速确定了工作方案：第一，律师代表企业与办案人员初步沟通，了解情况、表明态度；第二，企业正确面对，积极配合调查，力求将调查对企业带来的负面影响降到最小；第三，企业自查，如有问题就主动说明，争取自首等从轻情节；第四，企业积极、全面向公安机关提供无罪、罪轻的客观证据，防止侦查人员误判，力争缩小打击面，力求企业经营不受影响；第五，企业负责人主动向党政机关汇报，适时争取支持。

初步沟通

次日早8点，辩护律师团队准时出现在该企业。首先告知该企业法定代表人等相关人员刑事案件的法律程序，以及如何依法配合公安机关的调查取证，如何依法维护企业和自己的合法利益。而后指导企业负责人与辖区派出所取得联系，请求派出所警官与办案单位警官取得联系，表明涉案企业配合调查的积极态度及辩护人请求到派出所与办案单位警官见面的要求。

在派出所，辩护人与办案单位警官进行了初步沟通。

据办案警官介绍，近日，H市领导要求对全市监管场所进行安全检查。检查组人员在H市看守所门岗不远处的一间物资仓库内发现浓度为75%的酒精、消毒液、口罩等防疫物资一宗。检查组认为浓度为75%的酒精是易燃物品，存放在看守所附近是安全隐患，即向上级报告。报告引起了上级的高度重视。H市领导指示对安全隐患进行全面调查。经查，该批酒精等防疫物资是H市张某从涉案企业购进，并存放在案发地点的。该批酒精的浓度为88%，不符合75%酒精的质量标准，不能达到应有的消毒效果，属伪劣产品。目前H市已成立由公安局食药环侦支队牵头的专案组，将此案列为新冠肺炎流行期间的重点案件，以涉嫌生产销售伪劣产品为由对涉案企业立案侦查。听完办案警官的情况介绍，辩护律师代表涉案企业表示一定会全面、积极地配合公安机关的调查，同时请求办案警官从保护民营企业的角度，对该企业采取较为宽缓的侦查措施，不要把警车开到企业楼前，尽可能在派出所开展相应的调查取证工作。企业实际负责人马上到派出所等候调查，企业涉事员工也保证随传随到，积极配合调查。涉案赃款数额落实后，企业自愿将该部分资金交办案单位暂扣。办案单位对企业的配合态度表示认同。

酒精浓度由75%变成88%？辩护律师感到有些疑惑……

企业自查

返回企业后，辩护人向企业负责人反馈了有关情况。当提到企业涉嫌以浓度为88%的不合格酒精冒充浓度为75%的合格酒精进行销售时，企业负责人自言自语道，这样不是提高了生产成本吗？企业负责人介绍：酒精生产流程相对比较简单，就是用浓度为95%左右的医用酒精作为原材料，勾兑纯净水，充分混合后分装；酒精原材料的价格高于纯净水的价格；酒精含量越高，生产成本越高，利润越低。"我们怎么会生产高于酒精含量标准的产品呢？是不是搞错了？"

当事人的疑问打开了辩护人的思路。生产销售伪劣产品罪是故意犯罪。当事人以不合格产品冒充合格产品的犯罪动机应该是为了追求非法利益，而不是提高成本、降低利润。即便不合格酒精是由涉案企业生产的，其主观上也没有积极追求危害后果发生的直接故意。那么生产流程有没有问题？当事人在主观上有没有放任危害结果发生的间接故意？是单位责任还是员工个人责任？这批不合格产品是不是涉案企业生产的？带着这些疑问，辩护人在当事人引导下，到生产车间进行了实地勘察访问，对生产流程进行了全面了解。

事实真相

经了解，浓度为75%的酒精的生产流程是，操作人员用罐车将浓度为95%左右的酒精原材料运送至生产车间后，车间质检员对酒精度进行检测，根据酒精度及混合容器的容量计算出酒精与纯净水的配比，将一定比例的酒精原材料与纯净水灌入混合容器，静置一定时间待其充分混合，并对酒精浓度进行检测后安排罐装浓度为75%的酒精成品。

新冠肺炎流行时正值春节假期。涉案企业负责人接到政府的紧急通知，为保障浓度为75%的酒精的市场需求，涉案企业须立即复工复产。正月初三，企业全面恢复生产。

该企业有新旧两个厂区。当时新厂区已经按照生产要求全部建设完毕，正在等待有关部门的验收。为了保障市场供应，该企业启用了尚未验收的新厂区，加班加点生产。辩护人同时了解到该企业在特殊时期的生产与日常生产的两个不同之处：一是为了加快生产进度，该企业在将酒精原材料灌入混合容器之前，就根据罐车内酒精原材料的酒精度和实际的数量计算出酒精与纯净水的配比，将纯净水先注入罐车进行初步混合，待混合容器内混合好的浓度为75%的酒精全部罐装完毕后，再将罐车内初步混合的酒精注入混合容器，充分混合并对酒精浓度进行检测后罐装成品；二是由于大部分企业停工停产，该企业的商标标识供应商不能及时供应，因此该企业销售到H省的酒精均无商标标识。

鉴于上述两点不同，辩护人认为，生产流程的改变不足以导致酒精度发生变化，公安机关查获的无商标标识的酒精会不会是其他厂家生产的呢？涉案企业如何自证清白？盘点。如果涉案企业生产酒精时提高了酒精度，那么酒精原材料的用量会增大，原材料与成品的比例会失衡，产量会降低。按照律师提出的思路，涉案企业迅速组织人员对库存、出库记录、检测记录、成品销售记录一一进行盘点。盘点结果显示，出库的酒精原材料与成品比例适当，也就是说，如果要证实涉案企业生产、销售了高于75%酒精度标准的产品，就要证实涉案企业生产、销售了低于75%酒精度标准的产品，否则无法解释涉案企业消耗酒精原材料与成品比例的适当性，无法排除涉案酒精来自其他供货企业的合理怀疑。

侦查阶段辩护意见

辩护人总体认为，涉案企业在主观上没有生产、销售伪劣产品的故意，在客观上也没有实施生产、销售伪劣产品的行为，其行为不构成生产销售伪劣产品罪。具体意见如下：

一、涉案企业在主观上没有生产、销售伪劣产品的故意

涉案企业负责人陈述，H市公安局在属地查获一宗不符合75%酒精度质量标准的医用酒精（经鉴定，该酒精浓度为88%），并认定该酒精由涉案企业生产销售，对此案立案侦查。

辩护人认为，生产医用酒精的技术要求并不高，就是酒精与纯净水的混合。从企业成本控制方面看，涉案企业生产浓度为88%的酒精，增加了生产成本，无利可图，也不符合常情常理。从其主观意志因素的角度分析，该企业没有实施该行为的犯罪动机，不可能故意实施这种行为。退一步讲，即便涉案企业为了非法牟利而生产、销售伪劣产品，也应该生产低标准的酒精，以此来降低生产成本。因此，涉案企业在主观上没有生产、销售伪劣产品的故意。

二、涉案企业在客观上没有实施生产销售伪劣产品的行为

涉案企业负责人陈述,生产浓度为88%的医用酒精,因原材料使用量增加了很多,产量一定会比生产浓度为75%的酒精的产量明显减少,大约会减少15%。将涉案企业同时期消耗的原材料数量与成品数量进行对比可知,其实际生产的成品数量远远高于生产浓度为88%的酒精的数量,符合生产浓度为75%的酒精的要求。因此,辩护人认为涉案企业在客观上也没有实施生产销售伪劣产品的行为。

三、关于对酒精容器进行调查的建议

辩护人建议H市公安局对所查获的酒精容器与涉案企业销售酒精使用的容器进行比对,对酒精容器同质性进行鉴定,并对酒精容器的来源进行调查取证。

四、关于本案管辖的建议

即便涉案企业的行为涉嫌犯罪,由于其同批次生产的酒精数量仅有一部分销往了H市公安局辖区,其主要犯罪行为的发生地在S省某市辖区,H市公安局也应将此案移交S省某市公安机关管辖。

五、H市公安局应从保护民营企业的角度对本案采取宽缓的侦查措施

涉案企业是S省某市重点企业,多年来依法合规经营,为国家的财政税收、当地就业作出了很大的贡献。涉案企业负责人是S省某市人大代表,虽然文化程度不高,但是为人老实本分,无任何前科劣迹,守法守纪、艰苦创业,带领企业一班人把企业经营到目前这种状况实属不易。

在新冠肺炎流行期间,涉案企业及全体员工为了保障浓度为75%的医用酒精的市场供应,冒着感染新冠病毒的风险,带着党政机关的嘱托,带着家人的牵挂,正月初三就积极开工生产,加班加点。全体员工每天工作十几个小时,为维护市场秩序、维护社会稳定、维护人民利益,为新冠肺炎的防治工作作出了巨大的贡献。H市公安局应从保护民营企业、保护民营企业家的角度,依法对涉案企业采取较为宽缓的侦查措施。

撤销案件

经过多次沟通,公安机关在查清事实的前提下,依法对此案作出了撤销案件的决定,并将暂扣款如数退还该企业。

承办律师或团队

> **赵刚**，靖霖刑事律师机构律师，浙江靖霖（济南）律师事务所副主任。自2004年执业以来一直专注于刑事辩护、刑事控告、企业刑事合规、刑事法律风险防控业务。
>
> **吴黎明**，靖霖刑事律师机构律师，浙江靖霖（济南）律师事务所常务副主任。原某市公安机关经济犯罪侦查支队副大队长。2017年转岗从事律师工作，专注于刑事辩护、刑事控告及企业刑事合规、刑事法律风险防控业务。

网络借贷与网络诈骗的是是非非
——唐某某涉嫌诈骗被不起诉案

交友不慎，牵涉其中

2019年3月20日笔者接受唐某某妻子的委托，为唐某某涉嫌诈骗一案提供法律帮助。根据唐某某亲属的反映，又通过会见唐某某了解到：唐某某一家在浙江宁波经营网店，经营女装已经七八年了。夫妻两个起早贪黑地经营网店，生意是当地最好的，每年经营纯收入达到2 000万元以上。经过将近十年的辛苦打拼，夫妻俩手里存了不少钱款，购置了一些房产、车辆。但韩某（唐某某的朋友）涉嫌网贷诈骗，又与唐某某有账目往来，导致唐某某牵涉其中。

真诚沟通，财产解封

了解到以上案件相关情况后，笔者给承办案件的公安机关递交了第一份《法律意见书》，主要内容如下：

第一，唐某某的父亲提出"扣押清单"中将他本人交给公安机关的730万元保证金（押金）登记成"系唐某某父亲唐某乔代唐某某退还赃款730万元"是错误的。公安机关应查清案件事实，及时纠正错误。

唐某某的父亲及妻子反映：唐某某一家在浙江宁波经营网店已经七八年了，生意是当地最好的，在当地一直排名第一。然而，韩某涉嫌网贷诈骗，又与唐某某有账目往来，导致唐某某牵涉其中。唐某某与韩某的账目往来是唐某某辛苦经营女装网店的合法收入。最早唐某某一次性借给韩某730万元，韩某每天都还给唐某某一部分本金加利息。这样的账目往来导致唐某某被牵涉进韩某的网贷诈骗案件中，已经被羁押了4个月了。

通过唐某某的亲属，笔者还了解到本案中有一个叫郑某波的，是淘宝店总管。唐某某和他的账目往来，大部分是货款往来，也不是赃款。

公安机关早在2018年12月就扣押并查封了唐某某家人账户存款3 700万元、宾利轿车1辆、宝马X5轿车1辆、劳某珍（唐某某母亲）支付宝账户资金、员工办公手机、电脑等，当时公安机关告诉唐某某的父亲说交730万元保证金，就可以将车辆开回，将账户解冻。唐某某的父亲赶紧向公安机关交了730万元。这些押金交完后，公安机关确实让唐某某的家人开走了宾利轿车，解封了劳某珍支付宝内的资金，但是3 700万元存款一直被冻结，宝马X5轿车也没有被开回。最让唐某某一家不能理解的是，2019年1月16日公安机关让唐某某的父亲在一份扣押清单上签名。清单备注一栏上写着"系唐某某父亲唐某乔代唐某某退还赃款730万元"。公安机关让唐某乔在上面签名并摁手印。上面所说如果属实的话，意味着办案人员一开始就先入为主地将唐某某的合法收入定性成了非法赃款，而且是在没有证据的情况下。

第二，唐某某及亲属认为自己在浙江辛辛苦苦经营网店七八年，一直在合法经营，不存在诈骗的情况。

通过会见辩护人还了解到，公安机关在逮捕唐某某前对其做过四五次笔录，逮捕后就再也没有提审过唐某某。据唐某某反映，在询问他时公安机关并没有将他所说的客观事实记录在案，让他签字时他看到上面记录的内容有"我非法获利730万元""我是主要负责人"等。唐某某说他看到这些笔录时就说"我不是主要负责人，730万元不是非法获利"，但是公安机关在没有订正的情况下，还是让唐某某在上面签了名。当了解到这些情况后，辩护人问他："讯问前你在权利义务告知书上签字了吗？"唐某某说："民警拿着一张纸在我脸前晃了一下让我签字。我正要看，他们说不用看，签字吧。我从来没有经历过这些事，也不懂，就稀里糊涂地签字了，后面的笔录也都是稀里糊涂地被要求签字的。"唐某某说他一直在合法经营网店，不知道怎么就被定成诈骗了，他从来没有想过要去诈骗谁，也从来没有做过诈骗的事。如果唐某某所说属实的话，公安机关应纠正以前的错误，及时提审唐某某，将他所说与案件有关的情况客观真实地记录在案，否则很容易导致冤假错案的发生。

第三,唐某某不懂具体法律,因为被抓后害怕,出现上面存在的情况,故公安机关应及时讯问、调查,并将侦查到的案情客观记录。

辩护人还了解到,公安机关正在审计唐某某涉案的账目资金。公安机关在审计前一定要将唐某某合法经营的收入与涉案的非法赃款区别开来,不能将唐某某一家辛苦打拼的合法经营收入也列入赃款进行审计。会见时唐某某说他也是受害者,他把自己辛苦赚来的730万元借给朋友韩某开的网贷公司使用,没想到自己会涉嫌诈骗。

第四,唐某某在主观上没有诈骗的故意,在客观上也没有实施诈骗的行为。公安机关应查明事实,及时撤销案件。

唐某某及妻子严某某在浙江宁波开网店已经多年了,生意非常好,每年的纯利润都在2 000万元以上。公安机关所冻结唐某某的叔叔卡里的3 700万元、扣押的宝马X5及保险柜等财物都是他们整个家庭辛苦打拼挣下的合法财产。他们不缺钱,没必要也不可能因为钱去诈骗。另外,办案机关还将唐某某父亲提交的730万元保证金登记成"退还赃款730万元",这是错误的。公安机关应查明事实,及时纠正。

唐某某亲属提供的"商家年度经营报告"显示唐某某经营的女装网店在2018年交易达到3.29亿元,日均余额达到500多万元。这几年的财富积累使得唐某某有巨额存款,有大量房产,有宾利、宝马等高档轿车。这些都是他们的合法财产,却被冻结或查封。过去几年因为生意太好唐某某及妻子每天有十几个小时都在盯着电脑屏幕,累出了严重的颈椎病,很是辛苦。他们一家一直合法经营实属不易。故公安机关一定要将唐某某的合法收入与违法犯罪所得区别开来。

第五,财产扣押清单并没有将冻结的3 700万元存款、宝马X5轿车及从唐某某办公室拉走的保险柜列入其中,公安机关也没有让唐某某在清单上签过字。

以上就是辩护人了解到的情况。唐某某认为自己在主观上没有任何诈骗的故意,在客观上其还没有收回借给网贷公司的730万元本金,反而落得全家七八年辛苦挣来的财产都被扣押或冻结,将来如果真被判刑了,那真是冤枉。

通过以上的书面沟通,公安机关很快再次提审了唐某某,核实完以上情况后,公安机关客观真实地记录了讯问笔录。但是3 700万元依然被冻结着，相关财物也没有被及时解封。笔者根据当时案件的进展情况给公安机关递交了第二份《法律意见书》，主要内容如下：

1. 唐某某的妻子严某某反映，唐某某亲属账户3 700万元合法收入资金被冻结，导致淘宝店生意资金无法周转，拖欠供应商2 200万元货款，特申请早日解封所冻结的唐某某家人的合法财产。

唐某某的妻子严某某于2019年4月27日上午生下儿子，在生下儿子的下午就打电话给律师要求把孩子的情况告知唐某某，并要求律师将已收到的《申请书》交给公安机关。辩护人在4月28日上午到看守所会见了唐某某。唐某某听到儿子出生的消息后高兴得流着眼泪说对不起妻子，过去这八年妻子经营淘宝店很是辛苦，虽然挣了不少钱，但是没有时间享受生活。当了解到资金周转困难时，唐某某很是担心，也请求公安机关解封所冻结的3 700万元存款。唐某某及亲属反映，这3 700万元是过去这八年经营淘宝店的合法收入，不是赃款，而现在淘宝店拖欠供货商2 200万元供货款，故请求公安机关依法解封所冻结的3 700万元存款。

2. 唐某某多次表示很后悔将自己多年辛苦打拼赚的合法收入借给韩某的网贷公司使用，并强调他在主观上没有诈骗的故意。

由于到目前为止辩护人只能从唐某某及其亲属那里了解情况，而只有看到卷宗后才能全面客观地了解到本案案情，因此，辩护人只能将了解到的情况及时跟办案机关沟通，请办案机关客观全面地搜集证据，既要搜集对唐某某不利的证据，也要关注对唐某某有利的、能够证明他罪轻或无罪的证据，更要关注唐某某自己的辩解。只有这样才能准确查明案情，做到不枉不纵。

经过以上真诚沟通，公安机关经过调查核实，基本上同意先解封部分财产，但是迟迟没有具体落实解封查封扣押的相关财物。笔者又继续向公安机关递交了第三份《法律意见书》，主要内容如下：

唐某某的妻子严某某反映，被扣押的宝马X5轿车是唐某某的合法财产，系唐某某一家在2014年7月用经营网店的合法收入购买的，并提供了车辆购买及登记信息。因此，公安机关应依法解除对该车的扣押。

另据唐某某妻子及父母反映，被扣押的38部手机是公司开店时，店里进行微信销售使用的手机，是在合法经营过程中使用的，不应当作为赃物被扣押。唐某某一家在浙江宁波经营网店，大量的业务要通过微信开展，需要使用手机。这些手机被扣押到现在，已影响到了店里正常的工作经营。

最终公安机关及时解封了 3 700 万元账户，返还了宝马 X5 轿车、38 部手机及保险柜等物品。可见，在侦查阶段，辩护人的意见如果确实充分的话，公安机关也是会采纳的。

事实不清，无罪辩护

公安机关将案件移送检察院审查起诉后，笔者第一时间到检察机关复制卷宗，通过阅卷，发现本案事实不清，证据前后矛盾，于是决定为唐某某做无罪辩护。梳理证据后笔者给检察机关提交了第一份《法律意见书》，主要内容如下：

一、侦查卷宗中所列的 32 名受害人与韩某都是纯粹的网上借贷关系，并且早已全部两清

以上 32 个受害人的笔录内容及转账记录、明细表等卷宗证据材料充分证明，唐某某与他们没有任何联系，而他们与韩某纯属借贷关系。所有证据均证明借贷双方早已两清，没有暴力催收的情形。

二、刘某妮作为首先报案的被害人，她的笔录存在大量问题。检察院应透过现象看本质，将口供和事实证据结合起来，从而排除虚假的口供，查明案件真相

刘某妮报案数额不清，将多个贷款平台的借款数额混淆在一起。几次笔录数额相互矛盾，不知道哪一次说的是真实的。且卷宗证据证明韩某仅仅借给刘某妮八次钱，而这些网络借款仅仅与唐某某的朋友韩某有关，与唐某某没有任何关系。

刘某妮将多个"贷款平台"的催收情况混淆在一起，笔录内容前后矛盾。从证据材料卷二第 19 页可知，刘某妮从其中王某浩的平台上借款达 10 次，借款金额高达 29.15 万元，实际还款 25.35 万元，最后一次借到 80 000 元本金后刘某妮一直没有再归还。而在第 8 页刘某妮又说"两个月我一共向王某浩实际借款到手 28.5 万元，实际还款 41.65 万元，多还了 13.15 万元"等。刘某妮的说法与证据相互矛盾，整个卷宗中又不见王某浩的相关证据及笔录，这是明显的事实不清、证据不足。

在第 10 页中刘某妮亲口说韩某等六人没有威胁过她本人，就是催她还款,而在第 28 页,又说韩某有催款行为。

另外,从证据材料卷二第 16—22 页可知,刘某妮在多个平台上借款,多次在借到最高金额时,就拖欠不还,其行为有可能涉嫌诈骗。她的这些借款不还的诈骗行为导致有人过度催收,但过度催收的人不是韩某,更与唐某某没有任何关系。

三、证据材料卷四第 78—162 页所列的警方提供的"借款人信息表"中相当一部分都是没有借到款的废借条,是刘某妮在平台上填好、打印好,但没有经过韩某审核并放款的

从证据材料卷四第 124 页开始,大部分是没有实际发生借贷关系的废借条。这些都是借款人通过网络平台打印的借条,但平台没有同意放款,也就是说,事实上没有借贷关系发生。侦查机关将这些没有实际发生的废借条委托审计,导致借款人数虚增到 4 656 人,借款合计虚高到 7 106.4 万元。表中所列内容没有具体时间,更没有相关凭证印证,也没有借款人的笔录印证。这些存在的问题,导致证据不确实、不充分。

另外,唐某某已被关押了 7 个多月了,他曾经是浙江很优秀的企业家,他被关押导致其淘宝店从排名第一发展到亏损,无论对他个人还是对当地的经济发展都是一种损失。

综上所述,公安机关指控唐某某诈骗是没有依据的,所有证据恰恰证明唐某某只涉嫌网上高利贷,没有任何事实及证据可以证明唐某某涉嫌诈骗。检察院应关注以上所列内容,及时止错,对唐某某变更强制措施,在查明事实的情况下,对唐某某作出不起诉的决定。

之后,检察院采纳了辩护人的部分意见,将案件退回公安机关补充侦查。

证据不足,两次退补

案件经过两次退回补充侦查后,笔者认真审查了补充的证据,更加确信本案事实不清、证据不足,又向检察院递交了第二份《法律意见书》,建议检察院作出不起诉决定。主要内容如下:

一、本案的侦查机关没有提供三名犯罪嫌疑人在接受讯问时全部的同步录音录像

辩护人第一次会见唐某某时（2019年3月20日），他多次强调公安机关在讯问他时，所记的笔录内容与他所说的不一致。唐某某多次强调第一次笔录从2018年12月21晚上问到第二天凌晨3点。当时他已经困得不得了。侦查人员张某和马某某让他看笔录，看完却不让他签字，说："还没问完。你先睡一觉。等我们问完了你再一块签。"5点时他被叫起来。侦查人员接着问，问完后让他签字。他正要看，张某说："不用看了，你睡觉之前看过了，直接签吧。"说完直接让唐某某签字并摁手印。辩护人会见时，唐某某多次强调2018年12月21日的第一次笔录，在他签字的时候，已经不是他睡觉前看过的那份了。在那之后的笔录都是在第一次笔录的基础上复制、粘贴的。尤其是2019年1月25日的第五次笔录，侦查员张某拿着打印好的笔录让他签字，唐某某要求更正上面记录的他本人没有说过的话，但张某不更正，抢过笔录，将没有签字的笔录带走了。

当时辩护人还不能阅卷，不知道他说的是否属实，就没有在给公安机关的《法律意见书》中提这方面的内容，但是依据唐某某所反映的其他情况，辩护人曾给公安机关提供过三份书面的《法律意见书》，并要求附卷，但是公安机关没有将该三份书面《法律意见书》依法附卷并移送检察院审查起诉。

2019年6月26日辩护人在第一次阅卷过程中确实发现唐某某的第五次笔录有问题，上面确实没有唐某某的签名，却写着"犯罪嫌疑人唐某某拒绝签字"这句话。由此可见，唐某某所反映的情况是真实的，同时也说明他翻供的真正原因是公安机关在讯问时存在诱供、骗供的情形。他的前五次笔录在没有同步录音录像相互印证的情况下，是不能作为证据简单被采信的。

据唐某某本人多次反映，参与讯问的张某、张某某、马某某这三个警察多次存在诱供、骗供并迫使他签名的情况，不但不改正，还诱骗他说"你签完了就可以取保出去，不签就没法取保"等。鉴于以上唐某某反映的情况，检察院应调阅并认真审查讯问笔录的同步录音录像。

二、吕某某的五次讯问笔录可以充分证明本案侦查机关在对其他证人讯问时存在大量的诱证、骗供的情形

吕某某每一次笔录的第一页下面,关于个人基本情况的回答最后都有一句"之前在唐某某经营的放贷公司上班"。在第一次笔录中,侦查人员问吕某某:"你认不认识唐某某、徐某某、韩某。"他回答:"我不认识。"又问:"你们催收部门的其他员工都知道公司老板和各个部门负责人的情况,为何你都说你不知道?"吕某某回答:"我不清楚。"由此可见,每一次笔录第一段的"之前在唐某某经营的放贷公司上班"这句话不可能是他说的,是侦查人员自己加上的,因为吕某某不认识唐某某,不可能这样回答。同理,在第二次笔录中,侦查人员问"你是何时到唐某某所在的放贷公司工作的"同样也是诱供。因为吕某某不清楚公司老板及部门负责人的情况,不可能说在唐某某的公司上班。在补充侦查卷第62页中,公安机关再次问"你认不认识唐某某、徐某某、韩某",而吕某某再一次回答"不认识"。吕某某的五次笔录充分证明他是通过网上招聘电话联系到郑某某的,接待他的也是郑某某,他确实没有见过也不认识唐某某等人。他的笔录除了受诱供的几句话外总体还是比较客观真实的。检察机关应重视并关注他的这五次笔录。

其他人的笔录存在大量复制、粘贴等诱供内容。比如唐某某的八次笔录的前四次,每一页下面对个人基本情况的回答都有一句"某都会贷款公司老板"这句话。做完第五次笔录,警察张某拿着录好的笔录过去让唐某某签字。唐某某发现自己没有说过"某都会贷款公司老板"这句话,要求改正,刚用笔将不是自己说的话拉掉,张某就一把将笔录抢走,因此这份笔录上没有唐某某的签名,而这才是唐某某翻供的真正原因。在第六、七、八次笔录中,公安机关考虑到唐某某会要求改正不真实的记录,基本上记录的是当时说的实际情况。徐某龙的六次笔录和吕某某的笔录类似,存在骗供内容。前四次笔录的第一页的下面,关于个人基本情况的回答中,最后都有一句"我在唐某某经营的高利贷公司上班"。到了第五次笔录,徐某龙发现自己没有说过这样的话,就画掉并摁上了手印。徐某龙在补充侦查卷的第19页,明确要求办案机关改正骗供性的记录,改正为"在郑某波经营的高利贷公司上班"。这些内容可以和吕某某的五次讯问笔录相互印证,也可以和其他大部分证人证言的笔录相互印证。由此可见,徐某龙翻供的

真实原因也是因为大量诱证、诱供情形的存在。

同样,秦某飞的笔录、唐某桃的笔录、朱某兵的笔录都存在大量的先入为主的诱证、诱供情形。因此,检察院应调取讯问过程全部的录音录像。如果没有录音录像相互印证的话,他们的讯问笔录是不能被简单采信的。

三、关于补充侦查卷第 29—45 页陈某明讯问笔录中存在的问题

1. 陈某明个人基本情况的最后一句都是"我在唐某某经营的高利贷公司上班"。这和吕某洋、徐某龙、秦某飞、唐某桃等人的讯问笔录一样,存在诱证、骗供的情况。

2. 陈某明的第一次笔录(2019 年 8 月 15 日)的同步录音录像为什么没有附卷?陈某明的笔录为什么缺少第二次的?陈某明的笔录前后矛盾,前面多次说对公司好多情况不清楚,后面却又一段一段描述得很清楚(他仅仅是一个电话催收人员,不可能知道得那样详细)。他第三次笔录的同步录音录像在哪里?

3. 陈某明的微信聊天记录截屏仅仅证明了他在网贷公司上班的事实,不能证明唐某某有任何诈骗的情形。

四、关于补充侦查卷(第 46—49 页)陈某文讯问笔录中存在的问题

1. 陈某文的讯问笔录缺少前六次笔录,他在 2019 年 4 月 29 日被刑事拘留前后的笔录为什么在卷宗中看不到?他被取保候审的相关材料在卷宗中为什么看不到?

2. 对于唐某某的情况,他一会说自己是小职员不清楚,一会又描述得很清楚,为什么会出现这种矛盾?他几次笔录的同步录音录像在哪里?

五、李某的讯问笔录存在的问题与陈某文的相似,缺少前六次笔录

六、本案扣押的电脑、手机及提取的短信等属于电子证据,公安机关的封存、提取、检验过程存在严重的程序性错误,故这些电子证据不能被简单作为证据使用

怎样证明检验的两部电脑是韩某的?检验报告将合法经营的淘宝店手机与贷款公司催收员的工作手机混为一体,更没有区分是个人手机还是工作手机。这些混淆事实的情况,导致本案事实不清、证据不足。

最终检察机关采纳了笔者的辩护意见,对唐某某三人以事实不清、证据不足为由作出不起诉决定。

本案之所以获得不起诉结果,主要因为辩护人抓住了三个辩点:① 32

个受害人的笔录恰恰证明了他们与韩某是纯粹的借贷关系，他们的借贷行为与唐某某没有任何关联。② 被告人的笔录前后矛盾。侦查机关说有同步录音录像，但是一直没有提供。③ 侦查机关扣押的电脑、手机及提取的内容信息属于电子证据，在封存、提取、检验过程中存在严重的程序性违法。

承办律师或团队

王军丽，河南辰文律师事务所副主任、刑事部主任。具有良好的职业道德和敬业精神，严谨好学，认真执着。成功办理过大量刑事案件、婚姻家庭案件，多次受邀到洛阳电视台法治频道进行法律答疑和点评，积累了丰富的业务经验技巧，得到了当事人的认可和高度赞赏。

新冠肺炎疫情影响之下，注册证引发的罪与罚

——生物科技公司涉嫌非法经营获不起诉

引 言

2020年之初，新冠肺炎暴发。为了积极响应党中央的号召，有这样的一群人，面对严峻的防控形势，战斗在看不见的战场，运用自己的专业知识和技术成功研制出新冠病毒抗体检测试剂盒。该检测能在10分钟内实现对新冠肺炎疑似人员的初筛。这种测试方法简单快捷，只需1滴指尖血，就能快速锁定疑似患者，对实验室要求低，可广泛应用于社区卫生服务中心、基层医院、发热门诊等抗疫一线的新冠病毒抗体检测工作。

案情回顾

2020年4月的一天，某工地负责人匆匆赶至上海市某公安分局经侦支队声称要报案。"今年3月底，公司获批复工后，陆续有湖北籍员工回归工作岗位。我们拟根据需要申请核酸检测，但是咨询相关机构后得知，本地区并未对外返岗员工开放检测渠道。后来经人介绍，在微信上知道了某省某生物科技公司，就联系了该公司员工江某某买了2盒，一共50份新冠病毒抗体检测试剂盒，并通过微信转账1 750元。在给员工检测的过程中，我们发现有阳性的情况，赶紧把相应的员工送去医院检查，结果为阴性。我们怀疑某生物科技公司的试剂是假冒伪劣产品，就来报案了。"当日，经侦支队同当地市场监督管理局相关人员前往某生物科技公司调查，经初步核查，发现某生物科技公司无新冠病毒抗体检测试剂项目的相关政府批文，且发现报案人购买的试剂盒外包装盒上无任何可见标识及相关的医疗器械

注册证。

次日,某生物科技公司员工们正如往常一样忙于工作。下午 2 时许,一群身着统一制服的人员将某生物科技公司办公地进行全面封锁,控制人员、没收手机、扣押电脑主机和材料。下午 3 时许,公司高管刘某、江某某赶至现场,向当地公安报警,并与办案人员进行交涉。办案人员出示工作证件,表明其身份。下午 5 时左右,办案人员将公司所有员工 18 人带至上海,包括保洁阿姨和两位刚办理入职的实习生,同时将电脑主机和材料全部一并运回。第二天,涉案 14 人被取保候审,江某某等 4 位高管被刑事拘留。

第一次会见

黄东律师在案发后的第四天接受江某某妻子的委托,担任江某某的辩护人,并第一时间会见了江某某。第一次会见十分顺利。在会见过程中,江某某陈述如下:某生物科技公司成立于 2012 年,法定代表人和实际控制人均为刘某,主要经营范围为医学检验服务和体外诊断试剂的研发和销售。公司下设研发部、市场部、销售部、质量部、检验所、生产车间。他担任市场总监,于 2017 年 9 月入职,主要负责公司产品的全面推广,在销售总监离职后,兼任销售总监,协助董事长刘某进行销售工作。

公司生产四种试剂产品,其中包括新冠病毒 IGG/IGM 抗体检测试剂盒。除新冠病毒抗体检测试剂盒外,其他产品均有国家药监部门发放的产品注册证。新冠病毒抗体检测试剂盒项目于 2020 年 1 月 30 日左右提出立项,当年 2 月 10 日研发完成。试剂盒存在着复阳性的概率。3 月 3 日第一批产品量产完成。新冠病毒抗体检测试剂盒有中文版和英文版两种,3 月上旬开始销售,由刘某自行联系大客户进行销售,产品销售价格为 20~60 元。江某某则协助刘某联系一些零散小客户,总计经办销售额为 10 万元不到。

江某某表示市场上生产新冠病毒抗体检测试剂盒的公司有 200 多家,仅 7 家具有产品注册证。某生物科技有限公司因为政策方面的原因,未赶上特批,当时还处于申请报备阶段。江某某也明白这意味着对外销售新冠病毒抗体检测试剂盒是不被允许的,因此,他本人并不愿意在国内进行推广,也并未安排部门员工对外推广。没想到,公司本想做对社会有益的事,最终却可能触犯法律。

取保候审

黄东律师在会见后还得知了一些重要信息,该试剂盒已取得美国FDA的机构注册和产品注册。2020年3月3日,某省医疗器械检验所出具结论:被检查样品符合某生物科技有限公司新型冠状病毒(2019-nCoV)IgM/总抗体检测试剂盒(胶体金免疫层析法)产品技术要求。公司正在积极申请第三类医疗器械注册证。此外,2月20日,某园区规划建设委员会要求园区建筑工地复(开)工,提出"来自或途经非疫情重点区域所有返工人员,可进行新冠病毒抗体检验,检验合格后可直接上岗复工"。某生物科技公司承担了此次检验业务,并最终免费给予检测,为当地复工复产作出了应有的贡献。之后,黄东律师认真研究了法条,检索了大量案例,学习了相关知识,认为本案的关键在于某生物科技公司在未取得相关资质的情况下,对外销售新冠病毒抗体检测试剂盒的行为是否具有社会危害性。显然,某生物科技公司的行为是不具备社会危害性的。虽然试剂盒检测结果会存在偏差,但这种偏差是使未患有新冠肺炎人员检测结果为阳性,并不会使得患者检测结果为阴性。最高人民法院下发的《关于充分发挥审判职能作用为企业家创新创业营造良好法治环境的通知》明确:"严格非法经营罪、合同诈骗罪的构成要件,防止随意扩大适用。"最高人民法院2019年工作报告指出,法院要依法服务民营经济发展,坚决防止将经济纠纷当作犯罪处理,坚决防止将民事责任变为刑事责任,让企业家专心创业、放心投资、安心经营。由于某生物科技公司核心领导层被刑事拘留,公司无法正常运转,相关申报工作陷入停滞,公司员工随时失业。这无论对防疫还是对社会稳定都带来了极大的负面影响,且被羁押的4名员工本身作为高级知识分子,一向遵纪守法。黄东律师在整理好辩护思路后即向检察院提交了不予批捕法律意见书。检察院认为江某某尚不具有社会危害性,决定不批准逮捕。叶某某被取保候审。

无罪辩护意见

黄东律师在审查起诉阶段看到了公安机关的《起诉意见书》。意见书认定江某某作为某生物科技公司销售及推广总监，在明知公司尚未取得国家药监部门批准的医疗器械注册证的情况下，向市场推广销售新冠病毒抗体检测试剂盒并以此牟利。江某某在与黄东律师的多次沟通中，前后表述始终一致。黄东律师多次前往检察院与办案检察官进行沟通，认为本案并不构成非法经营罪。

首先，本案相关情况不符合非法经营罪的客观方面。本案的焦点在于新冠病毒抗体检测试剂盒生产、销售无政府相关批文。《中华人民共和国刑法》第二百二十五条规定对非法经营罪明确了四种行为方式：① 未经许可经营法律、行政法规规定的专营、专卖物品或者其他限制买卖的物品的；② 买卖进出口许可证、进出口原产地证明以及其他法律、行政法规规定的经营许可证或者批准文件的；③ 未经国家有关主管部门批准非法经营证券、期货、保险业务的，或者非法从事资金支付结算业务的；④ 其他严重扰乱市场秩序的非法经营行为。显然，本案与第2项和第3项没有关系。司法机关要追究非法经营罪的刑事责任，只有考虑第①项和第④项。

新冠病毒抗体检测试剂盒显然不是国家专营、专卖物品，国家也未将其列入限制买卖物品范围。司法机关若要用第④项"其他严重扰乱市场秩序的非法经营行为"追究刑事责任，必须关注如下两个文件。第一，最高人民法院、最高人民检察院、公安部、司法部于2020年2月印发的《关于依法惩治妨害新型冠状病毒感染肺炎疫情防控违法犯罪的意见》。该文件明确了在新冠肺炎疫情防控期间非法经营罪的两种表现形式，即"（1）在疫情防控期间，违反国家有关市场经营、价格管理等规定，囤积居奇，哄抬疫情防控急需的口罩、护目镜、防护服、消毒液等防护用品、药品或者其他涉及民生的物品价格，牟取暴利，违法所得数额较大或者有其他严重情节，严重扰乱市场秩序的；（2）违反国家规定，非法经营非国家重点保护野生动物及其制品（包括开办交易场所、进行网络销售、加工食品出售等），扰乱市场秩序，情节严重的"。某生物科技公司在给产品定价时，充分考量了所投入的成本，并不存在哄抬价格、牟取暴利的行为。第二，最高人民法院2011年发布的《关于准确理解和适用刑法中"国家规定"的有关问题的通知》。某生物科技公司实施的行为在现阶段并无相关司法解释予以规制。根据该份文件第3条的规定,法院应当"作为法律适用问题,逐级向最高人民法院请示",而最高人民法院显然有可能不予批准。

某生物科技公司存在的最大问题可能是在没有许可证的情况下生产、销售试剂盒,但司法机关需要关注如下三个问题:第一,新冠肺炎对人体健康带来了极大侵害。党中央明确,要把人民群众生命安全和身体健康放在第一位。面对如此严峻的局面,仍然坚持审批优先显然不合时宜,也与党中央的基本原则相违背,而且某生物科技公司的审批工作正在进行,极有可能获得相关资质。第二,退一步说,某生物科技有限公司无资质并不意味着其行为构成非法经营罪。最高人民法院在2018年发布的指导性案例"王力军非法经营再审改判无罪案"中明确:"1. 对于刑法第二百二十五条第四项规定的'其他严重扰乱市场秩序的非法经营行为'的适用,应当根据相关行为是否具有与刑法第二百二十五条前三项规定的非法经营行为相当的社会危害性、刑事违法性和刑事处罚必要性进行判断。2. 判断违反行政管理有关规定的经营行为是否构成非法经营罪,应当考虑该经营行为是否属于严重扰乱市场秩序。对于虽然违反行政管理有关规定,但尚未严重扰乱市场秩序的经营行为,不应当认定为非法经营罪。"

某生物科技公司对外提供试剂盒,在主观上是为了抗击疫情,在客观上也有助于我国及世界各国在物资短缺的情况及时对患者进行预筛查,不仅没有危害,相反还有益于社会。试剂盒虽然存在检测失误情形,但某生物科技公司的试剂盒生产完全符合相关标准。在符合标准的情况下,对于检测失误的情形,司法机关应当考虑如下两点:① 没有任何产品能够百分之百发生效用,这是科学研究中的误差,而非错误。② 2020年2月开始用某生物科技公司的产品对某园区复工人员进行检测时并未出现检测失误事例。

其次,本案相关情况不符合非法经营罪的主观方面。某生物科技公司法定代表人刘某系技术引进人才,其带领的某生物科技有限公司在医药领域取得了可喜成绩,为我国经济发展作出了贡献。该公司一直守法经营。新冠肺炎危害大,传染性强,给全世界人民健康、经济发展造成了重大损害。某生物科技公司充分运用自己的技术条件,投身防疫战争中,在主观上完全没有牟利的意图,所获利润也完全是市场经营行为的表现。而且某生物科技公司在抗疫期间的表现得到了省市相关部门、领导的重视和肯定，这在一定程度上阻碍了其认识到所实施行为的社会危害。其并不具有犯罪故意。

终获不起诉

本案历时一年。检察院于2021年4月拟做相对不起诉处理，召开公开听证会。在听证会上，江某某当场表示认罪悔罪。黄东律师作为江某某的辩护人，从以下几方面阐述了意见：

1. 江某某自愿如实供述自己的罪行。

2. 江某某的行为不具有获利性及侵害他人生命权和健康权的可能性，犯罪情节显著轻微，危害性不大。

3. 江某某在主观上认识到行为对社会的危害性，且系初犯、偶犯，主观恶性不大。

4. 本案涉及保障非公企业。江某某系生物科技公司高管。刑事处罚会对企业未来发展壮大造成影响，且本案发生在疫情防控的特殊时期，并且企业确实为当地复工复产作出了贡献，获得了当地政府支持。

两名人民监督员在了解案情后，又详细听取并询问了案件侦查机关代表意见。多方经过认真评议，达成一致评议意见，建议对本案做相对不起诉处理。

最终，检察院认为，江某某在某生物科技公司任职期间实施了《中华人民共和国刑法》第二百二十五条第（一）项规定的行为，但未对疫情防控造成严重影响，且如实供述了自己的罪行，根据《中华人民共和国刑法》第六十七条第三款，可以从轻处罚。江某某自愿认罪认罚，根据《中华人民共和国刑事诉讼法》第十五条，可以从宽处理。同时江某某系初犯、民营企业重要岗位人员，悔罪态度诚恳，属犯罪情节轻微，为保障民营企业经营，根据《中华人民共和国刑事诉讼法》第一百七十七条第二款之规定，决定对江某某不起诉。

承办律师或团队

黄东,上海筑业律师事务所主任,上海律师协会刑法与刑事辩护业务研究委员会委员,上海宝山区委政法委执法监督员,上海宝山区政协委员,华东理工大学法学院校外导师,上海宝山区创新创业青年尖子,上海复旦大学校友会法律界同学会副会长。从事律师工作十余年,专注于刑事辩护与解决企业合规、民商事争议。

意想不到的一个缓刑判决

——果断取证、演绎常识、运用证据的一次完美配合

三事两罪，在侦查阶段被认定为"恶势力"

家住 G 省某县的李某，于 2019 年 5 月 16 日经公安民警电话传唤到办案机关接受讯问，被告知涉嫌以下犯罪：2016 年某日，李某在路上故意拦截村干部张某的车辆，情节恶劣，涉嫌寻衅滋事；2019 年某日，李某与彭某、钟某三人到本村某超市购物时，彭某上前调戏超市老板林某的女朋友，被对方拒斥之后，李某三人对林某进行殴打，情节恶劣，涉嫌寻衅滋事；2011 年某日，李某与他人结伙在本村附近的一个码头持械围殴邻村的袁某等人，涉嫌聚众斗殴。李某同时被告知，他与同村的另外 6 人系本村的恶势力团伙。

做完笔录后，李某当即失去人身自由，被依法刑事拘留。

2020 年 4 月，案件被移送检察院审查起诉，同案被告人共有 7 人。公安机关的《起诉意见书》指控李某涉嫌的犯罪事实包括如上所说的一起聚众斗殴和两起寻衅滋事。李某家人通过朋友介绍，委托北京盈科（贵阳）律师事务所沈万江律师担任李某的辩护人。

详细阅卷，寻找辩点，果断调查取证

辩护人与何雪律师（实习）在详细阅卷并会见当事人李某之后，发现《起诉意见书》中提到的李某于 2016 年某日在路上故意拦截村干部张某车辆的这一"寻衅滋事"事实存在以下问题：办案单位所取的证据只强调了李某故意拦截他人车辆的客观事实，但是对李某在行为过程中的动机和目

的没有具体加以证明,只在当事人的笔录中用了一句简单笼统的话概括。

从犯罪构成来讲,寻衅滋事罪的行为人在主观上应当是出于寻求刺激、发泄情绪、逞强耍横,简单来讲,就是常人所说的"无理取闹"。如果行为人的主观动机和目的具有一定正当性,其行为则不构成寻衅滋事罪或者构成其他犯罪。

据李某说,他当年拦截村干部张某的车辆是因为:当年镇政府在他们村修建了一条"产业路"。修建这条"产业路"属于落实扶贫政策的一个举措。"产业路"虽然占用了本村部分村民的土地,但是村民都不曾向村委和政府主张补偿,唯独这名张姓村干部向村委索要补偿,甚至在协商未果的情况下故意挡工。李某出于为村民"讨个说法"的目的在村子小路上拦下张某的车,同张某理论。

如果李某所说属实,其主观目的完全就具有一定的正当性。主观正当性成立,寻衅滋事的指控就不攻自破了。

李某的主观正当性还需进行逻辑上的拆解,而且一环都不能少。在客观上必须要满足以下三点:首先,政府组织修建的这条路不属于通常意义上的国家需要对占用村民的土地进行征收补偿的道路——如果属于国家应当补偿的范围,那么张某的诉求合理,李某的拦车行为必然就无理了;其次,张某就修路占用她家土地一事曾向村委主张补偿——如果张某实际上并没有主张过补偿,而只是李某主观推测,李某的拦车行为就纯属无理取闹,撤销该起寻衅滋事指控基本上也是不可能完成的任务;再次,除了张某之外,其他村民都不曾向村委主张过补偿——如果有其他村民也向村委主张过补偿,那么,李某单单找张某理论,就是故意惹事(这一个逻辑环节容易被忽略,但是一旦被忽略,律师的努力很有可能就功亏一篑)。

政府修这条路到底该不该补偿村民?这是一个问题,是一个需要有权威的书证证明的问题。

功夫不负有心人,辩护人找到了该县政府下发的落实《G省国土资源厅、省财政厅关于G省土地整治服务就地脱贫工作的指导意见》的公文,公文中明确提到途经某某村的"产业路"是2016年某县人民政府为落实中央的扶贫政策,实施的精准扶贫高标准基本农田建设项目之一。修建该"产业路"是为了改善农村基础设施,推动乡村精准扶贫,属于农村的公益建设项目。政府没有专门针对这些设施的修建划拨补偿资金。

第二个问题，村干部张某就修路占用她家土地一事是否向村委主张过补偿？辩护人仔仔细细地又把案卷中张某的笔录看了一遍，发现张某在笔录中确实承认了她向村委主张过补偿。

第三个问题，其他村民到底有没有向村委主张过补偿呢？辩护人到村里实地取证。现实的情况正如李某所言。该条"产业路"方便了村民的出行，便利了该村的农业生产，善良淳朴的村民们感谢党和政府都来不及，怎会去要补偿呢？

论证完毕

辩护人向检察院提交的《法律意见》这样写道："……在其他村民都没有提出补偿诉求的情况下，作为村干部的张某不但不以身作则，还在道路修建至其耕地时向村委要土地补偿，甚至在协商未果的情况下不让该工程继续下去，在客观上给村民起到不良的示范作用，其行为与一名村干部的身份不相符。李某拦截张某的车辆并非出于自身利益的考量，而是在为村民打抱不平，是在为大家评理。其拦车行为是针对张某而非其车。将李某的这种评理行为评价为寻衅滋事罪对李某是不公正的……"

检察官是一名50岁左右、办案经验丰富的中年男子，儒雅举止的背后似乎透着一丝固执。辩护人沉着地递上法律意见，然后摆事实、讲道理。检察官没有立即表态，但表示会认真研究律师的意见。

最终，检察院采纳了辩护人意见，没有将李某的拦车行为评价为寻衅滋事，在《起诉书》中去掉了公安机关的这一起指控。

让检察院在《起诉书》中去掉公安机关的其中一起指控，只是辩护方案的第一步。《起诉书》中指控李某的仍然是两起犯罪：聚众斗殴罪和寻衅滋事罪。量刑建议是聚众斗殴罪判一年半，寻衅滋事罪判一年，数罪并罚执行两年有期徒刑。

辩护人发现，《起诉书》在聚众斗殴一案中指控李某与他人共同围殴了张某，然而，李某从被讯问的第一天起，一直都矢口否认自己动手殴打过对方，只是承认自己到过现场，拿着铁棍站在一旁。经过多次会见，李某坚称他没有动手。但是为何《起诉书》中指控他动了手呢？

实际上，《起诉书》中已经确认了李某在该起聚众斗殴事件中从犯的作用。那么,李某到底动手了没有?真相到底是怎样的?

李某是否动手打过人直接影响法官内心的倾向性,直接影响案件的裁判结果。

辩护人发现,证明李某在聚众斗殴事件中参与动手殴打对方的证据主要来自同案被告人李某飞及白某的供述。李某飞、白某都证实李某动手殴打了对方,李某却坚称自己没有动手,那么李某是不是在撒谎呢?或者会不会有这样一种可能性,办案人员在办案过程中存在想当然的情况,所做的笔录带有倾向性,没有真实地反映客观事实呢?辩护人再次从笔录中寻找蛛丝马迹,终于发现了李某飞、白某及李某的笔录存在以下问题:三人的笔录在关于聚众斗殴一事上存在大量复制与粘贴的情况。此外,辩护人还从证据合法性的角度找到了李某飞的首次讯问笔录存在的问题。

辩护人知道,仅仅让法官发现证据存在的合法性问题是不够的,还需进一步找到证据存在的虚假性问题,才能从根本上撼动整个证据大厦。

一遍又一遍地阅卷,辩护人终于找到了在案证据存在的虚假真实性问题:被害人陈某自己陈述他被对方数人拳打脚踢,然而,李某飞、白某的笔录中却说得有板有眼——李某与另外几人持械对陈某进行围殴。被害人自己都说对方只是用拳脚殴打自己,李某飞等人的笔录中怎么会说李某等人持械殴打对方呢?除此之外,还有几处矛盾点。李某飞、白某的供述显然具有虚假性。

好了,一切准备就绪,就等开庭了。

在庭审发问阶段,辩护人基于对案件真相的确信,问了李某飞一个直抵真相的问题:"李某在此次打架事件中参与动手殴打对方没有?"戏剧化的一幕出现了,李某飞答:"李某动手没有,我并没有看到。"辩护人又问:"那你的笔录中怎么说李某和其他几人持械围殴陈某呢?"接下来是对白某的发问,其回答也与庭前供述相矛盾。法官在庭上听得很认真,动了动笔,似乎记下了什么。

在质证阶段,辩护人有针对性地对以上提到的证据中存在的问题进行了综合质证,指出李某飞、白某笔录中关于李某动手参与殴打陈某的供述存在重大矛盾,不真实、不客观。相反,另两名被告人张某、向某的供述与李某的供述能相互印证,证实了李某没有参与动手殴打对方。

关于另一起寻衅滋事罪,辩护人在质证阶段指出被害人在案发时向公安机关所作的陈述与其在笔录中的陈述相矛盾。在辩论阶段，辩护人按原计划对该起寻衅滋事罪的指控直接做了无罪辩护。无罪理由如下：首先，李某在超市的行为未致使被害人林某达到轻伤程度，并且该行为仅针对林某，未对其他人造成伤害。因此，被告人李某的行为不符合《最高人民法院、最高人民检察院关于办理寻衅滋事刑事案件适用法律若干问题的解释》第二条第一款第（一）项的规定，法庭裁判不能超越罪刑法定的原则。其次，法院不能把被害人受伤后没有经营超市所受损失直接评价为李某在本案中存在的"其他恶劣情节"导致的结果。从法律性质上来说，该损失属于间接损失。然而在刑事案件中，间接损失等期待性收益是不能作为刑事入罪的评价标准的，换句话说，犯罪客观构成要件的损害结果是不包括所谓间接经济损失的。就本案而言，对李某的行为是否构成犯罪的法律评价所针对的时空范围应当是起于李某的行为开始之时，终于李某的行为实施终了那一刻，而不是把被害人林某因为被殴打而没有去经营超市这一后果评价为所谓情节恶劣的入罪情节。再次，正是因为该起案件达不到寻衅滋事罪的定罪标准，只构成治安案件，派出所当年依照《中华人民共和国治安管理处罚法》对该起案件进行了调解。"对同一行为不能重复评价"，这是全世界公认的一个刑法原则。如果罪刑法定原则不再被司法机关遵守，那么每个人都是危险的，每个人都可能被"寻衅滋事"……

为了争取案件的最好结果，辩护人在法庭辩论最后阶段论证了李某经公安机关电话传唤到案后，主动供述犯罪事实的行为构成自首。理由是《中华人民共和国刑事诉讼法》并未将传唤规定为强制措施的种类，因此，李某被公安机关电话通知后主动归案的行为，符合《最高人民法院关于处理自首和立功具体应用法律若干问题的解释》第一条第（一）项规定的"未受到讯问、未被采取强制措施时"的时间条件。其次，李某在经公安机关电话传唤后，有很大的自主选择性，其可以选择归案，也可以选择拒不到案甚至逃离，但是李某选择了主动到案并如实供述犯罪事实，其行为具有主动性，属于法律鼓励的行为，应当得到公平合理的评价。再次，最高人民法院在《刑事审判参考》2005年第4集的第354号王春明盗窃案中确立了以下原则：犯罪嫌疑人被公安机关传唤到案后，如实供述自己的罪行的，构成自首。《最高人民法院关于案例指导工作的规定》第七条规定："最高人民法院发布的指导性案例，各级人民法院审判类似案例时应当参照。"

庭后,辩护人提交了详细的辩护词以及《刑事审判参考》的相关案例。

法院一锤定音,被告人意外收获缓刑

半个月后,李某家属打电话来告知辩护人审判结果:李某犯聚众斗殴罪,判处一年有期徒刑;犯寻衅滋事罪,判处半年有期徒刑;合并执行有期徒刑一年,缓刑两年。同时还告知,李某已经从看守所被释放出来了。

判决书采纳了辩护人关于李某涉嫌聚众斗殴的辩护意见,部分采纳了辩护人关于李某涉嫌寻衅滋事的辩护意见,采纳了辩护人提出的李某的行为构成自首的辩护意见。法院尽管最终判决李某的行为构成寻衅滋事罪,但从判决结果来看,实际上是变相采纳了辩护人的意见,免掉了寻衅滋事罪的刑期。

李某是所有被羁押被告人中唯一一个获得缓刑的人。对于这种案件,这样的结果让两名律师倍感惊喜。所有的辛劳都是值得的!

虽然案件结果确实有点出乎辩护人的意料,但是仔细梳理一下,其实这也在情理之中:在聚众斗殴事件中,李某只是前往旁观助战,没有动手;寻衅滋事的指控显得牵强,存在同一行为重复评价的情况;在案证据暴露出种种问题;李某有自首情节……这些为法官给当事人一个缓刑提供了充足的理由。

细想一下,律师们办理的每一个成功案例的背后其实都离不开实事求是、负责任的公安、检察官和法官。那些强调案件办得漂亮都是律师一个人的功劳的观点是不客观的。最后,辩护人在此也向本案中的检察官和法官表示敬意。

承办律师或团队

沈万江,北京盈科(贵阳)律师事务所经济与职务犯罪事务部专职律师,毕业于中国人民公安大学,具备十多年的公安工作经验,曾经在公安局从事过刑侦、经侦工作,具备丰富的刑事案件办理经验。擅长办理重特大刑事案件、疑难复杂的刑民交叉案件及涉外案件。

一场技术的较量
——滕某涉嫌污染环境案

2019年4月17日，滕某和汪律师拿着免予刑罚的二审判决书，才意识到这场战役终于胜利了。

花甲之年遭判刑

汪律师第一次见到滕某是在2018年12月，那时天气刚刚转冷。眼前这个花甲老人，身板瘦弱，眼窝有点深，眼神坚定。汪律师给滕某倒了一杯热茶。滕某从包里拿出了一份判决书。"被告人滕某犯污染环境罪，判处有期徒刑一年。"判决书上这样写着。滕某喝了一口茶，开始述说自己的遭遇。

滕某曾被评为市级劳动模范，拥有多项发明专利，是不可多得的技术人才。像这样获奖无数的专业技术人才怎么会犯罪呢？事情要从2017年说起。2017年6月，滕某租了一间五金厂的厂房，将里面的破旧设备出售，放置了自己设计的一体式抛光机。这时，同案犯钱某听闻滕某研发了新型的抛光机，便找上门来。二人一拍即合：滕某提供场地和机器，钱某负责实际操作和运营，必能将机器改善得更好。钱某便去外面拉了一些订单，招募人员对五金材料进行抛光。加工厂正式开始运作。2018年8月，当地环保部门工作人员对加工厂进行例行检查，发现厂房外坑洞内有废水排放，遂在墙洞内的排放口提取了废水样品。经检测，在排放口提取的水样的铜含量和锌含量超过国家污水综合排放标准10倍以上。当时现场正在从事抛光作业，机器下有水流出的痕迹。执法机关推定是机器问题导致废水排放，加工厂涉嫌污染环境，故立案。之后，一审法院认定了污染环境的事实，判处滕某一年有期徒刑和一定的罚金。考虑到滕某的身体原因,法院暂时未收押滕某。

虽然一审判决还未生效,但一审法院的认定不可能全无道理。若非滕某真的有冤屈,再上诉意义也不大,只是推迟执行的时间罢了。但是滕某十分坚定:"汪律师,那抛光机器是有生产许可证的,根本不会流出废水。"汪律师了解到,原本的抛光机在工作中容易造成空气中粉尘较多,从而引起爆炸,而滕某研发的新型干抛湿除抛光机通过用水吸附粉尘的方式避免粉尘在空气中弥漫,减少粉尘被吸入人体或爆炸事故发生的概率,获得了实用新型专利,抛光机制造的国家标准也因该机器的研制而重新制定。该机器的升级版在国内已被广泛推广使用。也就是说,新型抛光机是国家认可的造福人类的机器,怎么会涉案呢?难道是机器在使用中会漏水这一问题之前没有被发现吗?虽然滕某对抛光机的用法进行了解释,但对这一领域毫无接触的汪律师仍然对抛光机的工作原理、抛光的操作过程一知半解。对于环境污染的案件,律师还是得去现场看一看。但因上诉期限即将届满,汪律师决定先根据滕某拿来的一审材料和判决书草拟好上诉状,择日再前往现场进行查看。

12月10日,汪律师和滕某一早将上诉状递到原审法院后,一刻也不耽搁地前往案发地进行调查。汪律师对加工厂环境进行了了解,找到了事发时机器的位置和被认为是废水排放口的墙洞。因案发后加工厂已经停止生产,机器无法运作,汪律师就和滕某去另一家正在抛光作业的工厂,对抛光工作过程进行了观摩。抛光时,操作人员需要在机器下方水槽里加水。如果水量过多,机器出风口可能会有水雾带出,但不至于形成水滴。机器附近地面都是干燥的。正如滕某所说,新的抛光机不存在漏出废水的可能,那么司法机关是通过什么去证明抛光机有问题的呢?会不会是工人操作不规范?还是有其他原因?在现场已经无法找到原因了,汪律师决定回去仔细看看证据材料。

取样录像多端倪

污染环境案件客观证据的调取、固定有赖于行政机关。行政执法证据在符合条件的情况下能够转换为刑事案件证据,而环保部门行政执法和查办案件的程序意识往往较弱,可能在执法过程中出现不合法的取证手段。

根据环保部门现场检查(勘察)笔录和提取笔录,2018年8月4日执法人员在厂房西南墙角排放口提取了两瓶灰色混浊水样。而随案移送的执法视频和照片显示,取样的时间为8月8日,为何两个时间记录相差4天?视频是否事后录制的?那么如何保证用于监测的两瓶水样是采自案发现场呢?律师反复观看取样视频,省略前后无关内容,关键取样过程仅仅40秒。按理来说,40秒的时间也足够将取样时的情况录制清楚了,可这段视频既没有显示污水的源头,也没有展示污水取样全过程及结束时的状态。视频的几个疑点在于:第一,视频里只录制了一瓶污水的采样过程,而另一瓶污水的采样没有视频为证。第二,视频中的水槽很狭窄且水不深。若真像执法人员所说的,水是顺流而入瓶中,则不可能装满一瓶,而在案的采样瓶是装满水的。滕某也称,他分明记得,那天执法人员取样时因瓶子无法灌满,便"用东西撬到瓶子里面",而这一说法也未能从视频中找到完整记录,故视频结束后执法人员采用其他工具将水采满,甚至在采样瓶中掺入了其他物质的可能不能被排除。第三,视频里能明显听到有扫帚扫水的声音,结合环保取证人员均提到存在水龙头漏水的情况,有人有意无意将水龙头打开,把滴落在地面的水扫到水槽中再取样的可能不能被排除。总之,执法机关取样程序存在严重问题,相应的检测结果自然不能作为定案根据。

寻找证人屡碰壁

上述取样视频疑点重重,但使用工具、故意开水龙头等也只是滕某的一面之词或是猜测,虽然可以作为质疑水样真实性的理由,但要想更好地证明新型抛光机不会排出废水,仍需要更有力的证据。律师想到,可以让当时在场的工人作证,让他们说明案发时机器的情况和取样的过程,但因为工厂倒闭,春节临近,有的工人已经被遣散回外省老家了。这为取证增加了难度。滕某尝试着联系了3名工人,甚至从浙江跑到湖北,前往工人家中请求对方为其作证。可惜的是,出于种种考虑,工人始终没有答应作证。律师也向合议庭提交了证人出庭作证申请书,望能借助法庭的力量,可终究未能如愿。

实验还原真现场

2019年1月18日一早,律师和滕某又前往了原加工厂。这一次,他们准备用还原案发现场的方式,证明抛光机不存在污染环境的问题。为了让实验更加真实可靠,律师请到了第三方检测工作人员和原市电镀协会会长到场见证。因原工厂所在地已经重新出租给他人,无法重新布置进行实验,故律师和滕某等人只能在案发地附近进行实验。第一次实验时,滕某将从原案发现场搬来的抛光机放置好,但因为该抛光机已经一年未使用,机器下用于吸收抛光粉尘的水已经干涸,滕某便往里加入适当水量。抛光工人拿出提前准备好的和案发时相同的锁具进行抛光工作。大约十分钟后,没有水流、水滴从抛光机中流出或溢出,地面也是干燥的。为了保证能够真实还原案发情形,一行人又前往另一加工厂,该加工厂的机器也是从滕某处购买的,且一直处于生产状态,情况与原案发现场的高度相似,可以开机运行和检测。第二次实验时,机器稳定运行了十几分钟。与第一次实验结果相同,抛光机并没有任何排水的迹象。这时操作工人称,有时候机器水槽水加多了,出风口可能会排出雾气,水流会不会是这样形成的?于是众人进行了第三次实验。这一次,操作人员将水槽的水加满,再次进行抛光操作。机器上方的出风口确实有少许水雾产生,但长时间后,也不至于出现水流。第三方检测人员表示无法采取水样。机器运行结束后,操作人员将机器上方污泥收集板打开。在打开的瞬间,有几滴水珠滴落在地面形成水渍。工作人员告知,在一天工作中,污泥收集板会打开两次进行清理。以上就是每天的操作了,确实不会有水流形成。结束所有实验,向工作人员致谢后,众人回到律所,对实验过程的视频和照片进行整理,并制作书面的记录,准备提交法庭。

专家到庭强证明

过了年,距离开庭的日子也不远了。

律师从事实、证据和法律适用的角度整理了一遍案件的辩点,光是概述就有不少的篇幅,但律师总觉得还是缺少了点什么。在现有的证据材料下,法官很容易先入为主。仅仅还原实验怕是难以说服合议庭。可若是有和滕某一样,在抛光机上较为内行的专家能够为这台机器的运作原理、运作过程和运作结果进行说明,作为有专门知识的人出庭提出意见,效果岂不更好?

2019年3月6日,庭审正式开始。公诉人宣读起诉书后,双方就公诉内容和公诉方提出的证据展开了激烈的辩论。

为了削弱控方指控体现,律师申请取证人员出庭作证,通过庭审问话还原现场关键事实,而现场检查人员竟无法说清几台机器漏水、机器哪里漏水、为何取样视频不完整等关键问题。律师乘胜追击,为了说明机器运行原理,申请专家证人出庭作证,通过专家揭示了核心问题:依据运行原理,该机器正常运行时不会发生漏水,偶有水滴漏却不会形成水流。

搁置争议同对外

除了在庭审时与公诉机关对抗外,滕某与同案嫌疑人崔某某也存在利益冲突。崔某某在一审时一直辩称该加工厂老板是滕某,其受滕某雇佣,替滕某工作。而环保部门现场检查时,滕某在场(附和为负责人),在文书上也以负责人名义签字确认。对此,一审法院认定了滕某加工厂负责人的身份。在一审庭审时,滕某与崔某某就此问题产生争议,崔某某的家属也因此对滕某充满敌意。为了削弱崔某某的敌意,在二审庭审前律师与崔某某的妻子及崔某某的律师进行沟通,虽未能说服对方如实陈述"谁是负责人"的问题,但对方能够理解并接受律师提出的"关于案件的核心争点",并搁置争议,提供了崔某某妻子与工厂部分工人的对话录音,弥补了工人无法到庭作证的缺憾。

公平正义终有时

庭审结束后,律师及时整理了辩护词提交法庭。经过一个多月的等待,终于迎来了二审判决。法院虽然未作出无罪判决,但改判免予刑事处罚。律师实现了当初的代理目标,当事人的退休待遇也得以保留。不得不提的是,本案的审判长确实贯彻了以审判为中心的司法理念,同意开庭审理,同意取证人员及专家证人出庭作证,为案件的公正审理创造了有利条件。

本案除了两位出庭的人证（一位取证人员、一位专家证人）外，还有调查实验时的三位证人（一位专家证人、两位检测机构人员），未出庭的一位专家证人（已申请并候庭）。共计六位人证（含三位专家证人）参与作证是本案获得改判的技术基础。尽可能还原环保检查取证时的情景，追求相同产品、相同人员、相同机器、相同操作、相同环境下的调查实验是本案的一大特色。

本案发生在两年前，但办案过程中的用心投入、获得突破时的喜悦及对未知结果的焦急等待仿佛就在昨天。

承办律师或团队

汪廖律师，浙江东瓯律师事务所执行主任、博士研究生，温州市律师协会刑事专业委员会刑诉部部长、专家组成员，浙江省律师协会刑事专业委员会委员，浙江省律师协会首批律师专业能力评定律师（刑事类）。

故意伤害罪不构成，涉黑案件量刑九年十个月

起诉书指控事实

2009年，SL拆迁公司（征收事务所）设立后，被告人李某泉为谋取暴利，依托合法公司的外衣，以同乡、亲友为纽带，纠集一批有文身或有违法犯罪前科的社会闲散人员进入公司，在开展拆迁业务时对拆迁户进行威胁、恐吓，以及动用暴力手段，以达到对被拆迁人员的心理强制，迫使其签订拆迁协议。李某泉在公司内成立"环境保障组"，由甘某某任组长。对不同意签订拆迁协议，让征迁组无法完成拆迁任务的拆迁户，甘某某在公司抽调有前科、文身，积极参与组织内暴力或软暴力滋事行为的人员进行滋扰，使拆迁户不堪忍受，被迫签订拆迁协议。该组织逐步形成以被告人李某泉为首，有组织的采取暴力、威胁、软暴力等手段进行暴力拆迁活动的违法犯罪组织。

案件审理与辩护经过

徐权峰律师在案发后接受甘某某及其家属的委托为甘某某辩护。徐权峰律师在充分阅卷后，认为起诉书指控甘某某的行为构成故意伤害罪明显错误，并详细分析了被告人甘某某的行为及涉嫌的罪名：

本案不存在刑法意义上的黑社会性质组织。该组织形成时间不明，且不具有黑社会性质组织应当具备的组织特征、经济特征、行为特征、危害特征。

本案发生于特殊的时代背景下，案情也非常特殊，涉及多个主体及多

种法律关系,存在民行、刑行和刑民交叉的问题。

当初行政机关认为城市建设需要拆违、征迁,但不愿做,也做不了,就一股脑地全部委托给SL拆迁公司(征收事务所)。现在又把责任一股脑地推给SL拆迁公司(征收事务所),甚至导致SL拆迁公司(征收事务所)直接被指控为黑社会性质组织。这违背基本的常情常理。

本案被告人甘某某所供职的SL拆迁公司(征收事务所)和担任股东的SL房地产开发有限责任公司(以下简称"SL房地产公司")是县李某泉依法设立,接受行政机关委托从事征地拆迁工作的公司。最初设立时,当地存在多家拆迁公司,但因为征收和拆迁工作本身难度大,利润较低,其他拆迁公司不愿意干,只有SL拆迁公司(征收事务所)一直坚持在做拆迁业务。到2013年,因为从事了多年的征收、拆迁业务,加上拆迁过程中完成了大部分的委托拆迁业务,SL拆迁公司(征收事务所)得到了委托单位的信任,自然获得了较多的拆迁业务,也就不存在垄断或排除竞争的问题。甘某某是2010年以后进入拆迁公司的,在2013年SL房地产公司成立后,主要从事房地产开发的工作。其在工作中积极主动,也乐于帮助身边的人,不计较小利益,所以朋友较多,但都是同事,并没有任何的人身依附关系存在。

甘某某刚进入公司时,SL拆迁公司(征收事务所)的人员流动非常频繁,业务还处于亏损状态,没有经济收益,直到2013年才开始好转。甘某某并没有参加黑社会性质组织的主观故意,也没有协助李某泉去建立、发展与主流社会长期并存并逃避主流社会控制与法律制裁的黑社会性质组织的目的。

辩护人不否认李某泉、甘某某等人在公司安排的拆迁工作中存在行为失当、处理矛盾与纠纷的手段欠妥当甚至个别行为构成犯罪的问题,但是不能因为其多次的非法手段,就认定SL拆迁公司(征收事务所)属于黑社会性质组织、甘某某本人参加黑社会性质组织。我们坚决支持加大对黑恶犯罪的打击力度,但不能降低认定标准,更不能置罪刑法定原则于不顾,将数个违法犯罪行为简单聚集、叠加在一起评价为具有黑社会性质。

SL拆迁公司(征收事务所)在实施拆违、征迁过程中,部分行为可能违法、违规,甚至单个行为涉嫌犯罪,但是如果就此认为SL拆迁公司(征收事务所)或者李某泉等人在当地建立和发展了黑社会性质组织,试图非法控制当地的拆迁行业和被拆迁户显然是失之偏颇的。第一，其不可能有这样的意图，也无法做到。道理很简单，所有的拆迁业务是当地行政机关委托的，李某泉没法控制，也没法垄断，更没法成立一个"黑社会"。第二，起诉书指控的部分行为连一般行政违法行为都不构成，至多是民事侵权行为，就更不符合刑事犯罪的构成要件了。当地征迁部门为了保证拆迁如期完成，在行政机关层面成立了多个部门组成的联合协调组，由机关的主要领导负责，多部门配合，也为SL拆迁公司（征收事务所）的所有上门动迁的员工制发了正式工作牌并盖上公章，还向SL拆迁公司（征收事务所）派驻了第一书记，因此我们不能认为SL拆迁公司（征收事务所）的行为就是李某泉的行为，二者不可画等号。但是，有一点不可否认，现在被指控为犯罪的部分拆迁行为，是行政机关在已经作出强制拆除决定的情况下组织多部门实施的，SL拆迁公司（征收事务所）只是依据行政机关的决定负责其中拆除工作。不管这个决定（公告）是如何作出的，对于所有的行政相对人均是合法、有效的。所以，简单地认为SL拆迁公司（征收事务所）是黑社会性质组织过于简单粗暴。

涉嫌故意伤害罪的指控存在诸多问题

（一）甘某某涉嫌故意伤害的事实不清、证据不足

起诉书指控甘某某涉嫌故意伤害的直接证据是朱某炎做的证人证言。朱某炎与被害人是翁婿，存在利害关系，且证言本身存在违背常情常理之处，与其儿子朱某文的证言不能印证。朱某炎患过中风，年龄又较大，时隔多年，在没有辨认的情况下，难以确认被害人。

第一，朱某炎的证言与朱某文、被害人高某中的陈述均不一致。朱某文说他距离甘某某近一些，朱某炎却说他离得更近。关键是如果朱某炎站在甘某某边上的话，高某中都看到甘某某了，会看不见自己的岳父吗？高某中说在被打之前没看到朱某炎，只看到了朱某文，也说明朱某炎当时并不在甘某某旁边。朱某炎"当时我就站在甘某某旁边，所以看得比较清楚"的证言明显是虚假证言。

第二，朱某炎作为被害人高某中的岳父，为了帮助女婿指控甘某某，不惜违背常理为被害人作证。其年龄较大、所在位置较远，反倒比其儿子

朱某文看得更清楚,明显不合常理。朱某文都说距离很近,但因天色已黑,加上时间很快,没有看到,那么朱某炎作为年龄较大的人,实际又不站在甘某某的旁边,说没看到才属正常的证言,否则明显是企图栽赃陷害。

第三,实际情况是朱某炎因担心儿子,跟在朱某文和甘某某等人的后边。况且,假如被害人高某中看到自己的岳父,那他应该先和岳父打招呼,既然没打招呼,就说明朱某炎不在甘某某旁边,也就证明朱某炎的证言有假,不应作为定案依据。

第四,证人之间存在利害关系,被害人高某中是朱某炎女婿,与朱某文是郎舅关系,与被告人之间存在利益冲突。根据《最高人民法院关于适用〈中华人民共和国刑事诉讼法〉的解释》第一百零九条第(二)项规定,"与被告人有亲属关系或者其他密切关系的证人所做的有利被告人的证言,或者与被告人有利害冲突的证人所做的不利被告人的证言"应当慎重使用。

在案证据中只有朱某炎和被害人高某中表示是甘某某打的,朱某文表示没有看清,其他人的证言均为传来证据,故孤证不能定案。朱某炎是被害人高某中的岳父,二人存在利害关系和串供的可能,故朱某炎证言效力相对较低,不能证实甘某某殴打了被害人高某中。

第五,本案中被害人高某中和关键证人朱某炎均没有对甘某某进行辨认,也没有证据证明二人认识甘某某,不能确定打人者就是甘某某,证据不足。

(二)《法医学人体损伤程度鉴定书》检材不真实、检材来源不合法、适用鉴定标准错误,不能作为定案依据

1. 被害人高某中并非粉碎性骨折。

第一,县医院医生证实高某中做的是鼻中隔弯曲和鼻骨骨折手术,并不是粉碎性骨折和额突骨折手术。

第二,从手术记录来看,手术名称是鼻内镜下鼻中隔矫正+鼻骨骨折复位术,并没有"取骨术"。

第三,手术中所取出的碎骨是对鼻中隔弯曲部位进行切除时产生的,而该碎骨并非外伤导致的碎骨,是切除手术复位过程中无法复位的部分碎骨,也就是说,碎骨是手术产生的。

第四,不管是从字面意思看,还是从手术名称、手术过程看,高某中

所做的绝不是粉碎性骨折的手术。如果是粉碎性骨折，仅仅复位是不够的，还需要植入钢钉进行内部固定。

第五，专业医生的证言证实被害人高某中并非粉碎性骨折。

2.《法医学人体损伤程度鉴定书》检材不真实、检材来源不合法、适用鉴定标准错误，不能作为定案依据。

第一，检材不真实。据辩护人申请调取的证据，该《法医学人体损伤程度鉴定书》第一部分绪论中的检材和样本不真实，本案证据并无影像片，而是 CT 电子照片。该 CT 电子照片来源不明，没有按照电子证据取证规范提取，真实性存疑。另外，检材中影像片如果是指电子照片，那么电子照片应不止一张，并且电子照片的提取必须按照电子证据的取证程序和规范进行，否则其合法性和真实性无法保证。

第二，W 县公安局刑事科学技术室出具的《法医学人体损伤程度鉴定书》所适用的依据错误。

《最高人民法院关于执行〈人体损伤程度鉴定标准〉有关问题的通知》（以下简称新标准）第一条规定："致人损伤的行为发生在 2014 年 1 月 1 日之前，尚未审判或者正在审判的案件，需要进行损伤程度鉴定的，适用原鉴定标准。"本案发生于 2012 年 5 月 8 日，应当适用《人体轻伤鉴定标准（试行）》（以下简称"原标准"）。因此，W 县公安局刑事科学技术室出具的《法医学人体损伤程度鉴定书》适用标准错误。对新标准施行之前的行为造成的损伤的鉴定，应当适用原标准。

根据《人体损伤程度鉴定标准》（以下简称"新标准"）第 5.2.4 条的规定，鼻部轻伤二级包括鼻尖或者一侧鼻翼缺损、鼻骨粉碎性骨折、双侧鼻骨骨折、鼻骨骨折合并上颌骨额突骨折、鼻骨骨折合并鼻中隔骨折、双侧上颌骨额突骨折。因此，即便适用新标准，被害人高某中鼻骨及左侧额突骨折也不构成轻伤二级。公诉人混淆了原标准的轻伤和新标准的轻伤二级。二者属于不同的范畴。

（三）《情况说明》不属于书证，更不属于鉴定意见，且该《情况说明》的内容与专业临床医生、CT 检查报告相矛盾，不能作为证据使用

《情况说明》第二段认为：左侧鼻骨骨折伴有明显移位，依原标准第十条第一款构成轻伤；左侧上颌骨额突骨折属于上颌骨骨折，依原标准第十三条，构成轻伤。该观点显然是偷换概念、牵强附会。

1. 上颌骨额突骨折不属于上颌骨骨折。《情况说明》是从字面意思来推定种属概念，想当然地认为，上颌骨骨折包括上颌骨额突骨折，这也能说明鉴定人的不严谨。

《情况说明》认为上颌骨额突骨折就是轻伤标准中所指的上颌骨骨折。这显然没有依据，只是从字面意思去推理，但是这个推理明显混淆了上颌骨额突骨折和上颌骨骨折的概念。在轻伤鉴定的过程中，这两个概念没有包含关系，上颌骨骨折不包括上颌骨额突骨折。原标准"5.2.4 t) 颌骨骨折（牙槽突骨折及一侧上颌骨额突骨折除外）"说明，上颌骨额突骨折不属于上颌骨骨折。

2. 经专业医生和 CT 报告认定，高某中的鼻骨并不存在明显移位。

第一，病历资料和 CT 报告显示的是鼻骨骨折伴鼻中隔弯曲，并未有"鼻骨骨折伴有明显移位"的诊断。

第二，专业医生的判断是鼻骨骨折伴鼻中隔弯曲，并未有"鼻骨骨折伴有明显移位"的诊断。手术记录显示的也是鼻骨骨折，做的手术也是微创手术。如果鼻骨明显移位的话，只能进行外科手术。我们都知道，一般病情比较轻的才会做微创手术，故从手术方式也能看出，鼻骨没有明显移位。

第三，CT 检查报告诊断为鼻骨及左侧额突骨折、鼻中隔弯曲，客观书证也证实没有鼻骨明显移位的情况。CT 检查报告及专业医生对被害人高某中的病情诊断自始至终都是鼻骨及左侧额突骨折、鼻中隔弯曲。这个病情，按照原标准的规定，本身就不构成轻伤，也就不存在适用新标准的问题，所以，鉴定意见适用新标准错误。

第四，鉴定人前后判断不一致，简单从字面意思推定"种属关系"，得出"上颌骨额突骨折"就是"上颌骨骨折"的错误结论，以致作出的鉴定意见和《情况说明》漏洞百出。其专业资质和专业水平存疑。对伤情的判断应当结合临床医生的判断和 CT 报告进行。

鉴定人的判断与专业临床医生的诊断及 CT 诊断报告不一致。在电子照片的真实性不能确定的情况下，鉴定人应当依据现有的病历和当时的 CT 检查报告明确高某中的伤情。鉴定人忽视临床医生的诊断，不合常理地解释"上颌骨额突骨折"就是上颌骨骨折。

鉴定人企图以自己的医学专业优势及事后作出的《情况说明》进行解

释。但非医学专业的被告人、辩护人及法庭不能判断出其解释的合理性,只会从证据规则、鉴定标准的要求及常情、常理的角度判断鉴定人所做的《情况说明》是否合理。另外,鉴定人即便利用了自己的专业优势,也仍然存在明显错误,以一般普通人的判断标准错误认定种属关系,没有进行专业判断,因此,该《情况说明》不能达到其证明目的。

综上所述,起诉书指控甘某某故意伤害被害人高某中的犯罪事实不清、证据不足,不能认定甘某某的行为构成故意伤害罪。

关于涉嫌非法拘禁罪,第一,甘某某未参与非法拘禁事实,故公诉机关指控甘某某参与非法拘禁的事实不清,证据不足;第二,即便剥夺高某中的人身自由存在,殴打和侮辱属于实行过限,甘某某的行为也同样不构成非法拘禁罪。

关于涉嫌故意毁坏财物罪,SL拆迁公司(征收事务所)对鸡棚实施的拆除行为系受行政机关委托实施的合法行为,在主观上无毁坏财物的故意,在客观上是按照行政机关的决定和委托而进行的拆除,因此,起诉书指控甘某某涉嫌故意毁坏财物罪错误。

关于涉嫌伪造国家机关印章罪、伪造公司印章罪,第一,聊天记录截图属于电子数据,且该聊天记录的双方单纯凭截图无法确定,其真实性存疑,故该聊天记录不应作为定案证据。第二,甘某某只有一个让他人刻章的行为。他人实施伪造国家机关印章和伪造公司印章属于实行过限,属于"一行为触犯两罪名",系想象竞合犯。第三,甘某某伪造印章的行为是为了给SL房地产公司提升资质,与拆迁无关,属于"组织"外的行为。第四,即便甘某某的行为构罪,其也具有坦白情节。

关于涉嫌寻衅滋事罪,第一,起诉书所指控的寻衅滋事的事实甘某某均未参与。第二,即便甘某某参与实施了寻衅滋事行为,也不构成寻衅滋事罪,因为根据《最高人民法院、最高人民检察院关于办理寻衅滋事刑事案件适用法律若干问题的解释》及《关于办理黑恶势力犯罪案件若干问题的指导意见》的规定,两年内实施不同种类寻衅滋事行为三次以上的才构成寻衅滋事罪。

判决结果

法院充分审查了徐权峰律师的辩护意见，于 2020 年 7 月 30 日公开宣判。法院认为公诉人指控甘某某犯故意伤害罪事实不清、证据不足，充分采纳徐权峰律师的辩护意见，对该起事实不予认定。综合全案，判决甘某某犯参加黑社会性质组织罪、非法拘禁罪、故意毁坏财物罪、寻衅滋事罪、伪造国家机关印章罪、伪造公司印章罪，判处有期徒刑九年十个月，剥夺政治权利两年，并没收个人全部财产。

办案小结

本案件能取得良好辩护效果的关键在于辩护人对案卷仔细研读，"吃透"案卷，而非走过场。本案是在全国开展"扫黑除恶"行动期间由中央督导组督查的涉黑案，从立案侦查到最后判决，先后经历近两年的时间，涉及近 20 名被告人。面对堆起来有 2 米多高的案卷，如果辩护人不仔细阅读案卷，理清思路，找出案卷中对被告人有利的关键点，就很难得出指控被告人犯故意伤害罪的证据不足的辩护意见。而要想让主审法官采纳辩护意见，必须对案卷的材料非常熟悉，同时积极引导主办法官注意并了解到案卷中的相关细节证据。正是细心负责的阅卷和精细化的辩护，使得被告人的合法权益得到有效的维护。

在这里，辩护人要特别感谢团队律师的协助，还要感谢本案的承办法官及出庭检察员对证据和事实的精准把握和公平公正的判罚！

承办律师或团队

徐权峰律师，兰州大学法律硕士，安徽金亚太律师事务所总部（合肥）一级合伙人，安徽金亚太（芜湖）律师事务所主任、人身和医事犯罪业务部主任，合肥市律师协会医委会委员。执业至今办理了多起省内外有重大影响的刑事案件。

为警察辩护
——胡某玩忽职守案终获无罪结果

警察与律师

小时候，小说里的侦探都给我留下了深刻的印象。他们穿着黑色大衣，戴着墨镜，头上还有一顶黑帽子，很神秘、很帅、很酷，所以，我喜欢上了侦探。一名出色的侦探能让犯罪分子得到应有的惩罚，为受害者伸张正义。随着年龄的增长，我知道在我国侦探就是人民警察，于是想着将来一定要当警察，后来也顺利考上了警校，毕业后正式成了一名人民警察。

在公安局工作了两年后，我改行做了律师。律师和警察的职业还是有共同点的，比如伸张正义。

警察可以抓逃犯，也可能瞬间变成犯罪嫌疑人。本案就是我为一名警察辩护的真实案例。

解押逃犯

2018年6月6日，H市公安局禁毒支队将涉及李某等人涉嫌贩毒的案件线索移交S县公安局侦办。S县公安局于当日立案。因嫌犯李某未在案，S县公安局于6月8日对其发布网上追逃。2019年1月18日下午，C县公安局干警在S县将嫌犯李某抓获后带回C县，临时羁押于C县看守所，并电话通知S县公安局李某案件主办人胡某前来押解。胡某及时向S县公安局刑警大队追逃办负责人张某汇报。张某认为C县公安局越境抓捕逃犯的行为违反法律规定，拒绝出具接收证明，提出让C县公安局将逃犯李某送回S县，而C县公安局认为S县公安局应该持相关手续来C县接人。2019

年1月19日,两地公安局因移交逃犯问题发生工作纠纷后,分别电话联系共同上级H市公安局追逃办,请求协调解决。但由于H市公安局追逃办没有充分认识到两地公安局的核心关切,初步协调未果。随后,2019年2月15日,C县公安局向H市公安局呈报《关于抓获S县公安局上网逃犯李某的情况报告》,请H市公安局追逃办尽快协调解决。2月20日S县公安局也向H市公安局呈报《关于C县公安局抓获逃犯李某的情况报告》,要求C县公安局将逃犯李某移送S县公安局。H市公安局追逃办经过分析研究,制订了一个合法合情合理的折中性解决方案(C县公安局先将逃犯李某押至H市公安局,S县公安局再派人到H市公安局接收李某并押回)。2019年2月23日,C县公安局将逃犯李某押至H市公安局,由S县公安局接收李某并押回。至此,两地公安局在上级追逃办的协调下解决了工作纠纷,圆满完成了逃犯的交接工作。

检察院介入

2018年修改后的《中华人民共和国刑事诉讼法》保留人民检察院在诉讼活动法律监督中发现司法工作人员利用职权实施的侵犯公民权利、损害司法公正的犯罪的侦查权。本案就是在这样的背景下发生的。2019年5月,W市检察院开始调查C县、S县两地公安交接逃犯中是否存在玩忽职守行为。S县公安局干警胡某和张某分别接受了调查问话。他们将事情经过做了详细汇报。

W市检察院经过调查认定:2018年6月6日,H市公安局禁毒支队将涉及李某等人涉嫌贩毒的案件线索移交S县公安局侦办。S县公安局于当日立案,因李某未在案,就于6月8日发布网上追逃。2019年1月18日下午,C县公安局干警在S县将李某抓获后带回C县,临时羁押于C县看守所,并电话通知S县公安局李某案件主办人胡某前来押解。胡某和刑警大队追逃办负责人张某商量后,未按照《X省公安机关追逃工作暂行规定》第六十一条的规定于3日内到达并押解,而是拒不立即前往押解。2019年1月22日C县公安局将此情况报给H市公安局追逃办,H市公安局追逃办通知S县公安局张某,让其安排人员前往押解李某,张某未通知办案人。后经H市公安局追逃办多次协调,2019年2月23日S县公安局才派员将李某押解回立案地 S 县，致使李某在 C 县看守所被临时羁押达 36 天。

很快，S 县公安局干警胡某和张某被 W 市检察院以涉嫌玩忽职守罪立案侦查。

昔日的人民警察瞬间成了犯罪嫌疑人。

一个法官的来电

2019 年 7 月，我刚从重庆出差回来。一个法官朋友打来电话，说他有个朋友涉及一个刑事案件，看我能不能帮忙，而且提到这个朋友是个刑警。

对于朋友的请托，我没有任何拒绝的托词。很快，我和当事人胡某见面了。

胡某已经做了十年警察，和我的年龄差不多。在聊天中他了解到我原来也是警察，亲近感和信任感就增强了很多。当天他就在律师事务所办理了委托手续。

我介入该案时，案子刚到检察院起诉科。阅完全部卷宗，我更加确定这是一个明显无罪的案件，于是答应为胡某做无罪辩护。

艰难的抉择

我阅完卷宗后，和检察官进行了多次沟通。本案关键点是胡某有没有玩忽职守的行为、是否存在法定的危害结果等。

我认为本案实际上是公安内部在移交过程中出现的工作纠纷，而且已经通过法定的行政途径协调解决，根本不涉及任何人的任何刑事责任。关于该罪名的危害结果"公共财产、国家和人民利益遭受重大损失"的认定，最高人民法院、最高人民检察院《关于办理渎职刑事案件适用法律若干问题的解释（一）》第一条明确规定："国家机关工作人员滥用职权或者玩忽职守，具有下列情形之一的，应当认定为刑法第三百九十七条规定的'致使公共财产、国家和人民利益遭受重大损失'：（一）造成死亡 1 人以上，或者重伤 3 人以上，或者轻伤 9 人以上，或者重伤 2 人、轻伤 3 人以上，或者重伤 1 人、轻伤 6 人以上的；（二）造成经济损失 30 万元以上的；（三）造成恶劣社会影响的；（四）其他致使公共财产、国家和人民利益遭受重大损失的情形。"因此，法定的"公共财产、国家和人民利益遭受重大损失"必须是造成人员伤亡、经济损失或恶劣社会影响等具体的、外化的、客观存在的相当程度的危害结果，司法机关既不能主观臆断，也不能肆意扩大。即使根据兜底的"其他情形"来认定危害结果，也应当遵循"同质性解释规则"，即同一法律条文中明确列举的情形与兜底条款所涉及的情形之间必须具有同种性质及相同的危害性。而本案根本不存在法定的危害后果。

当时，全国各地检察院都在推行认罪认罚从宽制度。本案检察官给胡某说：如果他认罪，检察院会考虑将量刑建议调整为免予刑事处罚；如果他不认罪，检察院会建议法院判处实刑。

胡某经过再三考虑，还是选择不认罪。但同案的张某选择了认罪认罚。

张某的认罪无疑给胡某的无罪辩护增加了难度。毕竟在强大的公权力面前，同案件的两个被告人中有一个认罪了，另一个不认罪好像是在负隅顽抗。

大拿助阵

执业十多年来，我始终认为每个案子的情况都各不相同。不同的案子要搭配不同类型的律师，而律师之间的合作尤为重要。

我国法律既然规定了犯罪嫌疑人或被告人可以聘请两名律师为其辩护，要想让当事人的利益最大化，争取到无罪结果，组建最优秀的辩护团队就是当务之急。

我向胡某推荐了朱明勇律师。朱律师在刑事辩护领域有着丰富的无罪辩护经验，也是我非常敬佩的前辈。

朱律师的介入令无罪辩护又多了一分希望。

庭前准备

辩护律师不能仅仅停留在研究案卷材料上，也不能将法庭作为自己唯一的舞台，一定要积极调查取证。开庭前，我们调查收集了大量对胡某有利的证据，比如：收集了逃犯李某案中《呈请立案报告书》《呈请拘留报告书》《呈请侦查终结报告书》等正式法律文书来证明李某案的办案人不是胡某；我们对 C 县公安局某派出所所长冀某做了调查笔录来证明胡某及时告知了 C 县公安局直接与 S 县公安局追逃办负责人张某联系，并没有玩忽职守行为；我们也在庭前向法院申请调取李某案的刑事判决书来证明李某在 C 县看守所被临时羁押的 36 天已折抵刑期，因此本案没有发生致使公共财产、国家和人民利益遭受重大损失的情形。

至此，距离无罪辩护又近了一步。

决胜法庭

2019 年 10 月 18 日 W 市人民法院公开开庭审理此案。我和朱律师早早来到法院，原计划的开庭时间却被推迟了一个多小时。

两名警察被审判的消息在当地公安系统引发了强烈反响。开庭当天，赶来旁听的人很多都是警察。

在庭审中，我和朱律师相互配合，基本还是围绕以下几个问题进行辩护：

一、本案实际上是公安内部在移交过程中出现的工作纠纷，而且已经通过法定的行政途径协调解决，根本不涉及任何人的任何刑事责任

《X 省公安机关追逃工作暂行规定》第六十三条规定："移交过程中遇到疑难问题时，报请上级追逃办进行处理。"而本案两个县级公安局所涉纠纷完全是在本条规定的框架之内处理并妥善解决的，连行政违法违规甚至内部纪律处分都没有，更不存在需要任何人承担任何刑事责任的问题。

二、本案根本没有发生任何"致使公共财产、国家和人民利益遭受重大损失"的危害结果，任何人都不存在构成玩忽职守罪的客观条件

我们申请 W 法院从 S 县法院调取的李某案的刑事判决书（该判决书现已生效）显示，李某对自己贩卖毒品的犯罪事实供认不讳并自愿认罪认罚，S 县法院以犯贩卖毒品罪判处李某有期徒刑一年六个月（先期羁押一日折抵刑期一日），李某在 C 县看守所临时羁押的 36 天已折抵刑期。存在法定的危害结果是构成玩忽职守罪最核心的构成要件，是区分罪与非罪的关键。逃犯李某在 C 县看守所的临时羁押天数已经被折抵刑期，故本案显然没有致使公共财产、国家和人民利益遭受重大损失的情形，欠缺玩忽职守罪的

构成要件。

三、胡某本人在李某案中没有任何法定职责

正式的法律文书的证明力显然远高于相关的证人证言。李某案中《呈请立案报告书》《呈请拘留报告书》《呈请侦查终结报告书》等全部的正式法律文书均一致显示,李某案的承办人是王某和郭某,逐级审核签字的分别是法制员郭某、办案单位负责人王某、预审大队大队长杨某、主管副局长刘某,均与胡某没有任何关系。《在逃人员登记/撤销表》中有关胡某的信息是 C 县公安局负责上网的综合中队(张某为单位负责人)没有严格依法履行法定的审批手续而形成的错误信息。

四、胡某在接到 C 县公安局电话后已充分尽到了转达义务

胡某及时告知 C 县公安局直接与 S 县公安局追逃办负责人张某联系,事实上,C 县公安局随后也确实与张某取得了联系,并且就追逃事项进行过多次协商。在 2019 年 10 月 14 日河北盛仑律师事务所针对 C 县公安局某派出所所长冀某制作的《调查笔录》中,冀某明确证明:"我先是与 S 县公安局胡某联系来接逃犯。胡某说 S 县公安局追逃办不让接。后我又和 S 县公安局追逃办负责人张某联系过。我和张某发过短信,要求他开具接收证明,但是至今没有开。"上述事实有冀某与张某的短信记录证明。冀某在发给张某的短信中写道:"你们给接收证明吗?如不给,我将向纪委实名举报该案存在的问题!该处理谁处理谁!"

五、移交接收证明是前往押解李某的必要法律手续。S 县公安局追逃办拒不开具移交接收证明,故任何人都无法押解李某

《公安机关执法细则》第 16-03 条对网上追逃的"移交"作出了规定:"对于异地公安机关抓获网上逃犯的,立案地公安机关应当开具《移交、接收证明》,携带法律文书,及时到抓获地公安机关办理接收移交手续。"《关于正确使用抓获在逃人员〈移交、接收证明〉有关事宜的通知》第一条第(二)项规定:"在逃人员被抓获后,抓获地公安机关要及时通知立案地公安机关押回审理。接收前,立案地公安机关要开具《移交、接收证明》……接收时,立案地公安机关的接收人员要向抓获地公安机关提交《移交、接收证明》……"

S 县公安局追逃办负责人张某拒绝出具《移交、接收证明》的事实有相关的证人证言相互印证,足以认定。主要证据如下:

张某的供述多次提道:"我说这个不对,C县公安局他们肯定违反规定了,我跟市公安局追逃办汇报一下。""市局追逃办的说C县公安局肯定错了,他给协调让C县公安送过来。"

胡某的供述:"我给张某把C县公安局说的情况说了以后,张某说他们违反规定了,我们不能开逃犯移交接收证明。""后来我多次问张某什么时候去接李某,怎么样了,他说正跟H市公安局追逃办协调沟通呢。"

证人C县公安局干警霍某称:"胡某说他们领导说了不来押解李某。我向所长冀某汇报了和S县办案人员联系的情况。冀所长又和S县办案人多次联系,对方还是不来押解。"

C县公安局某派出所所长冀某称:"我问他们为什么不来押解李某,胡某说S县公安局追逃办不让过来押解。"

六、本案的肇始原因是C县公安局为片面追求战果而滥用职权

(一)C县公安局违法抓捕李某的主要目的是完成抓逃任务

1. C县公安局某派出所所长冀某询问笔录:"H市公安局正组织'控发案、破积案、抓现行、抓流窜、稳秩序、净环境'百日攻坚行动。"

C县派出所干警霍某询问笔录:"我们当时正在完成抓逃任务。"

(二)C县公安局获取犯罪线索后未按规定移交S县公安局

《公安机关办理刑事案件程序规定》第三百三十七条:"对获取的犯罪线索,不属于自己管辖的,应当及时移交有管辖权的公安机关或者其他有关部门。"

《公安机关执法细则》第16-03条针对网上追逃的抓捕作出规定,要求"各地公安机关发现网上逃犯,应当立即组织抓捕。抓捕到案的,应当立即讯问并通知立案地公安机关带回。"

《公安机关执法细则释义》(2011年修订版)中明确规定:"各地公安机关通过网上研判、基础工作等途径,发现既不在本辖区,也不属于自己管辖的网上逃犯时,应当立即与立案的或网上逃犯所在地公安机关取得联系,配合网上逃犯所在地公安机关组织抓捕,严禁不通知网上逃犯所在地公安机关直接实施异地抓捕。"

(三)C县公安局实施异地抓捕没有通知S县公安局

《中华人民共和国刑事诉讼法》第八十三条规定:"公安机关在异地执行拘留、逮捕的时候,应当通知被拘留、逮捕人所在地的公安机关,被拘留、逮捕人所在地的公安机关应当予以配合。"

《公安机关办理刑事案件程序规定》第三百三十九条："异地执行拘留、逮捕的，执行人员应当持拘留证、逮捕证、办案协作函件和工作证件，与协作地县级以上公安机关联系……"

庭审持续了一个下午，结束时，天已经黑了。

正义可能迟到，但永远不会缺席

庭审结束后，法院迟迟不出裁判。

将近十个月过去了。

2020年7月31日，法院通知我去领文书。我很激动。

确实是个好结果：W市人民检察院以证据发生变化为由于2020年7月29日决定撤回对胡某的起诉。2020年7月31日W市人民法院准许W市人民检察院撤回对胡某的起诉。

2020年9月15日W市人民检察院以本案事实不清、证据不足为由决定对胡某不起诉。不起诉决定书里还提道："2020年7月28日W市人民法院向我院发出司法建议，建议撤回对胡某的起诉。"

胡某重新回到了他深深思念的警队中。

承办律师或团队

刘彦成，执业于河北盛仑律师事务所，中国民主建国会会员，河北省律师协会职务犯罪辩护与代理专业委员会委员，邯郸市律师协会刑事专业委员会副主任，邯郸市人民检察院人民监督员，邯郸仲裁委员会仲裁员。成功办理了大量经济犯罪与职务犯罪案件，所办案件曾入选"2017年度十大无罪辩护经典案例"，被中国法学会案例法学研究会、中国政法大学刑事辩护研究中心共同授予"2017年度刑事辩护杰出成就奖"。

寻找公诉文书中的无罪辩点
——张某涉嫌非法买卖制毒物品获国家赔偿案

一次看似风平浪静的交易

2018年，Z公司发出询价函，要求购买包含清洗剂（丙酮）在内的诸多商品。同年Z公司向B公司发出物资采购订单，要求采购包括清洗剂（丙酮）在内的60种商品。B公司与张某所在的X公司签订物资采购框架合同，由X公司直接向Z公司交付其向B公司采购的60种商品。X公司依照Z公司的要求向S公司购买清洗剂（丙酮）给Z公司供货。本案当事人张某作为中间贸易商，负责处理向S公司购买清洗剂（丙酮），然后向Z公司交付商品的事务。

就以上信息来看，虽然参与方较多，但各公司需求透明、明码标价、信息互通，也没有任何一方违背交易或违反法律法规，那么什么原因让X公司的张某身陷囹圄了呢？

限制流通的制毒物品

根据相关资料，这次交易中的标的物丙酮具有溶解能力强、可溶于水的特点，除用作涂料、清漆、硝基喷漆等溶剂外，还可用作纤维素、醋酸纤维素、照相胶片制造时的溶剂和脱漆剂，并可用作萃取剂、稀释剂、清洗去油剂。丙酮具有超强的清洗效果，诸多企业将丙酮作为清洗剂使用，因此，丙酮被广泛用于各种领域。同时，基于丙酮的化学结构，丙酮也常常被不法分子利用并制成毒品的原料溴代苯丙酮。

我国《易制毒化学品管理条例》（2018修订）（以下简称《条例》

将丙酮列为第三类易制毒化学品。《条例》第十七条规定:"购买第二类、第三类易制毒化学品的,应当在购买前将所需购买的品种、数量,向所在地的县级人民政府公安机关备案。"最高人民法院、最高人民检察院、公安部《关于办理制毒物品犯罪案件适用法律若干问题的意见》(以下简称"《意见》")第一条第(二)项规定:"违反国家规定,实施下列行为之一的,认定为刑法第三百五十条规定的非法买卖制毒物品行为:1. 未经许可或者备案,擅自购买、销售易制毒化学品的……"由此可以得出结论,丙酮属于国家法律法规中规定的易制毒物品和危险化学品。国家为了规范易制毒化学品的生产、经营、购买、运输和进口、出口,实行严格的分类管理和许可、备案制度。

如果你随时随地掏出手机用百度搜索"丙酮",点开相关链接一看,里面从丙酮的价格、规格到购买渠道、售前与售后服务应有尽有。你可以随时与厂家联系,询问行情,了解交易过程。且从宣传层面来看,如其他广告一般,丙酮的广告并没有什么特别之处,更没有任何提醒字样会让你察觉到丙酮作为工业原料的同时也是一种制毒物品。本案当事人张某正是在这种情况下,根据 Z 公司的《询价单》内容和 B 公司的《采购合同》约定,通过网络渠道两次购买了丙酮,再通过物流直接发货给 Z 公司旗下的两家公司。

身陷囹圄的张某

2018 年 7 月中旬,警察在某区快递公司查获廖某准备邮寄的丙酮包裹 38 个。经鉴定,该批包裹中均检出丙酮。2018 年 7 月末,公安机关顺着物流来往记录抓获张某。2019 年 1 月,某区检察院对张某提起公诉。起诉书指控:"被告人张某无视国家法律,非法买卖丙酮,其行为触犯了《中华人民共和国刑法》第三百五十条之规定,犯罪事实清楚,证据确实、充分,应当以非法买卖制毒物品罪追究其刑事责任。"

在此情形下,张某的妻子经人介绍寻至广东君言律师事务所,经过认真交流后,最终选定谭仲萱律师作为张某的辩护人。

公诉文书中隐藏的无罪辩点

辩护人在接受委托后,迅速进行法律检索,力图先网罗相关法律依据和类似案例,据此,形成初步的辩护意见。

《意见》第一条第(三)项规定:"易制毒化学品生产、经营、使用单位或者个人未办许可证明或者备案证明,购买、销售易制毒化学品,如果有证据证明确实用于合法生产、生活需要,依法能够办理只是未及时办理许可证明或备案证明,且未造成严重社会危害的,可不以非法买卖制毒物品罪论处。"《最高人民法院关于审理毒品犯罪案件适用法律若干问题的解释》(以下简称《解释》)第七条第三款规定:"易制毒化学品生产、经营、购买、运输单位或者个人未办理许可证明或者备案证明,生产、销售、购买、运输易制毒化学品,确实用于合法生产、生活需要的,不以制毒物品犯罪论处。"根据以上规定,辩护人迅速向办案单位提出补充侦查建议,建议收集、调取Z公司在实际生产中将丙酮作为专业设备清洗剂使用完毕的相关证据,包括可能存在的书证(合同、发票、采购单、快递单、Z公司使用涉案丙酮的领料单,以及Z公司的情况说明、使用现场照片)、证人证言、犯罪嫌疑人的供述与辩解及其他相关证据材料。根据以上证据,辩护人初步提出:在本案中,有合同等证据证明张某购的清洗剂(丙酮)确实在Z公司生产过程中用于清洗设备,清洗剂(丙酮)的流向十分清晰,清洗剂(丙酮)的用途十分明确,是用于合法的生产。此次购买的清洗剂(丙酮)已经全部用于清洗机器设备,未造成任何严重后果。且丙酮这一化学品本身具有双重特征,首先是化工产品,可用于工农业生产,其次是可用于制造毒品。依据前述规定,在没有产生严重危害后果、社会危害性不大且丙酮用于合法生产的情况下,张某的行为不应以非法买卖制毒物品罪论处。

2019年1月,某区检察院坚持对张某提起公诉。辩护人在仔细审查案件相关文件过程中,发现公诉人在量刑建议书中提到"张某销售丙酮用于合法生产,可酌情从轻处罚",在起诉书中第3页提到"经依法审查查明……被告人张某向廖某购买两次丙酮后转售给Z公司旗下两家分公司用于清洗设备"。

据此,辩护人进一步提出:本案公诉机关在起诉书及量刑建议书中均对张某购买并交付的涉案丙酮系用于合法生产的事实予以确认。张某的行为不应以非法买卖制毒物品罪论处。

从辩点中引申出辩点

根据"易制毒化学品生产、经营、购买、运输单位或者个人未办理许可证明或者备案证明,生产、销售、购买、运输易制毒化学品,确实用于合法生产、生活需要的,不以制毒物品犯罪论处"这一司法解释,辩护人在力证张某的行为并不符合客观违法要件的基础上,根据犯罪构成要件,将目光聚焦于张某的主观方面,力图挖掘新的辩点。

非法买卖制毒物品罪要求行为人在主观方面表现为故意,即行为人明知是国家管制的用于制造毒品的原料或者配给而非法买卖。因此,张某在主观上不明知丙酮是制毒物品成了本案的第二个辩点。

《意见》第二条对关于制毒物品犯罪嫌疑人、被告人主观明知的认定已规定得十分清晰:"对于走私或者非法买卖制毒物品行为,有下列情形之一,且查获了易制毒化学品,结合犯罪嫌疑人、被告人的供述和其他证据,经综合审查判断,可以认定其'明知'是制毒物品而走私或者非法买卖,但有证据证明确属被蒙骗的除外:1. 改变产品形状、包装或者使用虚假标签、商标等产品标志的;2. 以藏匿、夹带或者其他隐蔽方式运输、携带易制毒化学品逃避检查的;3. 抗拒检查或者在检查时丢弃货物逃跑的;4. 以伪报、藏匿、伪装等蒙蔽手段逃避海关、边防等检查的;5. 选择不设海关或者边防检查站的路段绕行出入境的;6. 以虚假身份、地址办理托运、邮寄手续的;7. 以其他方法隐瞒真相,逃避对易制毒化学品依法监管的。"

辩护人在此基础上检索相关论文及案例,思考如何解释及运用"不明知"这一辩点。《〈关于办理制毒物品犯罪案件适用法律若干问题的意见〉的理解与适用》对《意见》第一条第(二)项有如下解释,即适用"违反国家规定,实施下列行为之一的,认定为刑法第三百五十条规定的非法买卖制毒物品行为:1. 未经许可或者备案,擅自购买、销售易制毒化学品的"这一条款时,需要注意不以非法买卖制毒物品罪论处的行为必须同时符合两个条件:一是确因生产、生活需要,依法能够办理只是未及时办理许可或备案证明;二是未造成严重社会危害后果,即购买、销售易制毒化学品的行为没有产生严重的危害后果，社会危害性不大。另外，判断主观明知时应当注意判断行为人主观上是否明知，要根据当时当地的具体客观情况进行综合分析判断。走私、非法买卖制毒物品主观故意中的明知是指行为人知道或者应当知道所实施的行为是走私、非法买卖制毒物品行为。判断行为人是否明知，不能仅根据行为人是否供认，而应综合考虑案件中的各种情况，包括行为人的供述和其他证据，依据实施制毒物品犯罪的行为过程、行为方式，易制毒化学品被查获时的情况，行为人的反应等情况，结合行为人的年龄、阅历及掌握的相关知识，进行综合分析。

结合以上思考，再通过审查案卷、会见当事人，辩护人再次提出，张某在主观上没有买卖易制毒化学品的"故意"和"明知"，在客观上没有"制造毒品"的行为。同时，通过丙酮含量图，辩护人注意到，侦查人员查封的38个丙酮包裹中丙酮含量不一，不同包裹之间丙酮浓度差距较大。

可视化的辩护意见

考虑到本案交易方式多，交易目的虽简单但过程颇为复杂，为了更好地展示辩点，清楚地展现交易过程，也为了更清晰地向司法工作人员传达辩护意见，辩护人根据上述辩点形成了完整的辩护意见并制作了数张图表，可视化地论证张某的行为不构成犯罪。辩护意见如下：

一、本案应适用《解释》第七条第三款规定，对张某不以制毒物品犯罪论处

《解释》第七条第三款明确规定了"不以制毒物品犯罪论处"的情形。在本案中，有合同、发票、物流单据、领料单、包装物料等证据证明张某购买的清洗剂（丙酮）确实在Z公司生产过程中用于设备清洁。清洗剂的流向十分清晰，清洗剂的用途十分明确，是用于合法生产。此次购买的清洗剂已经全部用于清洗，未造成严重社会危害。丙酮这一化学品本身具有双重特征，首先是化工产品，可用于工农业生产，其次是可用于制造毒品。在上述情形下，依据前述规定，张某的行为不应以非法买卖制毒物品罪论处。

《解释》第七条第三款的规定不仅仅适用于"情节严重"的情形，也适用于"情节特别严重"的情形。探究其立法原意，第七条既有入罪标准，

又有出罪标准（不以制毒物品犯罪论处的规定）。另外《解释》规定的"情节严重"与"情节特别严重"之间仅仅是量的差距，并未达到质变，因此出罪条款不仅仅适用于"情节严重"的情况，也适用于"情节特别严重"的情况。丙酮作为一种工业用品，无论是使用99千克，还是使用500千克，只要是用于正常用途，它没有从丙酮变成毒品，它的化学性质没有发生改变，相关购买、销售行为就应适用此出罪条款。

另外，辩护人查到有诸多类似案件在审查起诉阶段即被作出不起诉决定。

二、本案中张某所购买并交付的丙酮全部被Z公司作为清洗剂使用，确用于合法生产

2018年3月，Z公司发出询价函，要求购买包含清洗剂（丙酮升）在内的诸多商品。2018年6月，Z公司向B公司发出物资采购订单，要求采购60种商品。B公司与X公司签订物资采购框架合同，由X公司直接向Z公司交付其向B公司采购的物品。X公司依照Z公司的要求向S公司购买涉案丙酮（400升）并提供给Z公司，Z公司亦确实实际将丙酮作为清洗剂使用完毕。

三、本案检材中没有张某涉案的清洗剂，有关机构无法对张某涉案的清洗剂进行定性、定量鉴定，因而张某涉案的清洗剂是否含有丙酮以及丙酮的含量无法确定，张某所购涉案清洗剂的丙酮含量是否达到该罪的立案标准亦无法确定

检察院虽已提起诉讼，但没有任何材料证据可以证明张某从S公司所买的清洗液是丙酮溶液。2018年7月12日X市公安局禁毒大队在某区快递公司处查获疑似丙酮溶液，由此查出张某曾在S公司购买过类似丙酮溶液，但所购丙酮溶液早已被Z公司日常使用消耗完毕，因此，司法机关已经不能查出张某所购买的那一批溶液的性质了。检察院对张某指控只是其主观猜测。《中华人民共和国刑事诉讼法》第一百七十六条的规定："人民检察院认为犯罪嫌疑人的犯罪事实已经查清，证据确实、充分，依法应当追究刑事责任，应当作出起诉决定，按照审判管辖的规定，向人民法院提起公诉，并将案卷材料、证据移送人民法院。"从法条规定可以看出，检察院提起诉讼的前提条件是查清犯罪事实。本案中张某涉嫌的罪名就是非法买卖制毒物品罪，而现在连制毒物品是否存在都不确定。过分依赖张某本人口供，据此将张某购买清洗剂的事实联系到整个案件中，强行拼凑出证据链条，这是变相的自证其罪。

退一步讲，就算张某买卖的就是"含有丙酮的溶液"，那么丙酮溶液浓度是多少，此溶液中能否提取出毒品，溶液中真正丙酮含量、涉罪情节如何判断？公安机关在快递点查获的38个样本中丙酮浓度不一，最低的为21.13 mg/mL，最高的为740.05 mg/mL，21.13 mg/mL与740.05 mg/mL差距巨大。检察院没有查清上述具体问题，且在只有其他间接证据的情况下，无法查明张某涉案的丙酮数量及丙酮含量情况即无法证明张某的行为构成本罪。

四、张某在主观上没有买卖易制毒化学品的"故意"和"明知"

在本案中，张某系按照Z公司的要求采购了清洗剂（丙酮）。张某以其个人真实身份，以可持续联系的地址、电话与出售方S公司联系，向其购买清洗剂（丙酮），并与其签订了正式合同、出具发票，最终将清洗剂通过快递（单号为18061200XXX）交付给实际使用方Z公司，一系列行为都有相应的合同依据及证明材料予以证实。

并且Z公司需采购的物品两次一共多达74种，涉案物品仅占其极小的部分。张某仅仅是依据Z公司的要求，采购了全部物品。其中第二次买入清洗剂（丙酮）价格与出售价格的差价不大，在未排除人工、运输、税费等一系列成本的情况下，毛利润极低。若张某有意买卖易制毒化学品，其没有必要也不敢将整个买卖如此透明化，且在明知交易过程有合同、发票可以查实的情况下，其更不会冒着如此大的风险，去买卖几乎没有多少利润的"制毒物品"。据查证，张某系自动化专业本科毕业，不了解化工方面的专业知识，并不清楚丙酮的化学成分，更不清楚丙酮系可以用于制毒的物品。

在涉案交易过程中，张某不具有《意见》第二条规定中可以认定其"明知"是制毒物品而非法买卖的行为："1. 改变产品形状、包装或者使用虚假标签、商标等产品标志的；2. 以藏匿、夹带或者其他隐蔽方式运输、携带易制毒化学品逃避检查的；3. 抗拒检查或者在检查时丢弃货物逃跑的；4. 以伪报、藏匿、伪装等蒙蔽手段逃避海关、边防等检查的；5. 选择不设海关或者边防检查站的路段绕行出入境的；6. 以虚假身份、地址办理托运、邮寄手续的；7. 以其他方法隐瞒真相，逃避对易制毒化学品依法监管的。"由此说明，张某没有买卖易制毒化学品的"故意"和"明知"。

五、结合《总书记在民营企业座谈会上的讲话》《公安部长在公安部党委（扩大）会议上强调认真学习贯彻总书记重要讲话精神依法保障和服务民营企业健康发展》《最高检明确规范办理涉民营企业案件执法司法标准》《司法部关于充分发挥职能作用为民营企业发展营造良好法治环境的意见》《最高人民法院关于认真学习贯彻总书记在民营企业座谈会上重要讲话精神的通知》等文件在本案中的适用，恳请法院支持对张某的行为不以犯罪论处

张某及其所在的X公司在日常经营中确实有不规范的做法。现在他本人已经深刻认识到自己行为的错误，也反思了因自己的行为给社会、公司、家庭带来的消极影响。不过张某所为是为了公司的经营，清洗剂（丙酮）的流向十分清晰，清洗剂（丙酮）的用途十分明确，是合法生产需要，且尚未造成严重后果。结合总书记在民营企业座谈会上的讲话中提出的"对一些民营企业历史上曾经有过的一些不规范行为，要以发展的眼光看问题，按照罪刑法定、疑罪从无的原则处理，让企业家卸下思想包袱，轻装前进"的意见，请法院审慎研究，谨慎处理。

六、关于张某的行为不应以非法买卖制毒物品罪论处的小结

张某购买的清洗剂（丙酮）确系在Z公司生产过程中用于设备清洁，是用于合法生产，没有造成严重社会危害，张某亦没有买卖易制毒化学品的"故意"和"明知"。整个交易流程清晰透明，没有任何试图藏匿、隐瞒的行为。张某本人完全不知道涉案丙酮可以用于制造毒品。张某涉案的清洗剂是否含有丙酮以及丙酮的含量无法确定，张某所购涉案清洗剂的丙酮含量是否达到该罪的立案标准亦无法确定。综上所述，本案应适用《最高人民法院关于审理毒品犯罪案件适用法律若干问题的解释》第七条第三款之出罪条款，法院对张某不应以非法买卖制毒物品罪论处。

艰难的说服

准确的辩点、严谨有力的辩护意见当然是辩护成功的关键所在，但如果律师无法与公检法进行良好的沟通，往往会事倍功半。

辩护人在了解案件事实及证据后，对案件会有基本的判断，并会制定

相应的辩护策略。在实践中，有些辩护人会先做无罪辩护，在与办案单位交锋后，会根据办案单位对案件的态度，调整辩护策略，甚至直接妥协，但在本案中，辩护人一直坚持无罪辩护。

在办案过程中，辩护人先后向检察院提交了《不予批准逮捕辩护意见》《不起诉辩护意见》《羁押必要性审查申请书》等多份法律文书及材料，但检察院均未支持。基于案件本身的事实和证据，辩护人并未改变辩护策略，而是在不断丰富辩护意见的基础上，通过多种手段不断向检察院提交法律意见书。就出罪条款适用问题，辩护人专门提交了《对张某涉案行为关于法律适用的辩论意见》。

在检察院提起公诉后，辩护人发现公诉人在《起诉书》以及《量刑建议书》中均对丙酮用于合法生产的事实予以确认。这更加坚定了辩护人的辩护立场。在希望渺茫的情况下，辩护人综合在案事实和证据向检察院提交了《关于涉嫌非法买卖制毒物品一案中张某被长期不当羁押并请求监督的情况反映》，最终取得了意料之外、情理之中的良好效果。

撤回起诉，国家赔偿

在经过两次庭审后，法院采纳了辩护人的无罪辩护意见，准许检察院撤回起诉。检察院于 2019 年 12 月作出不起诉决定，决定对张某不起诉。2020 年 3 月，决定给予张某国家赔偿，并为其恢复名誉、赔礼道歉。

本案前后历时 500 多天。回顾这些天的朝云暮月，辩护人不禁喟叹，一目了然的结果下是复杂的程序、反复的沟通、当事人上下起伏的心态及辩护人承受的各方面压力考验。所谓"看似寻常最奇崛，成如容易却艰辛"，大抵如此了。

纵观办案历程，辩护人想分享以下两点建议：

一、无罪不易，坚持就是胜利

辩护人坚持无罪辩护的重要原因是有明确的符合本案案情的出罪条款，难的是本案该不该适用，又如何适用。辩护人经过会见张某，得知涉案易制毒化学品确实用于合法生产，因此辩护人确定了无罪辩护策略，将工作重心放在收集、调取证据证明涉案丙酮溶液用于合法生产。该部分努力为案件适用出罪条款打下了重要的事实基础。起初检察院认为该出罪条款仅适用于"情节严重"的情况,并不适用于"情节特别严重"的情况。辩护人又将工作重心放在法律适用的说理上,其间利用已有判例及专家意见去解释法律适用问题。辩护人始终坚持本案适用出罪条款。最终无罪辩护意见被法院及检察院采纳。

二、可视化图表有利于辩护意见的表达

在本案的辩护词中,为了清晰地向法官传达涉案易制毒化学品确实用于合法生产及本案应当适用出罪条款等意见,辩护人制作了数张图表,引用了数个典型案例,可视化地论证张某的行为不构成犯罪。其间,辩护人向办案单位申请收集、调取证据,向法院申请召开庭前会议,申请排除非法证据,为当事人张某争取一切有可能对其有利的情节认定。在庭审上,有针对性的辩护意见及可视化图表产生了非常好的效果。

承办律师或团队

谭仲萱,广东君言律师事务所高级合伙人、刑事法律委员会主任,广东省律师协会经济犯罪刑事法律专业委员会委员,深圳市律师协会刑事诉讼专业委员会副主任,中共湖南省委党校法律硕士校外指导老师,深圳律师学院讲师,《民营企业合规与法律风险防控读本》《建筑房地产企业刑事高频风险防控实务》《刑事辩护规范化》主要作者。承办的刑事案件"'善心汇'千亿传销犯罪——张某组织、领导传销活动不起诉案""不可能完成的行贿'任务'——刘某行贿罪免予刑事处罚案"同时入选"2019广东律师典型案例"。

共同犯罪中主从犯的认定
——万晓开设赌场案

爱玩游戏的大学生万晓

我在看守所见到了万晓。他是一名"90后",大学毕业后从事会计工作,父母也希望他从事这一行业。万晓本身是学这个专业的,也很聪明。在跟他的交流中,我无意中问到他,做会计工作怎么会涉嫌开设赌场?他微微一笑,向我娓娓道来。

原来,他有一个表哥叫汪浩,两个人一起从小玩到大。而汪浩有两个"死党",同时也是汪浩的同学,一个叫田诚,一个叫李波。他们三个玩得很好,在无意之间得知有德州扑克这一游戏。德州扑克是有比赛的,集娱乐性、竞技性、博弈性为一体,玩的过程也比较刺激。渐渐地,他们不满足于玩游戏本身。因为有不少玩德州扑克的网站存在,他们便萌生了在网站上开设线上俱乐部的念头。

2017年,李波出资,田诚具体经营,在A网站中成立了一家线上俱乐部。他们先需要向A网站充钱打广告。只有打广告,他们的线上俱乐部排名才会靠前,因为A网站还有很多其他线上俱乐部。慢慢地,有不少玩家申请加入他们的俱乐部。刚开始俱乐部是靠"抽水"来赢利的,因为俱乐部多,竞争激烈,虽然也能赚钱,但赚不到多少。

2018年年初,田诚和李波找到汪浩,提议让汪浩来具体经营,汪浩也欣然答应。三人约定了具体的分成方式:田诚和李波占50%,汪浩占50%。汪浩具体经营俱乐部后,发现需要一个信得过的人来做账,因为俱乐部的钱进入比较频繁,需要一个懂会计的人来把关,于是找到了万晓,并对万晓说:"有一份工作,既可以玩游戏,又可以赚钱,你干不干?"万晓一听,心动了，因为他确实比较喜欢玩游戏。就这样，万晓也加入了这家俱乐部。

继续发展

2018年，汪浩接手俱乐部后，先是找到表弟万晓，承诺把自己赚取的利润分一半给万晓，要万晓好好干。同时，汪浩又招募了刘峰、陈俊、蒋义作为俱乐部的客服人员，为俱乐部的玩家提供"上分"和"下分"。因为玩家要进入俱乐部玩，需要打钱给俱乐部，俱乐部就利用银行卡、微信、支付宝来收这些款项。玩家游戏结束后需要结算，俱乐部再把结算后剩余的款项打回给玩家。同时，汪浩又发展了另一个赚钱的方法——利用德州扑克特有的"买保险"，就是玩到最后，有一方玩家准备押上所有筹码并且在牌面暂时占优的情况下，这个玩家可以买自己输钱的赔率。如果这个玩家最终真的输的话，因为已经买了自己输钱的"保险"，就可以通过这个"保险"来挽回损失；但如果这个玩家最终赢的话，这个买"保险"的钱就归俱乐部所有了。因为这是一个概率问题，牌面占优的玩家最终赢的概率还是大，所以俱乐部通过"买保险"总体上肯定是赢利的。同时，汪浩只要求玩家玩满60轮就可以免"抽水"，所以玩家就多了起来。

中途离开和警方介入

2019年8月，在俱乐部工作了一年多的万晓，因为与汪浩及其中的客服人员产生了一些矛盾，就离开了俱乐部，他也是第一个离开俱乐部的人。万晓离开后，俱乐部在汪浩的带领下继续经营。因为万晓的离开，汪浩对俱乐部的盈利做了重新分配，但是乌云也笼罩在俱乐部上空了……

2019年10月，在万晓离开俱乐部后2个月左右，警方终于出手了，将俱乐部的七个人全部刑事拘留。就这样，汪浩、万晓、田诚、李波、刘峰、陈俊、蒋义七个人都到案了。他们对通过网络开设赌场一事供认不讳，都是有罪供述。警方对被认为是起主要作用的汪浩、万晓、田诚、李波四人向检察院申请批准逮捕，对被认为是起次要作用的刘峰、陈俊、蒋义三人变更了强制措施，改为取保候审。

我是从犯

我接受万晓的委托后,万晓说他不认可自己是主犯,认为他跟刘峰、陈俊、蒋义三人在俱乐部经营过程中所起的作用差不多,都是从事客服工作,他只不过还做一些俱乐部的账目,毕竟这是他的老本行。但仅有他自己的说法当然是不行的。他到底是主犯还是从犯,我希望在案卷中能找到答案。在审查起诉阶段,我拿到了案卷,终于找到了对万晓有利的四组证据。第一组是万晓的两次口供(第三次和第五次)。万晓共在侦查机关做了五次讯问笔录,但有两次辩解自己不是俱乐部的老板,没有决策权,只是盘账,而且也明确提到自己拿到的钱是工资,并非分红。第二组是陈俊和蒋义的讯问笔录。陈俊和蒋义都是汪浩招募的客服人员。他们的讯问笔录中的有关内容可以证明俱乐部老板是汪浩和田诚,万晓不是老板。同时他们提到万晓跟他们一样,都是从事客服的工作。这组证据就能与万晓的口供部分相互印证了。如果说第一组和第二组是言词证据的话,第三组就是一组客观证据了,是汪浩、田诚、李波三人之间的一个微信聊天群的聊天记录。仔细看微信聊天记录的内容,发现都是在商谈三人之间如何分钱和如何招人等关于俱乐部最核心的事项,也是具有决策性的事项,而万晓并不在这个微信群里,这与万晓的辩解相互印证。第四组是一份赌客输赢的账目。这份证据可以证明经常参赌的赌客是16名,与侦查机关查找到的13名赌客在数量上大体相当。

认罪认罚的博弈

案件进入到审查起诉阶段后,我主动跟检察机关提到万晓系从犯的观点,但检察机关认为万晓在几份笔录中提到汪浩拿到钱后,会将其一半不到一点的金额给他,这说明万晓并不是拿固定工资的,跟刘峰等三人拿固定工资不一样。而且汪浩在讯问笔录中提到,他跟万晓、田诚、李波四人差不多就是各拿25%,他认为万晓也是老板。故在审查起诉阶段我无法说服检察机关采纳万晓系从犯的意见。

接下来,检察机关也快速地启动了认罪认罚的程序。刚开始检察机关认为,俱乐部涉及的赌资达上亿元,根据司法会计鉴定意见,获利有445

万元，属于情节严重，故建议量刑在三年到十年之间，综合考虑如果万晓等人认罪认罚的话，建议量刑在八年左右。这对万晓等人来说无疑是晴天霹雳了。我马上检索了该地区法院近期在网络赌博方面涉及开设赌场罪的相似案件，发现2018年12月判决生效的案例涉及赌资22亿元，获利1 221万元，金额远远高于本案，但第一被告人只被判处六年六个月有期徒刑，而其跟本案被告人一样，没有自首、立功等法定从轻、减轻的情节。有了这份相似判决，我再跟检察机关沟通时，检察机关态度有所改变，同意将认罪认罚的刑期降到四年六个月。

我告诉万晓检察机关启动了认罪认罚程序，建议刑期为四年六个月。万晓不能认同检察机关对他主犯的认定，坚决认为自己系从犯，但能接受刑期比刘峰等三人的长一点，毕竟他拿到的钱比他们三人多一点。他认为他应该被判处缓刑，最多两年实刑也能接受。有了跟万晓的沟通，我心里也有底了，于是跟检察机关再次沟通，但检察机关显然不能接受。

最后检察机关还是派人到看守所跟万晓当面沟通，一度也作出让步，说因为万晓中途退出，如果认罪认罚的话，刑期可以是四年，但万晓还是拒绝了。后来，其他三名主犯都同意了认罪认罚。检察机关建议汪浩和田诚的刑期为四年六个月，而李波的刑期为四年三个月，因为李波基本不来俱乐部，他认为他仅仅只是一个出资者。因为万晓没有认罪认罚，检察机关在起诉书上建议万晓的刑期是五年。这算是检察机关给我和万晓的一个下马威。形势对我和万晓很严峻。

第一次开庭的两个意外

因为我的当事人万晓没有跟检察机关达成认罪认罚的共识，法庭要进行庭审实质化审理。在开庭之前，我准备将辩方的四组证据提前交给法庭。与审判长电话沟通后，审判长觉得这是案卷内的证据，不需要提前交。

第一次开庭时，公诉人只简单地讯问了汪浩等人。倒是审判长取代了公诉人，开始对汪浩等人发问。轮到我向汪浩发问时，因为汪浩庭前供述对万晓很不利，我没有直接问关于分成的事情，而是针对俱乐部的历史发展和由来，汪浩与万晓之间的关系，万晓的离开，以及汪浩与田诚、李波三人之间的微信群发问，即从对万晓有利的情节和事实问起。当我最后问到万晓在俱乐部的身份时,汪浩的回答让我大吃一惊。他直接说万晓是他雇佣的,为他打工的,万晓不是俱乐部的老板,因为万晓是他的表弟,所以他会多给万晓一点报酬,差不多是他拿到手部分的一半不到一点,所以四个人并不是平均拿25%,万晓拿的相对要少一些。至此开庭的第一个意外出现了,汪浩推翻了庭前关于万晓身份的供述部分,关于分钱的供述也有一定的出入。审判长听了,马上向汪浩发问。他说他注意到一个细节,万晓在庭前供述中提到租房子。万晓曾提到俱乐部以他的名义租了一套房子,用于俱乐部的管理和运营。这个房子的租金,汪浩会承担其中的50%,万晓则要承担汪浩那部分的一半,也就是说万晓承担总的房租的25%。汪浩回复称,万晓确实会承担总的房租的25%,但这是因为他想让万晓增强责任感,最后这部分房租,他会以工资的形式再返给万晓,所以万晓最终还是不会承担房租的。审判长听完,没有再继续发问。

很快,第二个意外到来了。如果第一个意外对万晓来说是一个惊喜,第二个意外则是惊吓。轮到刘峰、陈俊、蒋义三名从犯到庭了。陈俊和蒋义的庭前供述对万晓有利,但在真正开庭的时候,陈俊和蒋义的当庭陈述改变了。他们称万晓在汪浩不在的时候,负有现场管理他们的职责,一下子把万晓的作用抬高了。第一次开庭就像坐过山车一样。第一次开庭工作主要以讯问和发问为主。法院需要再开一次庭。

第二次开庭的辩护意见

在第二次开庭前,公诉人跟我沟通,让我先把辩护意见说一下,便于庭审推进。有了第一次开庭时汪浩的关于万晓身份及获利分成的有利供述,我更加有底气了,故我决定最后详细地来论证万晓系从犯的观点,也就回绝了公诉人的要求。

在第二次开庭的最后,我从四个方面来论证万晓系从犯:

1. 从谋划、决策、实施经营、收益看,俱乐部2017年就由田诚和李波一起在A网站的平台上创立了,同时,汪浩和田诚、李波之间有一个微信群,对于俱乐部的谋划、决策、具体的实施经营,包括如何分钱,怎么招人都在这个微信群中讨论。后期俱乐部从A网站转到B网站,具体经营者由田诚、李波转变为汪浩,这几个关键事项万晓均没有参与,而且根据汪浩的当庭陈述，万晓获利的分成也比汪浩要少一些，同时法院也不能仅凭获利的多少来认定谁是主犯，还要结合其他的情节和案情。

2. 从万晓加入和离开的原因看，汪浩与万晓的关系比较特殊，是表兄弟关系，是汪浩让万晓来俱乐部的，最后双方发生分歧后，也是汪浩将万晓踢出俱乐部的。可以说万晓的去留和在俱乐部的命运都是由汪浩来决定和掌握的。从这个角度讲，万晓真算不上老板，其是为汪浩打工的。汪浩从自己的收益中以固定加浮动收益的方式给万晓一部分，是基于双方亲戚的特殊关系。汪浩当庭也说了，如果双方之间不是亲戚关系，他是不会给万晓这么多的。所以，光看获利多少一项是不能区别主从犯的。

3. 从原因力大小看，万晓在俱乐部主要从事记账和客服工作。记账和客服工作都是替代性很强的事情。没有记账和客服工作这两个事项，也并不影响赌场的运营，最多导致每天的账目不清楚，或者服务不及时，所以万晓在俱乐部从事的工作并不是非常重要和关键的。这些事情随便换一个人也能做。

4. 从汪浩当庭的供述看，汪浩当庭否认万晓是老板，称万晓是为他打工的。同时，审判长在之前开庭时问过汪浩一个细节，即为什么汪浩承担的房子的租金要万晓承担一半。汪浩称虽然万晓承担了自己的一半，但他会以工资补贴的形式再还给万晓，那么这部分房租实质上还是汪浩承担的，也从侧面证明万晓不是老板。

一审判决结果

第二次开庭结束后，审判长问各被告人是否愿意退缴犯罪所得。毕竟我做的是罪轻辩护，我也积极响应。跟万晓的家属沟通后，万晓的家属也向法院退缴了五万元犯罪所得，同时田诚和李波也各退了两万元犯罪所得。一审判决终于下来了。虽然我最终没有成功说服审判长接受关于万晓系从犯的观点，但也在一定程度上影响了审判长对万晓最终刑期的判决。在起诉书建议判万晓五年有期徒刑的情况下，一审判决只判了万晓三年九个月的有期徒刑（比起诉建议少十五个月），而汪浩被判四年六个月（与起诉建议一致），田诚被判四年五个月（比起诉建议少一个月），李波被判四年两个月（比起诉建议少一个月）。万晓和他的家属对此判决表示可以接受，也决定不再上诉。

风波再起

当我和万晓及其家属都认为事情就这样结束的时候，一审检察院对万晓的判决结果不能接受，提起了抗诉。万晓的家属再次找到我，让我继续当万晓二审阶段的辩护人。因为一审检察院抗诉后，上级检察院如果认为抗诉不当，可以向同级人民法院要求撤回抗诉，我抓住这个程序，马上联系上级检察院的承办检察官，并将认为一审检察院抗诉不当的法律意见书迅速寄给承办检察官，想在这个程序阶段就说服承办检察官。之后等了两个月，我终于等来了好消息，上级检察院也认同我的意见，出具了撤回抗诉决定书。

我心里的一块石头落地了，我也第一时间把这个消息告知了万晓及其家属。他们很满意，再次对我的工作表示感谢！

特别声明：文中所载案件系李明律师办理的真实案件。为保护当事人的隐私，当事人的名字均为化名。

承办律师或团队

李明，上海星图律师事务所主任律师，专注于刑事辩护领域，办案细致认真，认为律师就是要善于寻找控方证据体系中的漏洞和瑕疵，从而进行进攻型辩护。

"天上掉下个林妹妹"是不可能的
——从一起强奸案看律师如何进行有效辩护

作为一名刑事辩护律师,我们不仅要熟悉涉及刑事罪名的犯罪构成,还要善于运用生活经验和生活常识,攻破公诉方的证据链条,甚至将公诉方的证据为我所用,取得辩护的成功。而熟练掌握犯罪构成基本理论,认真做好会见工作,全面听取被告人陈述与意见,及时详尽阅卷,攻破公诉人证据体系,发表辩护意见重点突出、逻辑严密、言简意赅这几个要素却是做好刑事辩护工作的最基本内容。

接受委托,熟悉案件

2017年7月的某一天,我的同学打电话来,说她的一位好朋友的爱人杨某因涉嫌强奸,希望找个专业律师为其辩护。之后杨某的妻子办理了委托,我正式以辩护人的身份介入杨某涉嫌强奸一案,依法为其辩护,提供法律服务。按理说,丈夫发生此类事情,妻子一定非常痛恨,但杨某的妻子选择相信丈夫,认为此案必另有隐情。

据了解,杨某每天早上6时左右都会骑摩托车去跑摩的,不知道为什么会被公安以涉嫌强奸为由抓获。家属反映近段时间并没有感觉杨某有什么异常,夫妻关系也正常。

我接受委托时杨某已经被逮捕。家属希望我念及他们家中有幼儿、老人,最大限度维护杨某的合法权益,争取轻判。

会见嫌疑人，听取陈述与意见，及时详尽阅卷

为了全面了解案情，我第一时间前往看守所会见了杨某，希望能从会见中找到一些辩护的空间。

因为案件的特殊性，我没有像办理其他案件一样直接进入主题，而是采取拉家常似的聊天，展开第一次会见。慢慢地，杨某对我已完全相信，主动向我描述案件的关键性细节，并要求我为他分析案情。

据其所述，2017年6月1日早上6时左右，他骑摩托车出门去跑摩的，在路上遇上要坐摩的去老车站附近的被害人王某。杨某说到目的地需要车费十元。王某支付十元后上车。上车后，坐在摩托车后的王某不停对正在开车的杨某进行肢体挑逗，紧抱着他，将手放在杨某的裤子外下体处来回抚摸，并要求杨某带她到刺激好玩的地方玩。杨某应其要求带她到附近景区一带游玩。其间并无任何事情发生。两人一同游玩到中午11点左右。王某说累了。杨某说返回出发地，王某也同意。在回市区的30分钟左右的路程里，一路全是山路，崎岖不平。王某紧抱着杨某，不断地用手来回抚摸和挑逗杨某。到目的地后，王某不愿意下车，并要求杨某开房休息。杨某趁机调侃要与王某发生性关系。王某同意了。后在老车站附近停好摩托车，两人找了家旅馆。杨某没有多想，用自己的身份证件开了房。后来双方发生了性关系。之后，王某提出肚子饿了，要求杨某出去买快餐回来给她吃。杨某离开房间下楼去帮王某买快餐的时候，莫名地被一名陌生男子拦住。陌生男子意图殴打杨某。杨某急忙从旅馆翻墙逃离，一直到下午才返回旅馆取自己的摩托车。

杨某提出：他和王某都是自愿发生性关系的；他如果想强奸王某，有很多次机会，在景区里和回来的路上有很多地方都可以实施强奸行为；他没有必要用自己的身份证开房来强奸。他怀疑自己遭遇了"仙人跳"，差点被敲诈，现在却作为嫌疑人被抓，所以请求我一定要帮助他，还他清白。

会见结束后，我向办案机关了解案情，并提出取保申请，但公安机关拒绝沟通，口头答复不允许取保。

不久，案件被移送检察院审查起诉。我及时查阅了本案全部卷宗材料，对案件事实有了细致的了解和全面的认识。我认为杨某的行为可能不构成强奸罪。

发现疑点，寻找突破口，及时与检察院沟通辩护意见

结合阅卷情况，我发现有一个可能成为辩点的疑点在多次会见中杨某并没有向我提到，就是杨某是否发现被害人王某的表情、一路上的反应有异常。为了了解情况，我再一次会见杨某。杨某陈述，他仅觉得她有时候会自言自语而已，沟通正常，她一个人大清早出门，没有家人跟着，穿戴也正常。在他的认知范围内，他并不觉得王某是精神病人。

对于案卷中所谓定罪的关键证据——某医院作出的"无性防卫能力"鉴定，因缺乏相应的专业知识，我虚心到鉴定机构向专家请教。经专家点拨，我更加坚定了向检察院提出不起诉的决心。

对此，我依据证据和事实，结合相关法律规定，向检察院提出以下意见：

1. 杨某是在王某的肆意挑逗和勾引下自愿与其发生的性关系，并没有证据证明杨某明知王某是或可能是精神病人，也没有证据证明杨某违背王某的意志而强行与其发生性关系。杨某的行为不符合强奸罪的犯罪构成要件。

（1）从主观上看，没有证据证明杨某明知王某是精神病人而与其发生性关系：首先，杨某与王某并不熟悉，王某也从来没有告诉过杨某她是精神病人；其次，杨某仅有小学文化，不具备辨认王某是否精神病人的专业知识；再次，即便杨某发现王某有些不同于常人，也不代表杨某应当知晓王某完全没有性防卫能力。

（2）从客观上看，没有充分的证据证明杨某有违背王某意志而强行与王某发生性关系的行为：首先，王某身上没有受伤，说明杨某没有使用暴力手段与王某发生性关系；其次，王某与杨某一起开房时，王某是自己跟杨某走进去的，旅馆老板也没有发现异常情况；再次，在整个性关系发生的过程中，王某并没有喊叫，事后还提出要杨某买饭给她吃，并没有要离开的意思。

（3）杨某是在王某的肆意挑逗和勾引下，经王某同意才与其发生性关系的：王某一路上对杨某进行长达30分钟的挑逗，且到目的地后仍不愿意离开，并主动提出开房，在杨某提出发生关系后还满口答应，而杨某的反应就是一般正常男人得到一次意外艳遇的惊喜，他并没有想过要强行与王

某发生性关系。

（4）杨某若真要强奸王某，他的两个行为特别不符合常理：① 杨某没有选择更有利的时间和空间对王某进行强奸不符合常理。景区里全是树林，景区到市区的路上也有很多隐蔽的地方。对于强奸犯罪来说，这些地方更具备实施强奸的时间条件和空间条件，但杨某在这些地方并没有实施或想过要实施所谓强奸犯罪行为。② 杨某用自己的真实身份信息开房不符合常理。杨某在开房时使用了自己的身份证进行登记。如他真想强奸王某，那么直接留下身份信息作为线索完全有悖于常理。

2. 公安机关程序违法。

（1）若王某真为精神病人，公安机关在尚未查清王某来历、法定监护人等的情况下处理案件违反法律规定。

（2）对于精神病鉴定意见书中对王某的情况的描述，现有证据无法说明王某是否有民事行为能力或限制民事行为能力及监护人情况。

3. 精神病鉴定意见书因检材不确实、不充分，缺乏合法性和真实性，可能导致鉴定意见结论错误，且鉴定书中本身多处存在矛盾，不能作为定案起诉的依据。

（1）鉴定程序不合法：鉴定时没有法定监护人参与见证。

（2）本案的鉴定材料不确实、不充分：鉴定材料为案卷材料，而本案的卷宗材料中对王某病情的陈述仅有非法同居男友及其家人的证言证实，并非来源于王某的法定监护人，也并非来源于从小与王某熟悉的亲友、邻居。王某的家族是否有精神病史，王某发病的原因，其有没有治疗及治疗效果如何，这些情况尚无证据证明。且对王某个人情况及发病时间的陈述本身就有矛盾，故我认为本案的鉴定材料缺乏现实生活中父母、邻居等的相关证言，不确实、不充分，不能完全反映王某的精神病情况。

（3）鉴定意见书中记载的内容存在多处矛盾或不符合常理的地方：① 鉴定意见书中记载"王某既往有精神病史"的依据没有出现在案卷材料中。王某的非法同居男友黄某某在询问笔录中陈述："王某在 2015 年怀孕后行为很不正常，于是我就带她来某市精神病医院检查。医生检查后诊断她得了精神分裂症。"但这没有其他相关的证据佐证。② 本案的鉴定意见中被鉴定人王某无性防卫能力的结论与实际情况不符。黄某某称："王某性欲强，多次跟陌生男子发生性关系。"而王某本人对这个男友不满意，称见到年轻男子就开心，愿意跟他们去玩，发生性关系也可以。鉴定意见书中的资料摘要称"跟男子做爱时有反抗"。经检查，王某"智力正常"，这说明她对自己的行为有一定认识，也深知后果。她一会表示"愿意与杨某发生性关系"，一会又说"跟男子做爱时有反抗"。这本身就是两种截然不同的说法，且既然她能反抗，就说明她有反抗能力，能进行防卫，鉴定意见结论得出的"无性防卫能力"与实际情况不符。

（4）本案司法不公，存在选择性执法。

根据现有证据材料，如证实王某与多人发生了性关系，按照现行办案单位的思路，只要是与精神病人发生性关系的，就应当按照强奸罪被追究刑事责任，那么只要与王某发生性关系的人就应当承担强奸罪的法律责任。办案单位应当一查到底，全面追究。

我认为杨某是在王某的肆意挑逗和勾引下自愿与其发生性关系的，并非明知王某有或可能有精神病而与其发生性关系。且王某陈述自己有反抗行为，说明其有反抗的能力，并非无性防卫能力人。根据《人民检察院刑事诉讼规则（试行）》第四百零四条规定，具有下列情形之一，不能确定犯罪嫌疑人构成犯罪和需要追究刑事责任的，属于证据不足，不符合起诉条件："（一）犯罪构成要件事实缺乏必要的证据予以证明的；（二）据以定罪的证据存在疑问，无法查证属实的；（三）据以定罪的证据之间、证据与案件事实之间的矛盾不能合理排除的；（四）根据证据得出的结论具有其他可能性，不能排除合理怀疑的；（五）根据证据认定案件事实不符合逻辑和经验法则，得出的结论明显不符合常理的。"

综上所述，我认为杨某涉嫌强奸犯罪的案件事实不清、证据不足，罪名不能成立，检察机关应依法作出不起诉决定。

守得云开见月明

考虑到杨某确实与王某发生了性关系，我建议家属适当地补偿被害人，以取得被害人谅解。

后经多次与办案检察官沟通，我的观点被检察院采纳。

2017年12月11日某市某区人民检察院对杨某作出不起诉决定。

承办律师或团队

骆权律师,毕业于中南财经政法大学,法学学士,现为广西佑成律师事务所合伙人、刑事辩护法律服务部主任,同时担任柳州市未成年人保护专业委员会委员、柳州市律师协会刑事辩护委员会委员。2014年度获评柳州市妇女维权团优秀律师,2018年获评柳州市优秀青年律师。专注于刑事犯罪辩护,执业以来承办了近百起刑事案件,对刑事辩护有自己的独到见解,以专业、专注、温暖的刑事辩护风格赢得了当事人的一致好评。

她卖的到底是不是毒品？
——小谈贩卖毒品、容留他人吸毒案

卖摇头丸被抓

小谈，一名刚踏入社会的年轻人，对这个充满诱惑的世界充满好奇。她喜欢结交朋友，尤其喜欢和那些追求刺激的人一起喝酒、唱歌，出入花花场所。

小谈与男友商量要组织一场轰趴（所谓轰趴，就是包一块场地，与朋友们一起喝酒、唱歌、蹦迪），叫上好朋友一起娱乐。他们看了好几个场地，最后选择了一个音乐酒吧，缴纳了租金，把这个地方当作轰趴场所。明确了场地后，小谈便在微信中把朋友们拉了个群，通知了时间、地点，以男生自费、女生免费的形式，邀请朋友们准时参加。同时，小谈与男友提前准备了大量洋酒与饮料，准备在那天与朋友们尽情饮用。

在事发前几天，这个微信朋友群中的一位李姓朋友找小谈私聊，问她那天需不需要"糖"（所谓"糖"就是摇头丸）。小谈在4个月前曾经吸食过"糖"，于是她和小李说可以带点"糖"，约定一颗"糖"的价格为500元，让小李给她带6颗，并提前将3 000元支付给小李。案发当天，小李把"糖"带给了小谈。

案发当晚，果然如预期的那样，大家兴致都很足，也大量饮酒。小谈还请了一名DJ到现场打碟活跃气氛。大家随着DJ的音乐不停摇摆。席间，小谈和几位好友说自己有"糖"，问他们需不需要，可以原价售卖。几位朋友说自己需要，于是小谈送给小章半颗"糖"，卖给小郑半颗"糖"，卖给小陈一颗"糖"，而小陈将买回的"糖"分了一半给小燕一起食用。

三天后，警方通过线索，将小谈抓获。小谈承认卖"糖"给上述人员。

公安在其家中进行搜查,但没有搜查出剩余的"糖",同时以涉嫌贩卖毒品为由将小谈刑事拘留。后又分别抓获小章、小郑、小陈和小燕,各取笔录,分别处以行政处罚。

年龄到底是多大

小谈的男友和父亲找到我,陈述了他们知道的案情,委托我进行辩护。初步了解案情后,第一步工作就是会见。

第一次会见对于刑事辩护律师来说是极为重要的。律师需要通过第一次会见了解案件的基本事实和案件细节,并了解犯罪嫌疑人是如何对案情和行为进行供述的,在此基础上需要帮助当事人对案件的走势进行判断。此外,还要充分鼓励当事人说实话,尤其是当他们面对侦查机关诱供时,必须做到实事求是地陈述案情,不能出现或然性陈述,否则将会造成极为不利的后果。

第一次会见小谈,我和团队成员严格按照会见流程进行。除了了解基本案情之外,一个细节引起了我们的注意——小谈身份证上的生日仅仅早于案发日期半个月。小谈是农村人。根据办案经验,很多农村人在申领身份证时上报的都是阴历生日,而不是阳历生日。这个案子会不会也出现上述情况?如果登记错误,那么按照阳历生日计算,小谈在案发时就是未成年人,这将会大大减轻她的刑罚,也将会改变整个案件的程序走向。

会见结束后,我们第一时间向小谈的父亲核实情况。但由于时间久远,她的父亲记不清楚了。于是,我们让家属赶紧回忆、核实,甚至去找了小谈出生时的接生婆了解情况。最终,经过了解,小谈身份证上的出生日期确实登记错误。按照阳历生日登记的话,小谈此时还是未成年人。

于是,我们要求小谈的父母及接生婆一起去派出所,和侦查人员反映上述情况,制作证人证言笔录,并要求侦查机关去小谈出生的村委会了解情况,确定小谈的未成年人身份。本案取得了良好的进展。

证据不足先取保

通过第一次会见,我们还了解到以下信息:① 嫌疑人小谈当晚携带的

"糖"均没有被查获，且下落不明；②小谈的尿检呈阴性；③其他服用"糖"的人员，尿检均呈阴性；④卖"糖"给小谈的小李没有找到。

基于上述信息，我们的第一判断是，公安是按照贩卖毒品罪立案侦查的，但是当晚没有找到嫌疑人买卖的"糖"，无法做毒物鉴定。那么结合嫌疑人和其他服用人员尿检均呈阴性的情况，该"糖"是不是毒品，根据目前掌握的信息无法确定。

但是，由于在侦查阶段无法阅卷，我们需要通过之后的几次会见来进一步了解公安搜集的证据情况。在刑事拘留阶段，当事人就是辩护人最好的证据来源。因为公安掌握新的证据后，必定会向嫌疑人核实证据类型和证据信息，辩护人必须要在公安每一次询问以后及时会见嫌疑人，了解是否有新的侦查方向和新的信息，再进一步判断案件走向，为之后的辩护工作打好基础。

同时，在会见嫌疑人并进一步了解案件细节的基础上，辩护人还可以根据法律规定，与侦查机关沟通，一方面可以熟悉承办人员，更好地表达对案件的看法，一方面还可以通过沟通，验证嫌疑人与律师交流内容的可靠性。

其实，在接受案件委托时，我们就对本案进展做了初步判断，尤其是在嫌疑人能否获得取保候审的问题上，而能否取保候审也是家属最关心的事。我们的判断是，由于本案涉及贩卖毒品罪，按照办案经验，侦查机关不会直接批准嫌疑人取保候审，因为只要有初步证据证明小谈有贩卖毒品的嫌疑，侦查机关就可以向检察院申请逮捕。

果不其然，我们虽然及时向侦查机关提出取保候审申请并送达了详细的法律意见书，但侦查机关依旧将本案送至检察院要求逮捕小谈。于是，我们的工作重点就是如何说服检察院的承办人不予批准逮捕小谈。

我们提交给检察院的法律意见书主要分为两部分。第一部分着重对本案中的"糖"是不是毒品做了详细分析。这个问题应该是检察院最关心的。如果不把这个问题说清，或者不让检察官产生怀疑，那么检察院基本就会批准逮捕。第二部分则强调了小谈的未成年人身份。该部分之所以放在次要位置，是因为年龄问题并不是毒品案件考虑的最重要部分。如果确实有证据证明小谈涉嫌贩卖毒品，即使她是未成年人，被逮捕的可能性也依旧很大。但是强调小谈的未成年人身份，也是想让承办人能够更加严谨的评判本案,以便作出不予逮捕决定。

功夫不负有心人。在我们与检察官充分沟通后,检察院在最后一天作出决定,不予批准逮捕小谈。贩卖毒品案件的嫌疑人能够获得取保候审,着实不易。

卖的真是摇头丸吗

案件经过大半年的侦查,终于还是进入审查起诉阶段。我们第一时间向检察院提交了委托手续,顺利地将案卷材料拿回、导出,并进行分析。

本案中最关键的争议点依旧是"糖"能否被认定为毒品的问题。经过研究证据并查阅相关文献,我们得出了否定性结论。

以下是我们的辩护内容概要:

1. 本案的言辞证据不真实、不准确。

我们都知道,由于毒品案件的特殊性,大量毒品案件都是根据言辞证据的对应性就直接定罪量刑了。但言辞证据本身就是不稳定的,因此,在办理任何案件时,对于言辞证据的真实性,我们都要合理怀疑,寻找漏洞和逻辑缺陷。

在本案中,侦查机关无论针对嫌疑人还是针对证人,都问到了他们吸食"糖"后的反应——看似服用摇头丸的特征。但我们认为,当晚在场的所有人员都喝了酒,他们本身已经处于酒后状态,事后再来对当晚的表现、状态进行回忆性陈述,这种言辞证据的真实性和准确性是缺乏的。

2. 言辞证据中关于吸食"糖"后的状态的描述与吸食毒品后的状态有本质区别。

本案的嫌疑人与证人都至少有两次以上的言辞证据。我们通过对比,发现部分关于吸食"糖"后的状态的言辞证据是矛盾的。比如小郑的证言。问:"你吃完摇头丸有什么感觉?"小郑答:"吃完之后我人还是清醒的,跟着音乐跳舞、摇摆,没什么感觉,跳的时间长了也不觉得累。"这个证言从本质上反映了吃了"糖"与不吃"糖"基本上没有本质区别,结合小郑曾经吃过摇头丸的历史,更可以说明该"糖"并非摇头丸。

同时,这些证人均没有提到当晚吸食后出现了幻觉,但吸食摇头丸等精神类药品的最主要特征就是吸食后会出现幻觉。我们为了论证上述观点的科学性，还提供了《法医毒物分析》一书。该书第162页描述道：MDMA片剂服用后使人产生多种幻觉，表现出摇头晃脑、手舞足蹈和乱蹦乱跳等不由自主的类似疯狂行为。这种疯狂行为肯定是异于常人的。该书中的表述也能说明证人证言对于状态的描述根本达不到服用MDMA片剂的状态。证人根本没有说出现幻觉等症状，因此服用该"糖"后的表现达不到服用MDMA片剂后的状态。

3. 侦查机关并没有对本案中四位证人的饮酒状况进行侦查。

这其实也是本案的一个重点。如果嫌疑人和证人出现类似头晕、兴奋的状态是因为吸食"糖"引起的，那么侦查机关也要排除醉酒导致上述状况发生的可能性。

事发现场是轰趴场所，在场的人员当然会大量饮酒。本案中的几位证人都说自己当时处于喝醉的状态。但是侦查机关并没有对案发时的饮酒种类及饮酒状况进行侦查，也就不能排除上述人员反映的跟着音乐摇晃之类的状态是酒后引起的反应的可能性。

4. 侦查机关没有把本案中的其他在场参与人的状态与嫌疑人的状态进行侦查对比。

如果该"糖"是摇头丸，那么这几人服用了摇头丸以后所表现出的状态绝对是异于常人的。那么这种异于常人的状态的参照物肯定是其他没有吃摇头丸的人的状态，但是侦查机关没有侦查对比。我们无法得知这几个人的状态是否异于常人。如果服用了"糖"后还是和常人一样，那么这个"糖"是MDMA片剂是值得怀疑的。

5. 尿检结果能证明该"糖"并非毒品。

我们发现，小谈的尿检时间是9月10日21时45分，据案发时间不足4个自然日。小章的尿检时间是9月11日15时02分，距案发时间4天15个小时。该两人是具备尿检条件的。尿检的结果是阴性能说明该"糖"不是毒品。

为了论证上述观点的科学性，我们提供了《法医毒理学》一书。该书第118页倒数第六行描述："苯丙胺排泄缓慢。经尿排出可历经4~7天，24小时排泄原形约35%~45%。"摇头丸属于苯丙胺类的毒品，在4~7天内理论上均可通过尿检检出，更何况被告人的尿检时间距案发不足4天。在此情况下，尿检呈阴性足可说明该"糖"不是摇头丸。

6. 毛发检测结果也能证明"糖"的非毒品属性。

小谈的毛发中检测出 MDMA 成分，但小谈供述，2019 年 4 月她曾经在成都服用过摇头丸，而该检测意见的成分时间跨度为 6 个月。小谈的检测结果很可能对应的是 4 月服用摇头丸的事实，无法直接印证本案中"糖"的成分，因此也不足以证明该"糖"是摇头丸。

小陈、小燕共用了 1 颗"糖"，毛发检测结果理应呈一致性，但两者的毛发检测结果正好相反，恰恰能够说明小燕当天没有服用过 MDMA 片剂，小陈是在其他时间另行服用了 MDMA 片剂，因此，该"糖"不属于 MDMA 片剂。

与此同时，我们还找到了一篇发表在中国禁毒报上的文章《毛发检测让隐性吸毒无处遁形》。文章介绍：毛发检毒之所以有更长的追溯期，主要是因为毒品在毛发中的存留机理和在血液、尿液等生物样品中相比有显著差异。毒品进入尿液、血液是一个持续代谢和快速降解的过程，毒品痕迹几天内就会完全消失。而毒品进入人体后，会随着血液循环进入毛囊。毒品原体及其代谢物会被毛发中的角质蛋白固定，并稳定地保留在毛发中。记录吸毒信息的头发长出后，毒品及其代谢物会随着头发的生长从发根一端往发梢一端迁移。由此，通过分段检验可以反推出被检测人员的吸毒史。那么，最长可以检测多久的吸毒史？这主要取决于头发的长度。只要头发足够长，例如女性几十厘米长的头发，甚至可以反映几年内的吸毒情况。

上述学术资料均说明，毛发检测是极其稳定的，只要头发足够长就可以检测出毒品成分。那么在本案中，被告人与证人的头发均足够长，完全符合毛发检测的要求。在此情况下，部分证人没有检测出，部分证人的检测结果出现矛盾，只能说明当时吸入的"糖"并不是毒品，吃"糖"人员也没有中毒症状。

刑法意义上的毒品必须具备三个特征——成瘾性、危害性、受管制性，但现有证据无法证明本案中的"糖"符合上述三个基本特征，因此认定其为 MDMA 片剂的证据不足。那么，在"糖"的性质不能认定为 MDMA 片剂的情况下，小谈即使有贩卖的故意，在客观上也是无法完成犯罪行为的，也是无罪的。

针对上述观点，我们与检察院多次沟通、交流，但检察院没有采纳，仍将本案诉至法院，要求追究嫌疑人贩卖毒品罪的责任。开庭时，辩护人将上述辩护意见有理有据地进行表达,以求达到最好的辩护效果和辩护目的。

容留吸毒能否定罪

起诉书不但要求追究小谈贩卖毒品罪的刑事责任,还认为小谈犯有容留他人吸毒罪。理由是,该轰趴场所是小谈租赁的,而且其还是本次活动的组织者,所有参与者必须要征得小谈同意才能够参与,那么小谈在此期间贩卖毒品,并容留他人在该场所吸食,本质上就是犯了容留他人吸毒罪。

但我们认为,小谈的行为不构成该罪。认定构成容留他人吸毒罪的核心问题之一就是"场地"问题,要求行为人对空间有控制权、支配权,哪怕是临时取得使用权或支配权的空间也可以成为容留的"场地"。

在本案中,案发当晚的轰趴场所及配套场所的公共厕所均不是小谈自己临时租用的。小谈仅是代为支付了订金,之后代为交付了场地租金,而真正的付款人是在场的所有男性同胞,每人缴纳了699元给小谈,一共9人付款。因此这个场地其实是大家共同使用、共同支配的。任何人,只要是参加派对的,均可以随出随进,根本不需要小谈允许,也不需要小谈决定。

同时,几名证人均可证实,交易及吸食的场所都是厕所。这个厕所是整个大厅的配套厕所,只有一个,应当是公共厕所性质,不属于任何一个包间,小谈对该厕所更没有控制权和支配权。而且在厕所交易和吸食并非小谈要求的,只是大家一起选择去厕所而已。因此,该"场地"不符合容留他人吸毒罪对"场地"的要求,即使他们吸食的就是毒品,司法机关也无法认定小谈的行为构成容留他人吸毒罪。

获得轻判

经过了激烈的庭审对抗,法院择期进行了宣判。

在此之前的审查起诉阶段,本案还有个插曲。检察院要求小谈认罪认罚,并告知,如果小谈认罪认罚,量刑建议是数罪并罚一年两个月;如果其不认罪认罚,则量刑建议是一年半至两年半。面对这种情况,我们一方面积极地与检察院充分交流,表达对量刑的看法,一方面也征求小谈的意见,尊重其想法。最后,我们与检察院没有就认罪认罚达成一致意见,因此,检察院在开庭时的量刑建议就是数罪并罚一年半至两年半。

法院支持了公诉机关的意见,认为起诉书指控的两个罪名成立,但在此基础上充分听取了辩护人的辩护意见,认为公诉机关的量刑建议过重,最终以小谈犯贩卖毒品罪判处拘役3个月,以小谈犯容留他人吸毒罪判处拘役3个月,数罪并罚,决定执行拘役4个月。

面对该种结果,我们略有遗憾,但本案能获得如此大的从轻判决,也实属不易。

我们面对任何刑事案件,首先要做的就是归纳总结,找到案件的争议焦点,然后带着焦点去寻找案件的突破口,发现证据问题和逻辑问题。在本案中,为了能够达到最好的辩护效果,我们还不断寻找科学理论作为辩论观点的支撑。有科学论证绝对会加强法官的心证,增强辩护人的说服力。本案能够获得从轻判决也得益于上述文献和教科书中的科学结论。

承办律师或团队

杨奕文律师,江苏乐天律师事务所合伙人、刑事业务部负责人,常州市律师协会刑事业务委员会委员,江苏省律师协会刑事业务专业认证律师,江苏省律师协会刑事专业人才库律师,执业近十年来,承办了大量在全国、全省有影响力的案件,所办案例多次被评选为全国、全省、全市典型刑事案例,收获业内一致好评。

犯罪的本质是什么

——J市X化工有限公司非法经营获不起诉案

案情回顾

2019年7月29日,J市公安局对J市X化工有限公司(以下简称"X公司")进行例行检查,通过检查经营台账、财务资料,发现该公司自2017年5月29日以来,在未取得危险化学品经营许可证的情况下,向J市当地三家污水处理厂销售易制爆化学品过氧化氢溶液(俗称双氧水,浓度大于8%),销售金额共计700多万元。J市公安局于当日对X公司涉嫌非法经营案立案侦查。

2019年7月30日,X公司实际控制人A老板至J市公安局投案自首。A老板如实向公安机关供述:由于J市本地三家污水处理厂进行技术改造后,在污水处理过程中需要大量的双氧水,而X公司是污水处理厂其他一般化学品的长期供应商,三家污水处理厂的负责人希望X公司代为采购双氧水。A老板为了保持公司经营额便同意代购双氧水。交易方式为污水处理厂负责人将采购需求口头告知A老板并付款给X公司后,X公司与双氧水生产厂家签订采购合同,然后双氧水厂家将发票开给X公司,X公司再开发票给污水处理厂,最后生产厂家直接将双氧水运输至污水处理厂。

2019年8月23日,A老板被J市公安局取保候审。2019年9月23日,J市公安局将本案移送J市人民检察院审查起诉。公安机关认定:自2017年5月起,在X公司未依法取得危险化学品经营许可证的情况下,A老板明知双氧水属于易制爆危险化学品,在两年多的时间内,向J市本地三家污水处理厂销售781万多元的双氧水,非法获利43万多元。公安机关认为,X公司、A老板违反国家规定,在X公司未取得危险化学品经营许可证的情况下，擅自销售易制爆危险化学品——浓度大于8%的过氧化氢溶液，数额巨大，其行为已触犯《中华人民共和国刑法》第二百二十五条之规定，涉嫌非法经营。

2019年10月8日，辩护人向J市人民检察院递交了辩护意见，认为虽然X公司及A老板违反了国家有关危险化学品的管理规定，但是情节显著轻微，不构成犯罪，司法机关不应追究X公司及A老板的刑事责任。2019年10月22日，J市人民检察院认为本案事实不清、证据不足，将案件退回J市公安局补充侦查。2019年11月8日，J市公安局重新将案件移送检察院审查起诉。2019年11月23日，J市人民检察院认为，X公司及A老板犯罪情节轻微，不需要追究刑事责任，决定不起诉。

意外的无罪辩护

这是一起嫌疑人投案自首、如实供述的案子。

这是一起嫌疑人委托要求很低、只求缓刑的案子。

这是一起嫌疑人的警察妹夫都认为构成犯罪的案子。

当听完A老板关于案情的介绍，辩护人立即反问道："难道你不觉得自己有些冤吗？"辩护人作出这样的判断，其实并没有经过严密的思考，只是一种本能的条件反射。这种本能是基于怀疑一切的辩护思维及内心朴素的怜悯。有些无罪辩护往往就是从辩护人最朴素的怜悯之心开始的。我们常提"医者仁心"，也许，优秀的刑辩律师同样要有一颗"仁心"，再加个"家国情怀"。

这起案子有两个核心问题，一是X公司的行为是经营行为还是代购行为，二是X公司的行为有无社会危害性。

这起案子在本质上是在拷问：什么是犯罪？犯罪的本质是什么？

就上面的问题，不同的人会给出不同的解释。但有一种理解观点，即凡是违反了法律的规定并且达到了立案追诉标准的行为就是犯罪，辩护人认为要不得。在刑事侦查机关中，就辩护人以往的工作经历及观察而言，有不少人往往只关心刑法分则的规定，而对于刑法总则的规定可能未必了解，更不用说去研究立法的本意或沿革了。

犯罪的本质是什么？这是一个百家争鸣的话题。我国传统刑法理论认为犯罪的本质是社会危害性。社会危害性的程度主要取决于"行为本身的性质""损害结果的有无与大小""行为人主观方面的情况"三种因素相互密切联系的情况。虽然近些年来,以张明楷教授为代表的一些学者在借鉴德、日等国理论的基础上,提出了"二阶层""三阶层"理论,其中的"违法与责任"理论实际上与传统理论强调犯罪应具有严重社会危害性并没有根本的冲突,只是从不同的逻辑出发点、不同的角度、不同的论证方法,对犯罪的本质进行了阐述。

《中华人民共和国刑法》第十三条对什么是犯罪作出了明确的规定。该条看似笼统,但实际上蕴含着两层意思。第一层是采取列举的方式规定了哪些行为是犯罪,即犯罪必须是同时具备以下特征的行为:具有社会危害性,具有刑事违法性,具有应受刑罚惩罚性。第二层则规定了刑法不认为是犯罪的例外情况,即"情节显著轻微危害不大的,不认为是犯罪"。这是对犯罪概念的重要补充。具体的理解可以参考全国人大常委会法制工作委员会刑法室编的《中华人民共和国刑法条文说明、立法理由及相关规定》。

刑法总则虽然只是进行了一些原则性的规定,对于认定一个行为是否犯罪的说明看似较为笼统,但实际上提供了分析一个行为是否犯罪的逻辑起点和思路。对一个行为进行评价,是照本宣科地对照立案追诉标准而后去判断其社会危害性,还是先评价一个行为的社会危害性,然后再去对照立案追诉标准?

辩护人认为,就近些年最高人民法院颁布的部分司法解释及指导案例而言,司法导向应该是倾向于后者的,否则一些指导案例的再审结果很难有法律依据支撑。比如内蒙古的王力军非法经营玉米案,其裁判思路正是先分析行为是否具有严重的社会危害性,如果没有严重的社会危害性,就不用再去考虑涉案金额是否达到立案追溯标准。一个行为的社会危害性如果为零,那么无论乘以多少金额,其答案终将为零。再如深圳鹦鹉案的改判、天津大妈气枪案的判决,实际上都是采取了类似的裁判思路。这样的思路使司法更加灵活,有助于减少因机械司法导致的令全民哗然、超出一般人认知的荒唐案件。法律规定永远具有滞后性,一套灵活的裁判逻辑则是尽量避免滞后性的良药。当然,这样的灵活性对法律共同体提出了更高的法律素养要求,但无外乎需要法律人遵循内心最深层的良知。

在本案中,若按侦查机关的思维分析,无证经营危险化学品,案值巨大,达到"情节特别严重"的标准,应处五年以上有期徒刑的刑罚,A 老板就有牢狱之灾。但若按辩护人前述的逻辑思路来分析,即先综合评价行为的社会危害性,再对照量刑标准评判,就能顺利解决罪责刑相适应的问题。

对于社会危害性的评价方法,辩护人更倾向于传统理论,对"行为本身的性质""损害结果的有无与大小""行为人主观方面的情况"三种因素相互密切联系的情况进行综合分析。

首先,关于本案中的"行为本身的性质"。污水处理厂托 A 公司采购双氧水并支付 5%的差价。A 公司采取了与上、下家分别签订买卖合同的方式。从表面上看这是两个买卖关系,但本质上三者应当是一种委托代理关系或者居间介绍关系。我们常说"以合法形式掩盖非法目的",但对于本案,也许是"以非法形式遮蔽了合法目的"。

其次,关于本案的"损害结果的有无与大小"。A 公司并未实际经手涉案双氧水,因此就不存在因不具备有关资质而产生安全隐患,也就不存在实质性的社会危害后果。也许有人会说,A 公司的行为同时还侵犯了有关的行政管理制度。对此,辩护人建议参考最高人民法院指导案例 97 号王力军非法经营(无证收购玉米)再审改判无罪案。该案的裁判主旨为王力军的行为"违反了当时的国家粮食流通管理有关规定,但尚未达到严重扰乱市场秩序的危害程度,不具备与刑法第二百二十五条规定的非法经营罪相当的社会危害性、刑事违法性和刑事处罚必要性,不构成非法经营罪"。判断一个行为是否犯罪应当首先考虑是否具有严重的危害后果,并且,危害后果不能简单地以经营额大小来判断,应当以行为对社会造成的实质性危害为判断标准。

再次,关于本案的"行为人主观方面的情况"。A 老板之所以"以非法形式遮蔽了合法目的",只是出于增加产值,不存在为了犯罪而实施"披着羊皮"的行为。

对于本案,从另一个角度来分析,逻辑的力量就展现无遗。我们假设,A 公司如果没有采取与上、下家签订采购合同的方式,而是采取口头联系、不开发票、不过账、直接收取 5%佣金的方式,就可以悄悄地逃掉税款,显然也不会导致案发。然而,现实是,A 公司用一种正大光明的方式,干着本质相同的事情,并且向国家足额缴纳了几十万元的税金,反而要被追究刑事责任。显然，这样的结果违背了司法的价值导向。

感谢办理本案的检察官，能够耐心倾听辩护人的意见，能够理性思考本案的问题，更感谢检察官怀着一颗理解民营企业艰辛的仁心。最终，检察院顶住了侦查机关的压力，公正地作出了不起诉的决定。

相信法律，更要相信法不外乎人情。

承办律师或团队

郭鹏律师，江苏舜韬律师事务所合伙人，毕业于江苏警官学院，苏州大学法律硕士，专注于刑事辩护。曾任某公安局侦查民警，具有多年侦查经历，善于将侦查思维运用于攻势辩护。

被遗漏的现场
——周某故意伤害案终获撤诉

● 前 言

宋慈《洗冤录集·序》有云："狱事莫重于大辟，大辟莫重于初情，初情莫重于检验。"这里的"检验"，指刑事侦查中的一种证据收集手段，包括现场勘验、勘查、检查等溯源性工作。具体证据类型包括现场勘验笔录、现场照片、现场指认、现场痕迹（毛发、血迹、指印、脚印）等，相关材料具有还原案发真相的作用，在刑事证据体系中具有重要的地位。在刑事辩护中，如果能从这方面找出破绽，往往能获得较好的辩护效果。现以周某涉嫌故意伤害案为例，讲述本人在辩护中利用现场勘验漏洞成功辩护的做法。

● 基本案情

周某是东莞某回收站的从业者，而被害人赵某是东莞某建材店老板。二人的工作场所相邻。平时，赵某对周某多有怨言，称回收站臭气难闻。两家曾有争吵。2017年12月某日12时许，周某一家在家中吃饭。被害人赵某、刘某（赵某朋友）闯入周某的回收站，并大声辱骂。赵某声称其与朋友从别处开车回来吃饭，发现停于路边的小车四个轮前后地上均被人故意装上了铁钉，认定是周某一家所为，故要讨说法，并教训周某一家。一开始，周某一家不出声，二人便越骂越烈，并有侮辱、刺激的语言。之后，周某的妻子从房内走出，并与两人辩解，但二人仍辱骂不止。不一会儿，周某的儿子周某某及其同学A也出来了解情况。在争吵间，双方发生了拉扯，后周某某倒地。据周某某所述，其与同学A均被赵某、刘某两人持铁棍殴打，其被打倒后，赵某还用脚踩在他的身上。

在房内吃午饭的周某见此情景，便从房中冲出，顺手从现场的回收物资堆中抽出一把砍刀，朝赵某身上连砍两刀，后赵某、刘某逃走。事发之后，周某留在原地等待公安部门处理。后经鉴定，赵某已达轻伤一级，是否达到重伤需待痊愈后再行鉴定；刘某、周某某等均属于轻微伤。赵某的医疗费达几万元。周某没有赔偿赵某、刘某。另外，现场无监控视频。

最后，周某被公安机关以故意伤害罪立案侦查。

接案过程

在周某被刑事拘留后，其家人先是委托了一个律师进行处理。在会见后，该律师认为周某涉案的事实清楚，根据相关法律规定，周某的行为肯定是构成故意伤害罪的。后经朋友介绍，周某家人找到了我。

在与其家人洽谈案件前，其家人曾经过他人找对方协商赔偿的事宜，希望通过赔偿获得对方谅解，从而获得取保或轻判，但据他们所述，对方拒绝协商，强烈要求对周某从重处罚。

在洽谈中，除详细向家属询问案件事实外，我还十分注意了解侦查细节，还向家属特别了解公安现场勘验的情况。据家属所述，当时公安机关只是对打架现场进行了勘验，已提取了砍刀、木棒、血等物证，而没有对引发本案的直接原因装钉现场进行勘验。听罢，我当时就认为侦查机关应该遗漏了一个现场。这明显是一个侦查中的漏洞。我隐约感觉到可以利用此漏洞进行辩护，从而通过这个漏洞改变案件的走向。

我提出了自己的初步辩护方案。首先，从正当防卫的角度进行法律分析及引导侦查方向，力争从客观事实上争取有利的结果；其次，利用初步排查出的程序漏洞，击破构罪的证据体系，从而争取有利结果。

家属经过充分考虑，最终选择了委托。

办案历程

一、公检阶段的办案历程

接受委托后，我马上申请会见了周某。据周某所述，当时他确曾动手伤人，起因是对方已持械深入自己的回收站，并殴打了自己的老婆与儿子，他是为了保护妻子及儿子的生命安全才一时冲动伤人的，且自己在砍了两刀后，即停止了自己的行为，在现场等候公安机关处理。另外，其还确认了办案机关确实未带其指认所谓装钉现场，也没有向其出示过有关装钉现场提取的脚印、手印的痕迹材料，也没有出示过有关装钉现场提取的钉子或遗留的毛发之类的物证。另外，由于案发已多日，所谓装钉现场已不存在。

基于上述会见所掌握的情况，我当即从是否构成正当防卫的角度，及未勘验装钉现场对本案定性影响的角度，撰写了相关法律分析意见，并提出了取保候审申请。但在上述申请与文书提交办案机关后，办案机关没有给予取保，检察院在呈捕时也没有给予考虑。虽然辩护人据理力争，但周某还是被捕了。

由于还没有阅卷，对相关事实与证据还没有全面掌握，我还不清楚侦查部门目前掌握的证据情况。虽然对这个结果不满意，但也只能耐心等待阅卷了。

终于可以阅卷了。对各种物证、书证、勘验材料、鉴定文书、言词证据及程序性文书等全案材料进行了充分的审查、摘录、比对、查漏后，我最终确认自己当初的辩护方案是可行的。故，我撰写了更为详细的法律意见，先后向检察院提出了《羁押必要性审查申请》及《不予起诉法律意见》。但不知何故，投送给检察院的相关文书如石沉大海，得不到公诉机关的回应。最后检察院还是起诉到了法院。

收到起诉的结果，我的内心充满了挫败感，但我觉得自己的方案没有问题，决定以此方案一辩到底。

二、庭审中的抗争

为了达到有利于当事人的庭审效果，综合考虑本地法院历年来对正当防卫辩护的支持率问题，我在庭前拟订了以争取正当防卫认定为辅，重点主张构罪证据体系存在重大缺陷的辩护方案，以达到论证案件事实不清、证据不足的目的,从而争取无罪的结果。

在庭审开始时,控方对周某展开思想攻势,希望他能在开庭时认罪认罚,争取从轻处罚。周某对伤人的事实没有异议,但对于是否构成犯罪,希望法院进行裁决。

在庭审质证阶段,我重点提出,本案的直接导因是赵某、刘某的车轮四周地面上被装钉,故装钉行为是否存在、装钉是何人所为等事实对案件的定性会产生重大影响。我要求控方出示装钉现场的勘验材料、手印及脚印痕迹材料、涉案的钉子、毛发等证据。但控方认为,这个现场勘验材料对案件定性不产生影响,他们的证据中也没有这部分证据。对于这个问题,法庭当时的意见也认为,装钉的事实对本案定性不产生影响,故提示不要就此问题在质证环节过多纠缠,相关意见可以在辩论阶段一并提出。对此,辩方只能作罢。

最终,庭审的焦点还是集中在辩论阶段。控方坚持认为周某确有伤人行为,有周某的口供,赵某的询问笔录,刘某、周某某等人的证人证言,相关物证,伤人现场勘验等一系列证据证明,本案已达到了事实清楚、证据确凿的证明标准,故请求法院依故意伤害罪的规定进行定罪量刑。

针对控方的观点,我在辩护中主要提出以下几点意见:

1. 本案前置性必要事实没有查清,相关必要性证据没有依法提取,本案发生的关键性装钉现场没有勘验,现有证据无法搭建周某构罪的证据体系。

如果本案仅从双方在回收站内发生争吵时起算,法院不问起因,就可能出现重大定性错误,因此法院必须对事件导因进行溯源。据本案嫌疑人、被害人及相关证人所述,本案的导因是赵某的车轮四周被人装钉。那么到底是何人装钉、是否存在装钉行为是查清本案无法回避的问题。如果侦查工作遗漏了这个现场,将造成事实无法溯源,无法查清是何人装钉、是否存在装钉,得出的结论就可能出现根本性的错误或不实。本案如果无法通过装钉现场进行溯源,则会出现以下几种可能:

(1)如果装钉是周某或其家人所为,那么其行为才有可能构成故意伤害罪。但是根据本案卷宗材料,侦查机关并没有对装钉现场进行勘查或提取过任何相关证据材料。且所谓被害人也陈述,其只是怀疑装钉是周某一家所为,故目前无法证实他们有装钉损害他人财产的事实。

（2）装钉可能是赵某、刘某故意所为，或根本就不存在所谓装钉事实。若装钉是赵某等虚构的，赵某等人就存在故意陷害他人的嫌疑，可能涉嫌其他犯罪，周某等人就变成了被害人，周某的行为就应属于正当防卫，理应不受刑事处罚。

（3）装钉有可能是其他案外人故意而为的，至于出于何种目的，就需要查清才能定性了。这种情况会对本案嫌疑人及被害人的过错程度产生重大影响，对案件定性也会产生重大影响……

综上所述，本律师认为本案中侦查机关没有查清前置性必要事实，漏取了必要性证据，致使本案证据体系存在重大缺陷，且不可逆转，定性存疑，故指控周某的行为构成故意伤害罪不成立。

2. 周某的行为应当属于正当防卫，其行为不应作为犯罪处理。

终获撤诉结果

在辩论中，刚开始法官对我提出的有关装钉现场没有勘验的问题持反对意见，认为装钉的事实对本案定性或量刑没有影响，似乎我的意见没有引起法庭重视。但在我就装钉的问题，通过上述简单易懂的方式逐步分析后，我发现庭上审判员、人民陪审员出现了互相低声交流的状况，显然这个问题已引起了法庭的重视。最终本案以控方撤回起诉告终。

承办律师或团队

黄宗永律师，2008年始在粤执业，现为广东法制盛邦（东莞）律师事务所专职律师。执业十余年，长期坚持研究刑事辩护实务，主攻刑事辩护，至今已办理过刑事案件二百余宗，经验丰富，注重细节研究，深受当事人好评。

长江禁渔大背景下，更应守住非法捕捞水产品罪的入罪门槛
——非法捕捞水产品罪精细辩护办案手记

笔者所在刑事辩护团队代理了一起非法捕捞水产品罪案件。江苏省某市区级人民检察院于2020年10月29日提起公诉。2021年2月24日，人民法院作出准许检察院撤回起诉的裁定。自此，本案尘埃落定，当事人吴某免去了牢狱之灾。回顾此案辩护历程，从吴某怀着焦急、担忧的心情来进行委托，到我们逐步发现控方证据中存在的漏洞，再到我们向法院揭示本案事实真相，可谓拨云见日。

案件背景

在长江禁渔大背景之下，对于非法捕捞水产品案件，国家将进行严厉打击。本案就发生在这样的背景下。除此之外，我们接受委托时还面临两大难题。在正式接受委托前，吴某告知我们，在检方指控的两起捕捞水产品事实中，有一起发生在吴某前罪的缓刑考验期内，这意味着，若吴某此次行为被法院认定构成犯罪，那么前罪的缓刑将被撤销，其将面临至少两年的实刑，因而，吴某明确提出希望本案能有无罪处理结果。此为难题之一。难题之二在于，吴某前来与我们辩护团队沟通委托事宜的时间为2020年11月5日，此时该案已被江苏省某市区级人民检察院提起公诉，并且案件即将于2020年12月3日进行开庭审理。一方面，《中华人民共和国刑事诉讼法》第一百七十六条规定，人民检察院认为犯罪嫌疑人的犯罪事实已经查清，证据确实、充分，依法应当追究刑事责任的，应当作出起诉决定，因此，本案既然已经到了审判阶段，就说明证明吴某的行为构成犯罪的证据材料应该是足以达到确实、充分的标准的。另一方面，吴某来进行委托

的时间,距离一审开庭不足一个月,若我们接受委托,则必须要在不到一个月的时间内充分阅卷,找出证据中存在的漏洞,并书写质证意见和辩护词,且这一系列工作都要最终达到一个效果——为吴某争取无罪结果。

尽管初步看来,此案的辩护工作困难重重,但通过与吴某进一步沟通,我们得知吴某此次虽然被控犯非法捕捞水产品罪,但实际上并没有渔获,且吴某上有一位老父亲要赡养,下有一位12岁的小孩要抚养,若吴某此次因罪入狱,其家庭将陷入老父亲无人赡养、孩子缺乏父爱的危困境地。因此,综合考虑本案的事实情况和吴某的家庭困境,在向吴某阐明不保证案件结果之后,我们辩护团队还是决定接受委托。

案情简介

2020年5月,被告人吴某分两次在长江禁渔区使用可视锚鱼竿进行垂钓,但未有渔获。江苏省某市区级人民检察院认为,被告人吴某在长江禁渔期、禁渔区内,使用禁用的工具进行捕捞,构成非法捕捞水产品罪,遂依法向江苏省某市区级人民法院提起公诉。

辩护过程

一、初阅卷宗,顿感无罪辩护希望渺茫

接受委托后,我们辩护团队紧急前往人民法院,拷贝本案的卷宗材料。相较辩护团队过往办理的刑事案件,本案的卷宗并不多,仅一本诉讼文书卷和一本证据卷。但初步查阅证据卷及进行相关案例的检索之后,我们顿感此案无罪辩护难度极大。

就证据而言,本案证据卷虽然仅有92页,但涵盖的证据包括被告人供述和辩解、三位证人的证言、被告人用于捕捞的渔具、被告人指认渔具的笔录及图片、鉴定机构关于被告人所用渔具系禁止使用的渔具的鉴定意见等。这一系列证据都指向被告人犯罪。

与此同时,我们还对本案进行类案检索,以了解在使用类似渔具进行捕捞且同样没有渔获的情况下,法院之前是如何判决的。通过检索,我们发现在全国其他地区有七份刑事判决书,涉案行为人也是使用的可视锚鱼竿进行垂钓，法院都认定相关被告人使用的渔具系刑法所禁用的渔具，并判决相关被告人犯非法捕捞水产品罪。另外，我们还检索到承办法院过往审理的四个案例，相关被告人也是没有渔获，但都被法院判决构成非法捕捞水产品罪。

《中华人民共和国刑法》第七十七条规定："被宣告缓刑的犯罪分子，在缓刑考验期限内犯新罪或者发现判决宣告以前还有其他罪没有判决的，应当撤销缓刑，对新犯的罪或者新发现的罪作出判决，把前罪和后罪所判处的刑罚，依照本法第六十九条的规定，决定执行的刑罚。"因此，对于本案而言，若要让吴某前罪的缓刑不被撤销，则此案必须获得无罪的结果。但根据对证据的初步查阅情况及相关案例的检索情况，若要对本案进行无罪辩护，希望十分渺茫。辩护工作陷入困境。

二、再次阅卷，逐步发现证据端倪

辩护工作陷入困境之后，我们随即多次展开内部研讨，认为还是要从证据方面入手，继续对在案证据进行详细审查，以发现各类证据存在的漏洞。功夫不负有心人。通过对在案证据的反复审查，我们终于发现证据中存在的诸多漏洞。

1. 就物证（被告人吴某用于捕捞的渔具）而言，我们发现侦查机关取得物证的程序不符合法律规定，该份证据不能作为定案的根据。在案证据中有一张被告人吴某辨认涉案渔具的照片，但该照片中仅有一件渔具，而根据《公安机关办理刑事案件程序规定》第二百六十条第三款之规定，"辨认物品时，混杂的同类物品不得少于五件；对物品的照片进行辨认的，不得少于十个物品的照片"，因此，侦查机关仅用一件渔具让被告人辨认的行为不符合法律规定。

并且，通过证据与证据之间的来回比对，我们发现，在该份辨认物证的照片上，落款的拍摄时间为吴某被刑事拘留之前，且照片中的吴某是寸头。但是，从吴某被抓后在公安机关拍摄的三面照可知，吴某在被刑事拘留之前，留的是长发。由此可知，该辨认活动并不是在吴某被拘留之前进行的，该照片的拍摄时间存在虚假嫌疑。而后，通过与吴某进行沟通，我们进一步确认了吴某辨认物证的活动是在其被取保候审，从看守所出来之后才进行的。也就是说，公安机关在从吴某家中搜查到渔具（吴某家中不止一件渔具）之后，并没有第一时间展开辨认物证的活动，而吴某进行辨认的渔具可能并不是其当初所用的渔具。

根据《最高人民法院关于全面推进以审判为中心的刑事诉讼制度改革的实施意见》第27条,"通过勘验、检查、搜查等方式收集的物证、书证等证据,未通过辨认、鉴定等方式确定其与案件事实的关联的,不得作为定案的根据",我们认为,在涉案渔具系公安机关通过搜查方式收集而得的情况下,该渔具没有经过合法的辨认程序确认其与案件事实的关联,导致该项证据不得作为定案的根据。

2. 就鉴定意见(鉴定涉案渔具系禁止使用的工具的鉴定意见)而言,我们发现,该鉴定意见同样不得作为定案的根据。一方面,公安机关委托鉴定机构对涉案可视锚鱼竿的性质和功能进行鉴定,但该鉴定机构和鉴定人并不具有对涉案渔具的功能和性质进行鉴定的资质。《最高人民法院关于适用〈中华人民共和国刑事诉讼法〉的解释》第八十五条规定:"鉴定意见具有下列情形之一的,不得作为定案的根据:(一)鉴定机构不具备法定资质,或者鉴定事项超出该鉴定机构业务范围、技术条件的。"另一方面,鉴定人是根据2019年3月29日的《江苏省渔业管理条例》出具的鉴定意见,而在2020年8月7日鉴定机构受托进行鉴定前,江苏省人大常委会就于2020年7月31日对《江苏省渔业管理条例》进行了修改,并且,根据修改后的《江苏省渔业管理条例》第四十一条,对使用可视化设备辅助垂钓的处罚款即可。因此,结合以上因素,我们认为,控方提交的鉴定意见不得作为定案的根据,当事人吴某使用的可视锚鱼竿并不是刑法所禁止使用的捕捞工具。

三、与吴某进行有效沟通,制定辩护策略

在对控方的证据进行审查的同时,我们也一直与吴某保持联系,并从吴某处得知,其是一个可视化钓鱼设备的销售者,前往禁渔区使用可视化钓鱼设备是为了测试该可视化钓鱼设备的清晰度,并且,测试时没有在可视锚鱼竿上面安装鱼钩。从吴某处了解这一事实后,再结合控方提交的证据中所存在的漏洞,我们坚定了进行无罪辩护的信心,并开始着手制定辩护策略。

首先,我们向法院提交了《鉴定人出庭申请书》,希望鉴定人能依法出庭,接受辩护人的询问,以削弱该鉴定意见在法官心中的可信度。

其次,我们依据《中华人民共和国刑事诉讼法》中关于证据的规定,

对在案证据进行分类,并从证据的真实性、合法性、关联性入手,拟定详细的质证意见。

再次,在质证意见的基础上,我们撰写了一篇上万字的辩护词,主要观点为:① 控方指控被告人吴某的行为构成非法捕捞水产品罪的事实不清、证据不足;② 被告人吴某前往长江禁渔区仅仅是为了测试可视化设备的清晰度,并不是为了捕捞,同时,吴某并没有渔获,不具有刑法上的社会危害性;③ 被告人吴某的行为不具有刑事违法性,不需要受到刑事制裁,仅属于一般行政违法行为。

最后,我们再次对本案涉及的全部法律规定进行检索,并进行整理。而后还向法院提交了一份《庭前不予逮捕申请书》,希望吴某在开庭之前能继续保持自由状态,在家多陪陪家人。

四、激辩法庭,详尽阐明辩护观点

在庭审日,吴伟召律师和袁敏律师出庭为被告人进行辩护。上午9点35分,庭审开始。在质证阶段,吴伟召律师从各类证据入手,依次对控方提供的各类证据展开质证,袁敏律师则从鉴定人的鉴定资质入手,重点对到庭的鉴定人展开询问。在辩论阶段,在控方发表公诉意见之后,吴伟召律师用铿锵有力的嗓音简洁明了地发表了全案的辩护意见。随后控辩双方多次展开激烈辩论。庭审持续了近3个小时,于中午12点20分方结束。庭审结束时,法官宣布吴某继续取保候审。

裁判结果

2020年12月3日庭审结束后,法院还于2021年1月12日第二次开庭,让控辩双方就双方庭后补充提交的证据进行质证,并于2021年1月28日宣布延长三个月的审理期限。

2021年2月24日,吴某在法院的通知下,得知检察院决定撤回起诉。

办案心得

通过参与此案的辩护,我们既感受到了无罪辩护之艰辛,又品尝到了得知吴某不被追究刑事责任后的喜悦。就办案经验而言,我们有如下办案心得，可向大家分享：

1. 需反复看案件证据，注重证据细节，结合法律规定，对证据的三性进行审查。在对案件的证据进行审查时，我们不能因为卷宗页数较少而有所轻视，应按步骤逐步对证据进行详细审查。首先，可以对案件卷宗进行初阅，对案情有个大致的了解。其次，有目的地对证据材料进行详细阅卷，重点审查物证的取证程序是否合法、鉴定机构和鉴定人是否具备资质、辨认活动是否符合混杂辨认规则、电子数据证据是否随案移送原始存储介质，并且对全案的各类时间点（包括被告人被拘留的时间、被讯问的时间、进行辨认的时间及公安机关扣押证据的时间等）进行全面摘录。在卷宗材料较多的情况下，可以制作一份较为详细的阅卷笔录，以供后续翻阅；在卷宗材料较少的情况下，可直接根据《中华人民共和国刑事诉讼法》的规定，对在案的证据进行分类，并制作好证据目录。再次，要结合《中华人民共和国刑事诉讼法》《最高人民法院关于适用〈中华人民共和国刑事诉讼法〉的解释》《人民检察院刑事诉讼规则》《公安机关办理刑事案件程序规定》《最高人民法院关于全面推进以审判为中心的刑事诉讼制度改革的实施意见》等规定，充分了解各类证据的审查规定。

2. 有效进行案例检索，但不要过度依赖案例检索。案例检索是开展辩护的一个重要的辅助性工作。我们可以通过案例检索的方式，检索相关的辩护要点，了解承办法院在类似案件上的处理结果，但不能太过于依赖案例检索。在案例检索未能提供有效辩护支撑的情况下，也不能丧失辩护信心，而应具有发散性思维，通过反复审查证据材料发现辩护要点。

3. 对案件涉及的法律规定要进行全面检索，尤其要注重审查与案件相关的法律规定有无进行修改，再根据案件的具体情况，研究修改后的法条将会对案件产生的影响。在对法律规定进行全面检索时，可依据法律的效力等级，依次进行检索，并且，还应登录相关国家行政部门的网站，查找有无新颁布的法律规定。就非法捕捞水产品罪案件而言，可登录农业农村部官网、渔业渔政管理局官网，还可关注"中国渔政""中国渔业报"微信公众号了解渔政方面的最新动态。

4. 要注重与吴某进行沟通。由于吴某是案件的亲历者，辩护人要带着疑问向吴某了解案情，对于细节性证据，若认为存在问题，就及时向吴某核实。

5. 对非法捕捞水产品罪的辩护，可从以下方面挖掘辩护要点：① 涉案行为是否发生在禁渔区、禁渔期。如果对禁渔区把握不准，辩护人可以去案发现场进行查看。② 涉案渔具是否为刑法所禁止使用的渔具，鉴定意见是否合法，渔业行政部门作出认定的程序是否合法。可依据的法律规定有《非法捕捞案件涉案物品认（鉴）定和水生生物资源损害评估及修复办法（试行）》。③ 行为人是否有渔获，以及渔获的数量。④ 公安机关扣押的物证等是否依法经被告人辨认。可依据的法律规定有《最高人民法院关于全面推进以审判为中心的刑事诉讼制度改革的实施意见》等。

就本案的审理过程而言，我们认为，在案件审理中，法院在处理本案时也颇具艺术性和专业性，既尊重了辩护人发表的辩护意见，又准许了检察院撤回起诉的决定，严格守住了非法捕捞水产品罪的入罪门槛。公诉人在其中也展现了很高的专业水准，尤其值得佩服的是，公诉人能及时学习国家新颁布的法律规定，并准确解读新法规等对案件的影响，从而在长江禁渔大背景下，全面考量本案证据情况及吴某行为的社会危害性，果断作出撤回起诉的决定。

保护长江的生态环境是全社会的共同责任。构成非法捕捞水产品罪的行为，国家自然要严厉打击。但是，对于情节显著轻微，甚至是证据不足的非法捕捞水产品案件，司法机关应严格遵守刑法的谦抑性原则，切忌矫枉过正，随意降低刑罚的适用标准。

承办律师或团队

吴伟白律师，北京市万商天勤（南京）律师事务所高级合伙人。东南大学法学院研究生校外兼职导师（案例教学），"法律逻辑"公众号运营人。曾在河北省某地级市、安徽省某地级市公安局做刑警，在江苏省某地检察机关做检察官，从事刑事侦查办案工作近14年，前后办理了大量盗窃、故意杀人、抢劫、强奸、贩毒、赌博等普通刑事犯罪案件，涉黑犯罪集团案件，以及非法吸收公众存款、集资诈骗、非法经营等金融经济类案件。主要辩护方向：经济犯罪辩护、网络犯罪辩护、破坏环境资源保护罪辩护。

冯俊南律师，北京市万商天勤（南京）律师事务所实习律师。热衷于刑事辩护，从业至今，参与办理刑事案件二十余件，涵盖经济犯罪、网络犯罪、毒品犯罪、破坏环境资源保护罪案件等，并参与广东某公司刑事合规项目。

商业承兑汇票的罪与罚
——一起票据诈骗案终获不起诉结果

年关将至，资金短缺

李某是威海某鞋帽公司的法定代表人。2016年1月，李某所经营的公司出现资金短缺，甚至已经到了要拖欠员工工资的地步。李某如热锅上的蚂蚁，急得团团转，但是想不到任何解决的方案。就在李某一筹莫展之际，她通过一个朋友认识了一个叫钟某的人。

职业票据贴现人的馊主意

钟某本有正经工作，在一个加油站上班，但是在正常工作之余，还兼职从事票据贴现业务，也就是俗称的"票据贴现人"。钟某给李某出了一个馊主意："你不是有一个鞋帽公司嘛，你可以开商业承兑汇票啊！"李某虽然常年从事企业经营，但是因为鞋帽公司的规模并不是太大，从来没有开具过商业承兑汇票。经向钟某请教，李某产生了一种"一语点醒梦中人"的感觉。但是问题来了，商业承兑汇票开票后，该如何变现呢？钟某又将孙某介绍给了李某，于是李某开具了数张合计100万元的商业承兑汇票，付款人为该鞋帽公司，收款人为李某妹妹所经营的某贸易公司。李某向其妹妹借用财务专用章和法人章在票据背书栏处签章后交给钟某去贴现，钟某则将这100万元的商业承兑汇票以95万元的价格在孙某处贴现，然后以手续费的名义扣下20万元，将余款75万元转给了李某。

无法承兑的商业承兑汇票及身陷囹圄的企业家

李某拿到这 75 万元后，暂时解了燃眉之急，但是 6 个月后，票据在背书转让了几手后，持票人到银行委托收款，却被拒付，因为李某所经营的鞋帽公司的账户上资金不足。票据经过层层退票后再次回到孙某的手上。孙某通过钟某找到李某，要求李某还款。然而，李某在开具了商业承兑汇票后的这半年时间内，突然涉及多起诉讼，名下 5 套房产被查封或被抵押，鞋帽公司在该半年内从某大型超市收取的 110 多万元货款也被李某取出来用作他途。李某暂时无力还款，但孙某因为票据退回到她手中后，自身已经将票款提前偿还给了后手，遭受了很大的经济损失，所以追讨得很急。在此情形下，李某给孙某出具了借款证明，并约定支付利息，钟某也在借款证明上作为保证人签字。在以后的每个月里，李某均给孙某出具一张 10 万元的利息欠条，但仍然无力偿还上述本息。为此，李某又与孙某达成了一系列的借款合同，在该 100 万元未解决的情况下，孙某又借给李某多笔资金，用于李某解除查封或解押自己的房产来从银行贷款再偿还孙某的票款，但因为李某个人涉诉等问题，该途径未能行通，李某又连本带利先将后期从孙某处借的钱款偿还给了孙某，但票款仍未清偿。

孙某在交涉了一年多的情况下，最终忍无可忍，报案到当地公安部门的经侦大队。李某因此被刑事拘留并羁押在看守所一个月。其间，李某的亲属为其筹措了 60 万元。公安机关给钟某做了笔录，钟某也同意退还其扣下的 20 万元。在将 80 万元退还给孙某的情况下，李某被取保候审。但本案在侦查终结后依旧被移送检察院审查起诉。

律师介入，柳暗花明

在本案已经进入审查起诉阶段的情况下，李某感觉到事态严重，才想起来要聘请律师为自己辩护。律师接受委托后，查阅了卷宗。起诉意见书指控李某"明知鞋帽公司没有承兑能力，签发无资金保证的商业承兑汇票，骗取他人财物，数额巨大"，认为李某涉嫌票据诈骗罪。

律师分析案卷后认为，票据诈骗罪也应当符合一般诈骗罪的主客观构成要件，要求行为人在主观上有非法占有的故意，在客观上实施了虚构事实或隐瞒真相的行为手段,并且被害人是基于错误的认识而处分了财产。

首先,关于非法占有是否存在的问题,李某签发票据是为了短期资金周转,并不是为了套取票款据为己有,并且经过层层退票后,李某给孙某出具了借款证明,承认上述债务。孙某在借款证明及利息欠条在手的情况下,是可以提起民事诉讼的,并且可以同时起诉李某和作为保证人的钟某。《中华人民共和国票据法》第二十六条也明确规定:"出票人在汇票得不到承兑或者付款时,应当向持票人清偿本法第七十条、第七十一条规定的金额和费用。"这显然是一起因无力清偿票款而引起的票据追索权纠纷。我们不能将无力清偿理解为非法占有。

其次,关于是否采用了虚构事实或隐瞒真相的行为手段的问题。李某的公司作为付款人出具的商业承兑汇票的收款人为李某的妹妹所经营的贸易公司,而该鞋帽公司和该贸易公司之间并无真实的贸易往来。《中华人民共和国票据法》第十条也规定票据的签发、取得和转让应存在真实的交易关系和债权债务关系。这样看来,李某貌似是虚构了交易事实而签发了票据,但律师认为,票据的审查遵循形式审查的原则,票据记载事项完备、背书连续的票据即有效,有资金保证即可兑付。况且,在本案中,钟某、孙某均知晓票据是用来贴现的。并且每张涉案票据的背书栏上,均有李某妹妹所经营的该贸易公司的财务章和法人章,使得票据背书可以连续。按照票据无因性的理论,票据出票行为可以认为是合法有效的。本案中不存在伪造、变造票据或者使用作废的票据等情形。仅因为票面上付款人和收款人之间无真实的交易就认定这属于诈骗意义上的虚构事实,未免太过严苛。

再次,从被害人的角度而言,她是不是基于错误认识而处分财产呢?律师仔细查阅卷宗,从被害人的询问笔录及被害人向公安机关所提供的证据中寻找蛛丝马迹。孙某在询问笔录中说:"王某说商业承兑汇票的风险太大了,不能收。钟某为了让我帮忙贴现,主动提出给我5分的贴现费,并承诺如果出了问题他承担全部责任。钟某说付款人该某鞋帽公司负责人叫李某,她在本市有33家门店,专门给大型超市供货(童装)。她还开幼儿园,包了海滩,肯定不会出问题的。我找了大型超市的熟人打听,该鞋帽公司当时确实在给大型超市供童装。我也找房管局和银行的熟人打听了,李某有多套房产,而且在银行也就只有三四百万元的贷款。我寻思着如果有33家门店，固定资产怎么着也得3 000多万元，应该没有问题，就决定帮她贴现了。"从以上证词中可见，孙某对于商业承兑汇票的风险是预知的，贴现是基于自己的认识。孙某并非受到诈骗而错误地处分自己的财产。

通过以上分析，律师认为本案不符合一般诈骗罪的主客观构成要件，那么，公安机关起诉意见书中所认为的"明知鞋帽公司没有承兑能力，签发无资金保证的商业承兑汇票，骗取他人财物，数额巨大"能够成立吗？

律师继续从卷宗中寻找答案，发现李某所经营的公司在出具票据前一年因与单一客户某大型超市之间的贸易往来，账户中就进账340多万元。虽然李某的公司在当年年底出现了资金紧张，但是办案机关因此就认定李某明知自己的公司没有兑付能力明显属于证据不足。相反，在李某开具了100万元的商业承兑汇票后的这一年，该大型超市又给李某的鞋帽公司支付了货款近209万元，其中在汇票到期日之前支付的款项有接近120万元，也就是说在出票日到到期日之间这一段时间，李某的鞋帽公司的进账数额超过了出票的100万元额度。所以，办案机关不能认为李某所签发的票据是无资金保证的，更不能证明李某能够明知或者预见到该鞋帽公司所签发的票据无资金保证或无法兑付。该鞋帽公司有如此大额的进账但最终仍然未能兑付，是因为票据签发之后，李某涉及多起诉讼案件，导致资金周转困难，其无法将资金一直维持在该鞋帽公司账户内。但是根据这一情况，办案机关不能认为李某在出票时"明知"公司"没有兑付能力"。

至此，律师认为李某的行为不构成票据诈骗罪，且《最高人民检察院、公安部关于刑事立案监督有关问题的规定（试行）》第六条明确规定禁止以刑事手段插手民事、经济纠纷。

但是为了说服公诉机关不起诉李某，律师继续分析，认为李某通过亲属还款60万元，钟某退款20万元，自己事后签订借款协议后又偿还了13万元（李某认为是偿还的本金，孙某主张是利息），已还款项93万元，而孙某是花费95万元购买的上述款项。现在票据退还到她手中，其补偿给后手的款项是按照票面100万元补偿的，还是比100万元要少，卷宗中没有证据证明。律师认为，被害人的损失已经大部分得到弥补。《中华人民共和国票据法》第一百零四条规定："情节轻微，不构成犯罪的，依照国家有关规定给予行政处罚。"《中华人民共和国刑事诉讼法》第十六条也规定："有下列情形之一的，不追究刑事责任，已经追究的，应当撤销案件，或者不起诉,或者终止审理,或者宣告无罪:(一)情节显著轻微、危害不大的,不认为是犯罪的……"故律师请求公诉机关对李某作出不起诉决定。

本案公诉机关将案件退回公安机关补充侦查又补充重报后,仍然认为证据不足,故本案终获不起诉处理。

承办律师或团队

林鹏飞,山东瀛清成律师事务所刑事业务部主任,2011年毕业于苏州大学王健法学院,执业至今,以严谨、认真、负责任的态度获得了当事人的一致好评。

从大学校门到看守所只相距8个月
——李某涉嫌诈骗案

都说年轻好，年轻的时候犯了错还可以重来。但如果犯了足够大的错，那么即使重来，心理也永远会有一个疤。这个疤可能会伴随我们一生，甚至改变我们的一生。

青春不能重来，人生同样不能重来，所以我们在下每一个决定的时候都要谨慎。

也许有些人觉得法律可有可无，自己这一辈子可能都不会与公检法打交道，只要遵纪守法就没事。正是这种法律意识的缺失，导致一个花季女孩走上了犯罪的道路。然而她在主观上并不知道自己的行为触犯了刑法，这才是最可怕的。

对年轻人进行法制宣传真的很重要，因为他们都是祖国的未来，如果他们不知道哪些事情不能为，那么我们国家以后由谁来建设和发展呢？

看到那个女孩的时候，我内心充满了惋惜。我无力开导她，只能说："既然发生了，也没办法，要坚强。"

开庭的时候，看到刚刚踏出校门的孩子站在庭上，说不惋惜是不可能的。她用自己的错误给自己的青春上了一课，而这一课将是永生难忘的。

我们只能尽我们最大的努力为她辩护，希望她在经历了挫折以后，能够勇敢地站起来，重新开始生活。

案件回顾

二十一二岁是一个多么美好的年纪。在那个年纪，我们都曾年少轻狂，也都有着自己想要追逐的梦想。我们梦想自己毕业后可以成为社会精英，有一份体面的工作。所以每一个毕业生带着期待步入社会后,面对大千世界的吸引时通常都是毫无抵抗力的。

2017年,李某顺利毕业于上海的一所高校。她在花一样的年华里,享受着自由的空气。李某凭借出色的表现,成功地被一家公司聘用,而她的工作又不需要有工作经验,因此她非常兴奋。她觉得自己是一个幸运儿,一毕业就能找到如此高薪的职业。为了能拿到更多的工资,她每天卖力地工作,努力维系和客户的关系。终于在年底的时候她发现她已经有了六位数的存款。作为一个职场新人,这是很不错的成绩。可是就在她享受着这份快乐的同时,一个巨大的灾难正在向她走来。2018年年初,她所在的公司因为无法兑付客户的借款本金及利息被查封,所有领导、职员均被带走审讯,当然她也在其中。

与李某及其家人沟通

这样的事情对一个二十刚出头的女孩来说无疑是致命的打击。她彷徨、无助,也不敢告诉父母。她更不知道怎样聘请律师来获得法律帮助。

正当她无助的时候,我国的法援制度向她伸出了援手。接受指派后,辩护人立即会见了李某,向其了解公司的运作模式,以及其在公司里担任的职务。

辩护人在阅卷后,再次与李某进行了沟通。通过辩护人对案件的分析,李某最终同意辩护人做罪轻辩护,也愿意在能力范围内退还自己获得的利益。

与法官商榷

由于案件犯罪嫌疑人众多,案卷有十几本。为了能更加全面地了解检察院的公诉角度,辩护人将所有案卷材料反复研究,反复论证,终于找到了案件的突破口。

辩护人随即与承办法官取得联系,首先向法官分析了涉案公司的运营模式,以及李某在公司犯罪活动中的角色。然后对检察院认定的李某涉案金额与其实际获利的区别进行了分析。最后,又对李某主观恶意和行为恶劣程度进行了分析。法官听取了辩护人的辩护意见,表示会依法审判。

庭审辩护

开庭的时候,三位法官坐在审判席上,两位检察官坐在公诉人的位置上,十几位律师坐在辩护席上,十几个孩子站在下面,旁听席上坐满了人。

公诉人一一列举每一个被告人涉嫌的罪名和涉案金额。听着公诉人慷慨激昂的公诉意见,看到李某投来求助的目光,辩护人觉得自己的使命非常艰巨。作为第三位发言的辩护律师,我针对涉案公司的运营模式、李某负责的工作、李某获利的情况、李某的主观恶意及行为的恶劣程度发表了辩护意见。

最终,法庭采纳了辩护人的意见,对李某判处了缓刑。

承办律师

魏建平律师,上海汇鼎律师事务所主任律师,民革徐汇区委法律工作委员会主任,民革徐汇区祖国统一工作委员会主任,民革上海市委法律服务工作站首席律师,徐汇区政协委员,徐汇区中青年知识分子联谊会理事、副会长,上海市第十届律师代表大会代表,徐汇区律师工作委员会委员。具有扎实的法律功底和丰富的实务经验,参与过近百起刑事案件辩护,对刑事辩护有独到的研究,开展了数百场法律讲座。所著《辩护智慧——刑事辩护中的情与理》一书引起了公众的广泛好评。

周鹤律师,上海汇鼎律师事务所律师,民建徐汇区委会员,上海市律师协会社会公益与法律援助业务研究委员会委员,徐汇区律师界妇女联合会第一届执行委员会委员,徐汇区社会组织统战工作联合会会员,上海农民工创意创业导师。对刑事辩护、婚姻家庭纠纷、合同纠纷有比较深的研究,善于制作各种法律文书,如出具法律意见书、起草、审核与修改合同等。